TRANZLATY

Sprache ist für alle da

ภาษาเป็นสิ่งที่ทุกคนต้องการ

Der Ruf der Wildnis
เสียงเพรียกจากพงไพร

Jack London
แจ็ค ลอนดอน

Deutsch / ไทย

Ins Primitive
เข้าสู่ความเป็นดั้งเดิม

Buck las keine Zeitungen
บัคไม่ได้อ่านหนังสือพิมพ์
Hätte er die Zeitung gelesen, hätte er gewusst, dass Ärger im Anzug war.
ถ้าเขาอ่านหนังสือพิมพ์ เขาคงรู้ว่าปัญหากำลังเกิดขึ้น
Nicht nur er selbst, sondern jeder einzelne Tidewater-Hund bekam Ärger.
มีปัญหาไม่เพียงแต่กับตัวเขาเองเท่านั้น
แต่กับสุนัขน้ำขึ้นน้ำลงทุกตัวด้วย
Jeder Hund mit starken Muskeln und warmem, langem Fell würde in Schwierigkeiten geraten.
สุนัขทุกตัวที่มีกล้ามเนื้อแข็งแรงและมีขนยาวอบอุ่นจะต้องพบกับปัญหาอย่างแน่นอน
Von Puget Bay bis San Diego konnte kein Hund dem entkommen, was auf ihn zukam.
ตั้งแต่ Puget Bay จนถึง San Diego
ไม่มีสุนัขตัวไหนหนีรอดจากสิ่งที่กำลังจะเกิดขึ้นได้
Männer, die in der arktischen Dunkelheit herumtasteten, hatten ein gelbes Metall gefunden.
ชายคนหนึ่งกำลังคลำหาอะไรบางอย่างในความมืดของอาร์กติก
และพบโลหะสีเหลือง
Dampfschiff- und Transportunternehmen waren auf der Jagd nach der Entdeckung.
บริษัทเรือกลไฟและขนส่งกำลังติดตามการค้นพบนี้
Tausende von Männern strömten ins Nordland.
ผู้ชายนับพันกำลังรีบเร่งเข้าสู่ดินแดนตอนเหนือ
Diese Männer wollten Hunde, und die Hunde, die sie wollten, waren schwere Hunde.
ผู้ชายเหล่านี้ต้องการสุนัข
และสุนัขที่พวกเขาต้องการก็เป็นสุนัขตัวใหญ่
Hunde mit starken Muskeln, die sie zum Arbeiten brauchen.
สุนัขที่มีกล้ามเนื้อแข็งแรงเพื่อใช้ทำงานหนัก

Hunde mit Pelzmantel, der sie vor Frost schützt.
สุนัขที่มีขนยาวเพื่อปกป้องตัวเองจากน้ำค้างแข็ง

Buck lebte in einem großen Haus im sonnenverwöhnten Santa Clara Valley.
บัคอาศัยอยู่ในบ้านหลังใหญ่ในหุบเขาซานตาคลาราอันอบอุ่นไปด้วยแสงแดด

Der Ort, an dem Richter Miller wohnte, wurde sein Haus genannt.
บ้านของผู้พิพากษามิลเลอร์เรียกว่า

Sein Haus stand etwas abseits der Straße, halb zwischen den Bäumen versteckt.
บ้านของเขาตั้งอยู่ห่างจากถนนครึ่งหนึ่งซ่อนอยู่ท่ามกลางต้นไม้

Man konnte einen Blick auf die breite Veranda erhaschen, die rund um das Haus verläuft.
สามารถมองเห็นระเบียงกว้างที่ทอดยาวไปรอบบ้านได้

Die Zufahrt zum Haus erfolgte über geschotterte Zufahrten.
บ้านหลังนี้เข้าถึงโดยทางเข้าที่เป็นกรวด

Die Wege schlängelten sich durch weitläufige Rasenflächen.
เส้นทางคดเคี้ยวผ่านสนามหญ้าที่กว้างขวาง

Über ihnen waren die ineinander verschlungenen Zweige hoher Pappeln.
เหนือศีรษะมีกิ่งก้านของต้นป๊อปลาร์สูงที่พันกัน

Auf der Rückseite des Hauses ging es noch geräumiger zu.
บริเวณด้านหลังบ้านมีพื้นที่กว้างขวางมากยิ่งขึ้น

Es gab große Ställe, in denen ein Dutzend Stallknechte plauderten
มีคอกม้าใหญ่ๆ มีคนดูแลม้านับสิบคนกำลังพูดคุยกัน

Es gab Reihen von weinbewachsenen Dienstbotenhäusern
มีบ้านพักคนรับใช้ที่สวมชุดเถาองุ่นเรียงรายกัน

Und es gab eine endlose und ordentliche Reihe von Toilettenhäuschen
และมีห้องสุขาแบบเรียงรายอย่างเป็นระเบียบไม่สิ้นสุด

Lange Weinlauben, grüne Weiden, Obstgärten und Beerenfelder.
ซุ้มองุ่นยาว ทุ่งหญ้าสีเขียว สวนผลไม้ และแปลงผลเบอร์รี่

Dann gab es noch die Pumpanlage für den artesischen Brunnen.

แล้วก็มีโรงงานสูบน้ำบาดาล

Und da war der große Zementtank, der mit Wasser gefüllt war.

และมีถังซีเมนต์ขนาดใหญ่ที่เต็มไปด้วยน้ำ

Hier nahmen die Jungs von Richter Miller ihr morgendliches Bad.

ที่นี่ลูกๆ ของผู้พิพากษามิลเลอร์ลงเล่นน้ำในตอนเช้า

Und auch dort kühlten sie sich am heißen Nachmittag ab.

และพวกเขาก็คลายความร้อนในตอนบ่ายด้วย

Und über dieses große Gebiet herrschte Buck über alles.

และเหนืออาณาจักรอันยิ่งใหญ่นี้ บัคคือผู้ปกครองมันทั้งหมด

Buck wurde auf diesem Land geboren und lebte hier sein ganzes vierjähriges Leben.

บัคเกิดบนดินแดนแห่งนี้และอาศัยอยู่ที่นี่เป็นเวลาสี่ปี

Es gab zwar noch andere Hunde, aber die spielten keine wirkliche Rolle.

จริงๆ แล้วมีสุนัขตัวอื่นด้วย แต่มันไม่ได้มีความสำคัญอะไรเลย

An einem so riesigen Ort wie diesem wurden andere Hunde erwartet.

คาดว่าสุนัขตัวอื่นๆ จะอยู่ในที่กว้างใหญ่เช่นนี้

Diese Hunde kamen und gingen oder lebten in den geschäftigen Zwingern.

สุนัขพวกนี้มาและไปหรืออาศัยอยู่ในคอกสุนัขที่พลุกพล่าน

Manche Hunde lebten versteckt im Haus, wie Toots und Ysabel.

สุนัขบางตัวอาศัยอยู่อย่างซ่อนๆ ในบ้าน เช่นเดียวกับที่ Toots และ Ysabel ทำ

Toots war ein japanischer Mops, Ysabel ein mexikanischer Nackthund.

ทูทส์เป็นสุนัขพันธุ์ปั๊กญี่ปุ่น

และอิซาเบลเป็นสุนัขพันธุ์เม็กซิกันที่ไม่มีขน

Diese seltsamen Kreaturen verließen das Haus kaum.

สิ่งมีชีวิตแปลกประหลาดเหล่านี้แทบจะไม่เคยออกไปนอกบ้านเลย

Sie berührten weder den Boden noch schnüffelten sie draußen an der frischen Luft.

พวกมันไม่ได้สัมผัสพื้นดิน หรือดมกลิ่นอากาศภายนอกเลย

Außerdem gab es Foxterrier, mindestens zwanzig an der Zahl.

ยังมีสุนัขพันธุ์ฟ็อกซ์เทอร์เรียร์อย่างน้อย 20 ตัวด้วย

Diese Terrier bellten Toots und Ysabel im Haus wild an.

สุนัขเทอร์เรียร์พวกนี้เห่าทูทส์และอิซาเบลในบ้านอย่างดุร้าย

Toots und Ysabel blieben hinter Fenstern, in Sicherheit.

ทูตส์และอิซาเบลอยู่หลังหน้าต่างปลอดภัยจากอันตราย

Sie wurden von Hausmädchen mit Besen und Wischmopps bewacht.

มีแม่บ้านพร้อมไม้กวาดและไม้ถูพื้นคอยดูแล

Aber Buck war kein Haushund und auch kein Zwingerhund.

แต่บัคไม่ใช่สุนัขในบ้านและไม่ใช่สุนัขสำหรับเลี้ยงในกรงด้วย

Das gesamte Anwesen gehörte Buck als seinem rechtmäßigen Reich.

ทรัพย์สินทั้งหมดเป็นของบัคซึ่งถือเป็นกรรมสิทธิ์ของเขา

Buck schwamm im Becken oder ging mit den Söhnen des Richters auf die Jagd.

บัคว่ายน้ำในถังหรือไปล่าสัตว์กับลูกชายของผู้พิพากษา

Er ging in den frühen oder späten Morgenstunden mit Mollie und Alice spazieren.

เขาเดินเล่นกับมอลลี่และอลิซในช่วงเช้าหรือดึกๆ

In kalten Nächten lag er mit dem Richter vor dem Kaminfeuer der Bibliothek.

ในคืนที่หนาวเย็น

เขาจะนอนหน้ากองไฟในห้องสมุดพร้อมกับผู้พิพากษา

Buck ließ die Enkel des Richters auf seinem starken Rücken herumreiten.

บั๊กให้หลานชายของผู้พิพากษาขี่หลังอันแข็งแรงของเขา

Er wälzte sich mit den Jungen im Gras und bewachte sie genau.

เขาพลิกตัวไปในหญ้ากับเด็กๆ โดยดูแลพวกเขาอย่างใกล้ชิด

Sie wagten sich bis zum Brunnen und sogar an den Beerenfeldern vorbei.

พวกเขากล้าเสี่ยงไปที่น้ำพุและแม้แต่เลยทุ่งผลเบอร์รี่

Unter den Foxterriern lief Buck immer mit königlichem Stolz.

ในบรรดาสุนัขพันธุ์ฟ็อกซ์เทอร์เรีย บัคเดินไปด้วยความภาคภูมิใจเสมอ

Er ignorierte Toots und Ysabel und behandelte sie, als wären sie Luft.

เขาเพิกเฉยต่อทูตส์และอิซาเบล
และปฏิบัติกับพวกเขาเหมือนพวกเขาเป็นอากาศ

Buck herrschte über alle Lebewesen auf Richter Millers Land.

บั๊กปกครองสิ่งมีชีวิตทั้งหมดบนดินแดนของผู้พิพากษามิลเลอร์

Er herrschte über Tiere, Insekten, Vögel und sogar Menschen

พระองค์ทรงปกครองทั้งสัตว์ แมลง นก และแม้กระทั่งมนุษย์

Bucks Vater Elmo war ein großer und treuer Bernhardiner gewesen.

เอลโม พ่อของบัคเป็นเซนต์เบอร์นาร์ดตัวใหญ่และซื่อสัตย์

Elmo wich dem Richter nie von der Seite und diente ihm treu.

เอลโมไม่เคยละทิ้งหน้าที่ของผู้พิพากษาและรับใช้เขาอย่างซื่อสัตย์

Buck schien bereit, dem edlen Beispiel seines Vaters zu folgen.

บัคดูเหมือนจะพร้อมที่จะทำตามตัวอย่างอันสูงส่งของพ่อของเขา

Buck war nicht ganz so groß und wog hundertvierzig Pfund.

บัคไม่ได้ตัวใหญ่มากนัก โดยมีน้ำหนักอยู่ถึงหนึ่งร้อยสี่สิบปอนด์

Seine Mutter Shep war eine schöne schottische Schäferhündin gewesen.

แม่ของเขา ชื่อเชพ ซึ่งเป็นสุนัขเลี้ยงแกะสก็อตแลนด์ที่ดีมาก

Aber selbst mit diesem Gewicht hatte Buck eine königliche Ausstrahlung.

แต่ถึงแม้จะมีน้ำหนักขนาดนั้น บัคก็ยังเดินได้อย่างสง่างาม

Dies kam vom guten Essen und dem Respekt, der ihm immer entgegengebracht wurde.

นี่มาจากอาหารที่ดีและความเคารพที่เขาได้รับเสมอ

Vier Jahre lang hatte Buck wie ein verwöhnter Adliger gelebt.

บัคใช้ชีวิตเหมือนขุนนางที่เอาแต่ใจมาตลอดสี่ปี

Er war stolz auf sich und sogar ein wenig egoistisch.

เขาภูมิใจในตัวเองและมีความเห็นแก่ตัวนิดหน่อยด้วย

Diese Art von Stolz war bei den Herren abgelegener Landstriche weit verbreitet.

ความภาคภูมิใจเช่นนั้นเป็นเรื่องธรรมดาในหมู่ขุนนางในชนบทห่างไกล

Doch Buck hat es vermieden, ein verwöhnter Haushund zu werden.

แต่บัคช่วยตัวเองไม่ให้ต้องกลายเป็นหมาบ้านที่ได้รับการเอาใจใส่

Durch die Jagd und das Training blieb er schlank und stark.

เขารักษารูปร่างให้ผอมเพรียวและแข็งแรงด้วยการล่าสัตว์และออกกำลังกาย

Er liebte Wasser zutiefst, wie Menschen, die in kalten Seen baden.

พระองค์ทรงรักน้ำอย่างมาก

เหมือนกับคนอาบน้ำในทะเลสาบที่เย็นยะเยือก

Diese Liebe zum Wasser hielt Buck stark und sehr gesund.

ความรักที่มีต่อน้ำทำให้บัคแข็งแรงและมีสุขภาพแข็งแรงมาก

Dies war der Hund, zu dem Buck im Herbst 1897 geworden war.

นี่คือสุนัขที่บัคกลายมาเป็นในช่วงฤดูใบไม้ร่วงปี พ.ศ. 2440

Als der Klondike-Angriff die Menschen in den eisigen Norden trieb.

เมื่อการประท้วงของคลอนไดค์ดึงดูดผู้คนไปยังตอนเหนืออันหนาวเหนบ

Menschen aus aller Welt strömten in das kalte Land.

ผู้คนจากทั่วทุกมุมโลกแห่กันมายังดินแดนอันหนาวเย็น

Buck las jedoch weder die Zeitungen noch verstand er Nachrichten.

อย่างไรก็ตาม บัคไม่ได้อ่านหนังสือพิมพ์และไม่เข้าใจข่าวสารด้วย

Er wusste nicht, dass es nicht gut war, Zeit mit Manuel zu verbringen.

เขาไม่รู้ว่ามานูเอลเป็นคนไม่ดี
Manuel, der im Garten half, hatte ein großes Problem.
มานูเอลซึ่งช่วยงานในสวนมีปัญหาใหญ่มาก
Manuel war spielsüchtig nach der chinesischen Lotterie.
แมนนูเอลติดการพนันลอตเตอรี่จีน
Er glaubte auch fest an ein festes System zum Gewinnen.
เขายังเชื่อมั่นอย่างยิ่งในระบบที่แน่นอนเพื่อการชนะ
Dieser Glaube machte sein Scheitern sicher und
unvermeidlich.
ความเชื่อนั้นทำให้ความล้มเหลวของเขาเป็นเรื่องแน่นอนและไม่อาจห
ลีกเลี่ยงได้
Um ein System zu spielen, braucht man Geld, und das fehlte
Manuel.
การเล่นระบบต้องใช้เงิน ซึ่งมานูเอลไม่มี
Sein Gehalt reichte kaum zum Überleben seiner Frau und
seiner vielen Kinder.
รายได้ของเขาแทบจะเลี้ยงภรรยาและลูกๆ หลายคนไม่ได้เลย
In der Nacht, in der Manuel Buck verriet, war alles normal.
ในคืนที่ Manuel ทรยศต่อ Buck ทุกอย่างก็เป็นปกติ
Der Richter war bei einem Treffen der
Rosinenanbauervereinigung.
ผู้พิพากษาอยู่ที่การประชุมสมาคมผู้ปลูกลูกเกด
Die Söhne des Richters waren damals damit beschäftigt,
einen Sportverein zu gründen.
ขณะนั้นบุตรชายของผู้พิพากษาได้ยุ่งอยู่กับการจัดตั้งชมรมกีฬา
Niemand sah, wie Manuel und Buck durch den Obstgarten
gingen.
ไม่มีใครเห็น Manuel และ Buck ออกจากสวนผลไม้ไป
Buck dachte, dieser Spaziergang sei nur ein einfacher
nächtlicher Spaziergang.
บัคคิดว่าการเดินเล่นครั้งนี้เป็นเพียงการเดินเล่นตอนกลางคืนธรรมดา
Sie trafen nur einen Mann an der Flaggenstation im College
Park.
พวกเขาพบชายคนเดียวที่สถานีธงในเมืองคอลเลจพาร์ค
Dieser Mann sprach mit Manuel und sie tauschten Geld aus.

ชายคนนั้นพูดคุยกับมานูเอล และพวกเขาก็แลกเงินกัน

„Verpacken Sie die Waren, bevor Sie sie ausliefern", schlug er vor

"ห่อสินค้าให้เรียบร้อยก่อนที่จะส่งมอบ" เขาแนะนำ

Die Stimme des Mannes war rau und ungeduldig, als er sprach.

ชายคนนี้พูดด้วยน้ำเสียงแหบและใจร้อน

Manuel band Buck vorsichtig ein dickes Seil um den Hals.

แมนนวลผูกเชือกเส้นหนาไว้รอบคอของบัคด้วยความระมัดระวัง

„Verdreh das Seil, und du wirst ihn gründlich erwürgen"

"บิดเชือกสิ แล้วคุณจะรัดคอเขาจนขาดเป็นจุณ"

Der Fremde gab ein Grunzen von sich und zeigte damit, dass er gut verstanden hatte.

ชายแปลกหน้าส่งเสียงครางออกมาเพื่อแสดงว่าเขาเข้าใจดี

Buck nahm das Seil an diesem Tag mit ruhiger und stiller Würde an.

วันนั้นบัครับเชือกด้วยความสงบและสง่างาม

Es war eine ungewöhnliche Tat, aber Buck vertraute den Männern, die er kannte.

มันเป็นการกระทำที่ไม่ปกติ แต่บัคก็ยังไว้ใจคนที่เขารู้จัก

Er glaubte, dass ihre Weisheit weit über sein eigenes Denken hinausging.

เขาเชื่อว่าภูมิปัญญาของพวกเขามีขอบเขตที่ไกลเกินกว่าความคิดของเขาเอง

Doch dann wurde das Seil in die Hände des Fremden gegeben

แต่ทันใดนั้นเชือกก็ถูกส่งไปอยู่ในมือของคนแปลกหน้า

Buck stieß ein leises, warnendes und zugleich bedrohliches Knurren aus.

บัคส่งเสียงขู่ต่ำเพื่อเตือนด้วยความคุกคามอันเงียบสงบ

Er war stolz und gebieterisch und wollte seinen Unmut zum Ausdruck bringen.

เขาเป็นคนหยิ่งยะโสและชอบสั่งการและหมายความถึงการแสดงความไม่พอพระทัย

Buck glaubte, seine Warnung würde als Befehl verstanden werden.

บัคเชื่อว่าคำเตือนของเขาจะได้รับการเข้าใจว่าเป็นคำสั่ง

Zu seinem Entsetzen zog sich das Seil schnell um seinen dicken Hals zusammen.

เชือกรัดรอบคออันหนาของเขาแน่นขึ้นจนทำให้เขาตกตะลึง

Ihm blieb die Luft weg und er begann in plötzlicher Wut zu kämpfen.

อากาศของเขาถูกตัดและเขาเริ่มต่อสู้ด้วยความโกรธฉับพลัน

Er sprang auf den Mann zu, der Buck schnell mitten in der Luft traf.

เขาพุ่งเข้าหาชายคนนั้นซึ่งพบบัคอย่างรวดเร็วในกลางอากาศ

Der Mann packte Buck am Hals und drehte ihn geschickt in der Luft.

ชายคนนั้นคว้าคอของบัคและบิดเขาขึ้นไปในอากาศอย่างชำนาญ

Buck wurde hart zu Boden geworfen und landete flach auf dem Rücken.

บั๊กถูกโยนลงมาอย่างแรงจนล้มลงกับพื้น

Das Seil würgte ihn nun grausam, während er wild um sich trat.

เชือกรัดคอเขาอย่างโหดร้ายในขณะที่เขาเตะอย่างบ้าคลั่ง

Seine Zunge fiel heraus, seine Brust hob und senkte sich, doch er bekam keine Luft.

ลิ้นเขาหลุดออก หน้าอกเขาขึ้นลง แต่กลับหายใจไม่ได้

Noch nie in seinem Leben war er mit solcher Gewalt behandelt worden.

เขาไม่เคยได้รับการปฏิบัติด้วยความรุนแรงเช่นนี้ในชีวิตของเขามาก่อน

Auch war er noch nie zuvor von solch tiefer Wut erfüllt gewesen.

เขายังไม่เคยเต็มไปด้วยความโกรธแค้นลึกๆ เช่นนี้มาก่อน

Doch Bucks Kraft schwand und seine Augen wurden glasig.

แต่พลังของบัคก็ค่อยๆ ลดลง
และดวงตาของเขาก็เปลี่ยนไปเป็นประกายแวววาว

Er wurde ohnmächtig, als in der Nähe ein Zug angehalten wurde.

เขาหมดสติไปพอดีกับตอนที่รถไฟกำลังโบกมือเรียก

Dann warfen ihn die beiden Männer schnell in den Gepäckwagen.

จากนั้นชายทั้งสองก็โยนเขาขึ้นรถสัมภาระอย่างรวดเร็ว

Das nächste, was Buck spürte, war ein Schmerz in seiner geschwollenen Zunge.

สิ่งต่อไปที่บัครู้สึกคือความเจ็บปวดที่ลิ้นบวมของเขา

Er bewegte sich in einem wackelnden Wagen und war nur schwach bei Bewusstsein.

เขากำลังเคลื่อนย้ายอยู่ในรถเข็นที่สั่นไหว โดยยังมีสติอยู่บ้างเล็กน้อย

Das schrille Pfeifen eines Zuges verriet Buck seinen Standort.

เสียงหวูดรถไฟที่ดังแหลมทำให้บัครู้ตำแหน่งของเขา

Er war oft mit dem Richter mitgefahren und kannte das Gefühl.

เขาเคยขี่ม้าร่วมกับผู้พิพากษาบ่อยครั้งและเข้าใจถึงความรู้สึกนั้น

Es war der einzigartige Schock, wieder in einem Gepäckwagen zu reisen.

เป็นความรู้สึกสะเทือนใจที่ไม่เหมือนใครของการเดินทางในรถบรรทุกสัมภาระอีกครั้ง

Buck öffnete die Augen und sein Blick brannte vor Wut.

บั๊กลืมตาขึ้นและจ้องมองอย่างโกรธจัด

Dies war der Zorn eines stolzen Königs, der vom Thron gejagt wurde.

นี่คือความโกรธของกษัตริย์ผู้ภาคภูมิใจที่ถูกปลดจากบัลลังก์

Ein Mann wollte ihn packen, doch stattdessen schlug Buck zuerst zu.

ชายคนหนึ่งเอื้อมมือไปจะคว้าเขา แต่บัคกลับโจมตีก่อนแทน

Er versenkte seine Zähne in der Hand des Mannes und hielt sie fest.

เขากัดลงบนมือของชายคนนั้นแล้วจับไว้แน่น

Er ließ nicht los, bis er ein zweites Mal ohnmächtig wurde.

เขาไม่ยอมปล่อยจนกระทั่งหมดสติไปเป็นครั้งที่สอง

„Ja, hat Anfälle", murmelte der Mann dem Gepäckträger zu.

"ใช่แล้ว มีอาการชัก" ชายคนนั้นพึมพำกับพนักงานขนสัมภาระ

Der Gepäckträger hatte den Kampf gehört und war näher gekommen.

คนขนสัมภาระได้ยินเสียงทะเลาะจึงเข้ามาใกล้

„Ich bringe ihn für den Chef nach Frisco", erklärte der Mann.

"ฉันจะพาเขาไปที่ฟริสโก้เพื่อพบเจ้านาย" ชายคนนั้นอธิบาย

„Dort gibt es einen tollen Hundearzt, der sagt, er könne sie heilen."

"มีหมอสุนัขเก่งๆ อยู่ที่นั่นซึ่งบอกว่าสามารถรักษาสุนัขเหล่านั้นได้"

Später in der Nacht gab der Mann seinen eigenen ausführlichen Bericht ab.

ต่อมาคืนนั้นชายคนนั้นก็เล่าเรื่องทั้งหมดของเขาเอง

Er sprach aus einem Schuppen hinter einem Saloon am Hafen.

เขาพูดจากโรงเก็บของหลังร้านอาหารที่ท่าเรือ

„Ich habe nur fünfzig Dollar bekommen", beschwerte er sich beim Wirt.

"ผมได้รับแค่ห้าสิบเหรียญเท่านั้น" เขาบ่นกับคนขายเหล้า

„Ich würde es nicht noch einmal tun, nicht einmal für tausend Dollar in bar."

"ผมจะไม่ทำมันอีกแล้ว แม้จะได้เงินสดเป็นพันเหรียญก็ตาม"

Seine rechte Hand war fest in ein blutiges Tuch gewickelt.

พระหัตถ์ขวาของพระองค์ถูกพันด้วยผ้าเปื้อนเลือดอย่างแน่นหนา

Sein Hosenbein war vom Knie bis zum Fuß weit aufgerissen.

ขาของกางเกงของเขาฉีกขาดตั้งแต่เข่าถึงเท้า

„Wie viel hat der andere Trottel verdient?", fragte der Wirt.

"แก้วอีกใบได้เงินเท่าไร" เจ้าของร้านถาม

„Hundert", antwortete der Mann, „einen Cent weniger würde er nicht nehmen."

"ร้อยเดียว" ชายคนนั้นตอบ "เขาไม่ยอมลดแม้แต่เซ็นต์เดียว"

„Das macht hundertfünfzig", sagte der Kneipenmann.

"นั่นก็เท่ากับหนึ่งร้อยห้าสิบ" คนขายเหล้ากล่าว

„Und er ist das alles wert, sonst bin ich nicht besser als ein Dummkopf."

"และเขาก็คุ้มค่าทั้งหมด ไม่เช่นนั้นฉันก็คงไม่ต่างจากคนโง่"

Der Mann öffnete die Verpackung, um seine Hand zu untersuchen.

ชายคนนั้นเปิดผ้าพันแผลเพื่อตรวจสอบมือของเขา

Die Hand war stark zerrissen und mit getrocknetem Blut verkrustet.

มือฉีกขาดอย่างรุนแรงและมีคราบเลือดแห้งติดอยู่

„Wenn ich keine Tollwut bekomme …", begann er zu sagen.

"ถ้าฉันไม่เป็นโรคกลัวน้ำ..." เขาเริ่มพูด

„Das liegt wohl daran, dass du zum Hängen geboren wurdest", ertönte ein Lachen.

"นั่นก็เพราะคุณเกิดมาเพื่อแขวนคอ" มีเสียงหัวเราะดังขึ้น

„Komm und hilf mir, bevor du gehst", wurde er gebeten.

"มาช่วยฉันหน่อยก่อนที่คุณจะไป" เขาถูกขอร้อง

Buck war von den Schmerzen in seiner Zunge und seinem Hals benommen.

บัคอยู่ในอาการมึนงงจากความเจ็บปวดในลิ้นและลำคอ

Er war halb erwürgt und konnte kaum noch aufrecht stehen.

เขาถูกบีบคอจนเกือบขาด และแทบจะยืนตัวตรงไม่ได้

Dennoch versuchte Buck, den Männern gegenüberzutreten, die ihm so viel Leid zugefügt hatten.

บัคยังคงพยายามเผชิญหน้ากับผู้ชายที่ทำร้ายเขาเช่นนี้

Aber sie warfen ihn nieder und würgten ihn erneut.

แต่พวกนั้นกลับโยนเขาลงและรัดคอเขาอีกครั้ง

Erst dann konnten sie sein schweres Messinghalsband absägen.

จากนั้นพวกเขาจึงสามารถเลื่อยคอทองเหลืองอันหนักอึ้งของเขาออกได้

Sie entfernten das Seil und stießen ihn in eine Kiste.

พวกเขาถอดเชือกออกแล้วผลักเขาใส่กล่อง

Die Kiste war klein und hatte die Form eines groben Eisenkäfigs.

ลังนั้นมีขนาดเล็กและมีรูปร่างเหมือนกรงเหล็กหยาบๆ

Buck lag die ganze Nacht dort, voller Zorn und verletztem Stolz.

บัคนอนอยู่ที่นั่นตลอดทั้งคืน

เต็มไปด้วยความโกรธและความภาคภูมิใจที่บอบช้ำ

Er konnte nicht einmal ansatzweise verstehen, was mit ihm geschah.

เขาไม่สามารถเข้าใจได้ว่าเกิดอะไรขึ้นกับเขา

Warum hielten ihn diese fremden Männer in dieser kleinen Kiste fest?

เหตุใดชายแปลกหน้าเหล่านั้นถึงขังเขาไว้ในลังเล็กๆ นี้?

Was wollten sie von ihm und warum diese grausame Gefangenschaft?

พวกเขาต้องการอะไรจากเขา

และทำไมจึงต้องถูกจองจำอย่างโหดร้ายเช่นนี้?

Er spürte einen dunklen Druck, das Gefühl, dass das Unglück näher rückte.

เขารู้สึกถึงแรงกดดันอันมืดมน ความรู้สึกหายนะกำลังใกล้เข้ามา

Es war eine vage Angst, die ihn jedoch schwer belastete.

มันเป็นความกลัวที่คลุมเครือ

แต่มันมีอิทธิพลอย่างมากต่อจิตวิญญาณของเขา

Mehrmals sprang er auf, als die Schuppentür klapperte.

หลายครั้งที่เขากระโดดขึ้นเมื่อประตูโรงเก็บของสั่น

Er erwartete, dass der Richter oder die Jungen erscheinen und ihn retten würden.

เขาคาดหวังว่าผู้พิพากษาหรือเด็กๆ จะปรากฏตัวและช่วยเหลือเขา

Doch jedes Mal lugte nur das dicke Gesicht des Wirts hinein.

แต่มีเพียงใบหน้าอ้วนๆ

ของเจ้าของร้านเหล้าที่แอบมองเข้ามาข้างในทุกครั้ง

Das Gesicht des Mannes wurde vom schwachen Schein einer Talgkerze erhellt.

ใบหน้าของชายผู้นี้ส่องสว่างด้วยแสงเทียนไขอันริบหรี่

Jedes Mal verwandelte sich Bucks freudiges Bellen in ein leises, wütendes Knurren.

แต่ละครั้ง

เสียงเห่าอย่างสนุกสนานของบัคก็จะเปลี่ยนเป็นเสียงคำรามต่ำๆ ด้วยความโกรธ

Der Wirt ließ ihn für die Nacht allein in der Kiste zurück
เจ้าของร้านปล่อยให้เขาอยู่คนเดียวในกรงทั้งคืน
Aber als er am Morgen aufwachte, kamen noch mehr
Männer.
แต่เมื่อเขาตื่นขึ้นมาในตอนเช้าก็มีชายอีกหลายคนเข้ามา
Vier Männer kamen und hoben die Kiste vorsichtig und
wortlos auf.
ชายสี่คนเข้ามาหยิบลังขึ้นอย่างระมัดระวังโดยไม่พูดอะไร
Buck wusste sofort, in welcher Situation er sich befand.
บัคร์ทันทีถึงสถานการณ์ที่เขาพบว่าตนเองกำลังเผชิญอยู่
Sie waren weitere Peiniger, die er bekämpfen und fürchten
musste.
พวกมันคือสิ่งทรมานอีกประการหนึ่งที่เขาต้องต่อสู้และหวาดกลัว
Diese Männer sahen böse, zerlumpt und sehr ungepflegt
aus.
ผู้ชายพวกนี้ดูชั่วร้าย ทรุดโทรม และดูแลตัวเองไม่ดีเลย
Buck knurrte und stürzte sich wild durch die Gitterstäbe auf
sie.
บัคขู่คำรามและพุ่งเข้าหาพวกเขาอย่างดุร้ายผ่านลูกกรง
Sie lachten nur und stießen mit langen Holzstöcken nach
ihm.
พวกเขาเพียงแต่หัวเราะและแทงเขาด้วยไม้ยาวๆ
Buck biss in die Stöcke, dann wurde ihm klar, dass es das
war, was ihnen gefiel.
บัคกัดไม้แล้วรู้ว่านั่นคือสิ่งที่พวกเขาชอบ
Also legte er sich ruhig hin, mürrisch und vor stiller Wut
brennend.
จึงได้นอนลงอย่างเงียบๆ ด้วยอาการบูดบึ้งและโกรธจัดอย่างเงียบๆ
Sie hoben die Kiste auf einen Wagen und fuhren mit ihm
weg.
พวกเขาจึงยกลังใส่เกวียนแล้วขับออกไปกับเขา
Die Kiste mit Buck darin wechselte oft den Besitzer.
ลังที่บัคถูกล็อคอยู่ข้างในเปลี่ยนมือบ่อยครั้ง
Express-Büroangestellte übernahmen die Leitung und
kümmerten sich kurz um ihn.

เจ้าหน้าที่สำนักงานเอ็กซ์เพรสเข้ามาดูแลและดูแลเขาสั้นๆ

Dann transportierte ein anderer Wagen Buck durch die laute Stadt.

จากนั้นรถบรรทุกอีกคันก็บรรทุกบัคข้ามเมืองที่วุ่นวาย

Ein Lastwagen brachte ihn mit Kisten und Paketen auf eine Fähre.

รถบรรทุกได้นำเขาพร้อมกล่องและพัสดุขึ้นเรือข้ามฟาก

Nach der Überquerung lud ihn der Lastwagen an einem Bahndepot ab.

เมื่อข้ามไปแล้ว รถบรรทุกก็ได้ขนเขาลงจากรถไฟที่สถานีรถไฟ

Schließlich wurde Buck in einen wartenden Expresswagen gesetzt.

ในที่สุด บัคก็ถูกวางลงในรถด่วนที่กำลังรออยู่

Zwei Tage und Nächte lang zogen Züge den Schnellzug ab.

รถไฟได้นำรถด่วนออกไปเป็นเวลาสองวันสองคืน

Buck hat während der gesamten schmerzhaften Reise weder gegessen noch getrunken.

บัคไม่ได้กินหรือดื่มอะไรเลยตลอดการเดินทางอันแสนเจ็บปวด

Als die Expressboten versuchten, sich ihm zu nähern, knurrte er.

เมื่อผู้ส่งสารด่วนพยายามเข้าใกล้เขา เขาก็คำราม

Sie reagierten, indem sie ihn verspotteten und grausam hänselten.

พวกเขาตอบโต้เขาด้วยการล้อเลียนและล้อเลียนเขาอย่างโหดร้าย

Buck warf sich schäumend und zitternd gegen die Gitterstäbe

บัคโยนตัวเองไปที่ลูกกรง มีฟองและสั่น

Sie lachten laut und verspotteten ihn wie Schulhofschläger.

พวกเขาหัวเราะเสียงดัง และเยาะเย้ยเขาเหมือนกับนักเลงในโรงเรียน

Sie bellten wie falsche Hunde und wedelten mit den Armen.

พวกมันเห่าเหมือนสุนัขปลอมและโบกแขนไปมา

Sie krähten sogar wie Hähne, nur um ihn noch mehr aufzuregen.

พวกมันยังขันเหมือนไก่ตัวผู้เพื่อทำให้เขาหงุดหงิดมากยิ่งขึ้น

Es war dummes Verhalten und Buck wusste, dass es lächerlich war.

นั่นเป็นพฤติกรรมที่โง่เขลาและบัคก็รู้ว่ามันไร้สาระ

Doch das verstärkte seine Empörung und Scham nur noch.

แต่สิ่งนั้นกลับยิ่งทำให้เขารู้สึกโกรธและอับอายมากขึ้น

Der Hunger plagte ihn während der Reise kaum.

เขาไม่กังวลเกี่ยวกับความหิวมากนักตลอดการเดินทาง

Doch der Durst brachte starke Schmerzen und
unerträgliches Leiden mit sich.

แต่ความกระหายนำมาซึ่งความเจ็บปวดอย่างรุนแรงและความทุกข์ทรม
านที่ไม่อาจทนทานได้

Sein trockener, entzündeter Hals und seine Zunge brannten
vor Hitze.

คอและลิ้นของเขาที่แห้งและอักเสบร้อนผ่าว

Dieser Schmerz schürte das Fieber, das in seinem stolzen
Körper aufstieg.

ความเจ็บปวดนี้กระตุ้นให้ไข้เพิ่มขึ้นในร่างกายอันภาคภูมิใจของเขา

Buck war während dieses Prozesses für eine einzige Sache
dankbar.

บัคร์สึกขอบคุณสำหรับสิ่งๆ เดียวในระหว่างการพิจารณาคดีครั้งนี้

Das Seil um seinen dicken Hals war entfernt worden.

เชือกถูกดึงออกจากรอบคออันหนาของเขา

Das Seil hatte diesen Männern einen unfairen und
grausamen Vorteil verschafft.

เชือกได้ทำให้คนเหล่านั้นได้เปรียบอย่างไม่ยุติธรรมและโหดร้าย

Jetzt war das Seil weg und Buck schwor, dass es nie wieder
zurückkommen würde.

ตอนนี้เชือกก็หายไปแล้ว และบัคสาบานว่ามันจะไม่กลับมาอีก

Er beschloss, sich nie wieder ein Seil um den Hals legen zu
lassen.

เขาตั้งใจว่าจะไม่มีเชือกมาพันคอเขาอีกต่อไป

Zwei lange Tage und Nächte litt er ohne Essen.

เขาทนทุกข์ทรมานโดยไม่ได้กินอาหารเป็นเวลาสองวันสองคืนอันยาว
นาน

Und in diesen Stunden baute sich in ihm eine enorme Wut
auf.

และในช่วงเวลานั้น เขาก็ได้สะสมความโกรธอันรุนแรงไว้ภายใน

Seine Augen wurden vor ständiger Wut blutunterlaufen und wild.

ดวงตาของเขาแดงก่ำและดุร้ายจากความโกรธอย่างต่อเนื่อง

Er war nicht mehr Buck, sondern ein Dämon mit schnappenden Kiefern.

เขาไม่ใช่บั๊กอีกต่อไป แต่เป็นปีศาจที่มีขากรรไกรงับ

Nicht einmal der Richter hätte dieses verrückte Wesen erkannt.

แม้กระทั่งผู้พิพากษาก็คงไม่รู้จักสิ่งมีชีวิตที่บ้าคลั่งตัวนี้

Die Expressboten atmeten erleichtert auf, als sie Seattle erreichten

ผู้ส่งสารด่วนถอนหายใจด้วยความโล่งใจเมื่อถึงซีแอตเทิล

Vier Männer hoben die Kiste hoch und brachten sie in einen Hinterhof.

ผู้ชายสี่คนยกลังและเอาไปไว้ที่สนามหลังบ้าน

Der Hof war klein und von hohen, massiven Mauern umgeben.

สนามหญ้ามีขนาดเล็กล้อมรอบด้วยกำแพงสูงและแข็งแรง

Ein großer Mann in einem ausgeleierten roten Pullover kam heraus.

ชายร่างใหญ่คนหนึ่งก้าวออกมาด้วยเสื้อเชิ้ตสเวตเตอร์สีแดงหลวมๆ

Mit dicker, kühner Handschrift unterschrieb er das Lieferbuch.

เขาเซ็นสมุดส่งของด้วยมือที่หนาและหนา

Buck spürte sofort, dass dieser Mann sein nächster Peiniger war.

บัคร้สึกทันทีว่าผู้ชายคนนี้คือผู้ทรมานเขาคนต่อไป

Er stürzte sich heftig auf die Gitterstäbe, die Augen rot vor Wut.

เขาพุ่งเข้าหาลูกกรงอย่างรุนแรง ดวงตาแดงก่ำด้วยความโกรธ

Der Mann lächelte nur finster und holte ein Beil.

ชายผู้นั้นเพียงแต่ยิ้มอย่างมืดมนแล้วเดินไปเอาขวานมา

Er brachte auch eine Keule in seiner dicken und starken rechten Hand mit.

เขายังนำไม้กระบองมาในมือขวาที่หนาและแข็งแรงของเขาด้วย

„Wollen Sie ihn jetzt rausholen?", fragte der Fahrer besorgt.

"คุณจะพาเขาออกไปตอนนี้เลยไหม" คนขับรถถามด้วยความเป็นห่วง

„Sicher", sagte der Mann und rammte das Beil als Hebel in die Kiste.

"แน่นอน" ชายคนนั้นพูดพร้อมกับยัดขวานลงในลังเหมือนคันโยก

Die vier Männer stoben sofort auseinander und sprangen auf die Hofmauer.

ชายทั้งสี่แยกย้ายกันทันทีและกระโดดขึ้นไปบนกำแพงสนาม

Von ihren sicheren Plätzen oben warteten sie, um das Spektakel zu beobachten.

จากจุดปลอดภัยด้านบน พวกเขารอชมปรากฏการณ์นี้

Buck stürzte sich auf das zersplitterte Holz, biss und zitterte heftig.

บัคพุ่งเข้าหาไม้ที่แตกเป็นเสี่ยง ๆ กัดและสั่นอย่างรุนแรง

Jedes Mal, wenn die Axt den Käfig traf, war Buck da, um ihn anzugreifen.

ทุกครั้งที่ขวานกระทบกรง บัคก็จะอยู่ที่นั่นเพื่อโจมตีมัน

Er knurrte und schnappte vor wilder Wut und wollte unbedingt freigelassen werden.

เขาขู่และขู่ตะคอกด้วยความโกรธอย่างรุนแรง ต้องการที่จะเป็นอิสระ

Der Mann draußen war ruhig und gelassen und konzentrierte sich auf seine Aufgabe.

ชายข้างนอกดูสงบและมั่นคง มุ่งมั่นกับภารกิจของเขา

„Also gut, du rotäugiger Teufel", sagte er, als das Loch groß war.

"งั้นก็ดี เจ้าปีศาจตาแดงก่ำ" เขากล่าวขณะที่รูนั้นใหญ่มาก

Er ließ das Beil fallen und nahm die Keule in die rechte Hand.

เขาปล่อยขวานแล้วหยิบไม้กระบองในมือขวา

Buck sah wirklich aus wie ein Teufel; seine Augen blutunterlaufen und lodernd.

บัคดูเหมือนปีศาจจริงๆ ตาของเขาแดงก่ำและเป็นประกาย

Sein Fell sträubte sich, Schaum stand ihm vor dem Mund, seine Augen funkelten.

เสื้อคลุมของเขามีขนขึ้น มีฟองขึ้นที่ปาก ดวงตาเป็นประกาย

Er spannte seine Muskeln an und sprang direkt auf den roten Pullover zu.

เขาเกร็งกล้ามเนื้อแล้วพุ่งตรงไปที่เสื้อสเวตเตอร์สีแดง

Hundertvierzig Pfund Wut prasselten auf den ruhigen Mann zu.

ความโกรธหนักหนึ่งร้อยสี่สิบปอนด์พุ่งเข้าหาชายผู้สงบนิ่ง

Kurz bevor er die Zähne zusammenbiss, traf ihn ein schrecklicher Schlag.

ก่อนที่ขากรรไกรของเขาจะปิดลง ก็มีการโจมตีอันน่ากลัวเกิดขึ้น

Seine Zähne schnappten zusammen, nur Luft war im Spiel.

ฟันของเขาสบกันโดยไม่มีอะไรนอกจากอากาศ

ein Schmerz durchfuhr seinen Körper

ความเจ็บปวดสะเทือนไปทั่วร่างกาย

Er machte einen Überschlag in der Luft und stürzte auf dem Rücken und der Seite zu Boden.

เขาพลิกตัวในอากาศและล้มลงทั้งด้านหลังและด้านข้าง

Er hatte noch nie zuvor einen Knüppelschlag gespürt und konnte ihn nicht begreifen.

เขาไม่เคยรู้สึกถึงแรงกระแทกจากไม้กระบองมาก่อนและไม่สามารถคว้ามันไว้ได้

Mit einem kreischenden Knurren, das teils Bellen, teils Schreien war, sprang er erneut.

เขาได้กระโจนอีกครั้งโดยส่งเสียงแหลม ส่วนหนึ่งก็เห่า ส่วนหนึ่งก็กรีดร้อง

Ein weiterer brutaler Schlag traf ihn und schleuderte ihn zu Boden.

หมัดหนักอีกครั้งก็ฟาดเขาจนร่วงลงสู่พื้น

Diesmal verstand Buck – es war die schwere Keule des Mannes.

คราวนี้บัคเข้าใจแล้ว—มันคือไม้กระบองหนักของชายคนนั้น

Doch die Wut machte ihn blind, und an einen Rückzug dachte er nicht.

แต่ความโกรธเข้าครอบงำเขาจนมองไม่เห็นอะไร และเขาไม่คิดจะถอยหนี

Zwölfmal stürzte er sich in die Luft, und zwölfmal fiel er.

เขาพุ่งตัวออกไปสิบสองครั้ง และล้มลงสิบสองครั้ง

Der Holzknüppel traf ihn jedes Mal mit unbarmherziger, vernichtender Kraft.

กระบองไม้ฟาดเขาอย่างรุนแรงในแต่ละครั้ง

Nach einem heftigen Schlag kam er benommen und langsam wieder auf die Beine.

หลังจากถูกโจมตีอย่างรุนแรงครั้งหนึ่ง เขาก็เซลุกขึ้นยืนอย่างมึนงงและช้าๆ

Blut lief aus seinem Mund, seiner Nase und sogar seinen Ohren.

เลือดไหลออกมาจากปาก จมูก และแม้กระทั่งหูของเขา

Sein einst so schönes Fell war mit blutigem Schaum verschmiert.

เสื้อคลุมอันสวยงามของเขาเคยเปื้อนไปด้วยฟองสีเลือด

Dann trat der Mann vor und versetzte ihm einen heftigen Schlag auf die Nase.

จากนั้นชายคนนั้นก้าวขึ้นไปและโจมตีจมูกอย่างดุร้าย

Die Qualen waren schlimmer als alles, was Buck je gespürt hatte.

ความทุกข์ทรมานนั้นรุนแรงกว่าสิ่งใดที่บัคเคยรู้สึก

Mit einem Brüllen, das eher an ein Tier als an einen Hund erinnerte, sprang er erneut zum Angriff.

ด้วยเสียงคำรามที่ดุร้ายยิ่งกว่าสุนัข เขาก็กระโจนเข้าโจมตีอีกครั้ง

Doch der Mann packte seinen Unterkiefer und drehte ihn nach hinten.

แต่ชายคนนั้นจับขากรรไกรล่างของเขาไว้และบิดไปด้านหลัง

Buck überschlug sich kopfüber und stürzte erneut hart auf den Boden.

บัคพลิกหัวกลับหางและล้มลงอย่างแรงอีกครั้ง

Ein letztes Mal stürmte Buck auf ihn zu, jetzt konnte er kaum noch stehen.

บัควิ่งเข้าหาเขาเป็นครั้งสุดท้าย โดยตอนนี้แทบจะยืนไม่ไหวแล้ว

Der Mann schlug mit perfektem Timing zu und versetzte den letzten Schlag.

ชายผู้นี้โจมตีด้วยจังหวะที่ชำนาญและโจมตีครั้งสุดท้ายได้สำเร็จ

Buck brach bewusstlos und regungslos zusammen.

บัคล้มลงเป็นกอง หมดสติและไม่ขยับตัว

„Er ist kein Stümper im Hundezähmen, das sage ich", rief ein Mann.

"เขาไม่ใช่คนไม่เอาไหนในการฝึกสุนัขหรอกนะ นั่นคือสิ่งที่ฉันพูด" ชายคนหนึ่งตะโกน

„Druther kann den Willen eines Hundes an jedem Tag der Woche brechen."

"ดรูเทอร์สามารถทำลายความตั้งใจของสุนัขล่าเนื้อได้ทุกวันในสัปดาห์"

„Und zweimal an einem Sonntag!", fügte der Fahrer hinzu.

"และสองครั้งในวันอาทิตย์!" คนขับรถเสริม

Er stieg in den Wagen und ließ die Zügel knacken, um loszufahren.

เขาขึ้นไปบนเกวียนแล้วดึงบังเหียนเพื่อออกเดินทาง

Buck erlangte langsam die Kontrolle über sein Bewusstsein zurück

บัคค่อยๆ กลับมาควบคุมสติของตัวเองได้อีกครั้ง

aber sein Körper war noch zu schwach und gebrochen, um sich zu bewegen.

แต่ร่างกายของเขายังอ่อนแอและหักเกินกว่าจะขยับได้

Er blieb liegen, wo er hingefallen war, und beobachtete den Mann im roten Pullover.

เขานอนอยู่ตรงจุดที่เขาล้มลง และมองดูชายที่สวมเสื้อกันหนาวสีแดง

„Er hört auf den Namen Buck", sagte der Mann und las laut vor.

"เขาตอบในนามของบัค" ชายคนนั้นพูดขณะอ่านออกเสียง

Er zitierte aus der Notiz und den Einzelheiten, die mit Bucks Kiste geschickt wurden.

เขาอ้างจากบันทึกที่ส่งไปพร้อมกับลังของบัคและรายละเอียด

„Also, Buck, mein Junge", fuhr der Mann freundlich fort,

"เอาล่ะ บัค ลูกชายของฉัน" ชายคนนั้นพูดต่อด้วยน้ำเสียงเป็นมิตร

„Wir hatten unseren kleinen Streit, und jetzt ist es zwischen uns vorbei."

"เราทะเลาะกันนิดหน่อย และตอนนี้เรื่องระหว่างเราก็จบลงแล้ว"

„Sie haben Ihren Platz kennengelernt und ich habe meinen kennengelernt", fügte er hinzu.

"คุณได้เรียนรู้สถานที่ของคุณแล้ว
และฉันก็ได้เรียนรู้สถานที่ของฉันแล้ว" เขากล่าวเสริม

„Sei brav, dann wird alles gut und das Leben wird
angenehm sein."

"จงเป็นคนดี แล้วทุกอย่างจะดีไปเอง และชีวิตจะมีความสุข"

„Aber wenn du böse bist, schlage ich dir die Seele aus dem
Leib, verstanden?"

"แต่ถ้าเธอไม่ดี ฉันจะกระทืบเธอจนแหลกสลาย เข้าใจไหม"

Während er sprach, streckte er die Hand aus und tätschelte
Bucks schmerzenden Kopf.

ในขณะที่เขาพูด เขาก็เอื้อมมือออกไปและตบหัวที่ปวดเมื่อยของบัค

Bucks Haare stellten sich bei der Berührung des Mannes
auf, aber er wehrte sich nicht.

ผมของบัคลุกขึ้นเมื่อถูกสัมผัสของชายคนนั้น แต่เขาไม่ได้ต่อต้าน

Der Mann brachte ihm Wasser, das Buck in großen
Schlucken trank.

ชายคนนั้นนำน้ำมาให้เขา ซึ่งบัคก็ดื่มจนหมดอีก

Dann kam rohes Fleisch, das Buck Stück für Stück
verschlang.

จากนั้นก็มาถึงเนื้อดิบซึ่งบัคกินเข้าไปทีละชิ้น

Er wusste, dass er geschlagen war, aber er wusste auch, dass
er nicht gebrochen war.

เขารู้ว่าเขาถูกตี แต่เขาก็รู้เช่นกันว่าเขาไม่ได้พ่ายแพ้

Gegen einen mit einer Keule bewaffneten Mann hatte er
keine Chance.

เขาไม่มีทางสู้กับคนถือไม้กระบองได้

Er hatte die Wahrheit erfahren und diese Lektion nie
vergessen.

เขาได้เรียนรู้ความจริงแล้วและเขาไม่เคยลืมบทเรียนนั้น

Diese Waffe war der Beginn des Gesetzes in Bucks neuer
Welt.

อาวุธนั้นคือจุดเริ่มต้นของกฎหมายในโลกใหม่ของบัค

Es war der Beginn einer harten, primitiven Ordnung, die er
nicht leugnen konnte.

มันคือจุดเริ่มต้นของคำสั่งอันเข้มงวดและดั้งเดิมที่เขาไม่สามารถปฏิเสธได้

Er akzeptierte die Wahrheit; seine wilden Instinkte waren nun erwacht.

เขาได้ยอมรับความจริงแล้ว ตอนนี้สัญชาตญาณดิบของเขาตื่นขึ้นแล้ว

Die Welt war härter geworden, aber Buck stellte sich ihr tapfer.

โลกนี้โหดร้ายขึ้น แต่บัคก็เผชิญหน้ากับมันอย่างกล้าหาญ

Er begegnete dem Leben mit neuer Vorsicht, List und stiller Stärke.

เขาเผชิญชีวิตด้วยความระมัดระวัง ความฉลาด
และความแข็งแกร่งที่เงียบสงบ

Weitere Hunde kamen an, an Seilen oder in Kisten festgebunden, so wie Buck.

มีสุนัขตัวอื่นๆ มาถึงเพิ่มเติม
โดยถูกมัดด้วยเชือกหรือถูกใส่ไว้ในลังเหมือนที่บัคเคยถูก

Einige Hunde kamen ruhig, andere tobten und kämpften wie wilde Tiere.

สุนัขบางตัวเข้ามาอย่างใจเย็น
บางตัวก็โกรธจัดและต่อสู้ดุร้ายราวกับสัตว์ป่า

Sie alle wurden der Herrschaft des Mannes im roten Pullover unterworfen.

พวกเขาทั้งหมดถูกนำมาอยู่ภายใต้การปกครองของชายเสื้อแดง

Jedes Mal sah Buck zu und sah, wie sich ihm die gleiche Lektion erschloss.

แต่ละครั้ง บัคจะเฝ้าดูและเห็นบทเรียนเดียวกันเกิดขึ้น

Der Mann mit der Keule war das Gesetz, ein Herr, dem man gehorchen musste.

ชายที่ถือกระบองคือผู้รักษากฎหมาย เป็นเจ้านายที่ต้องเชื่อฟัง

Er musste nicht gemocht werden, aber man musste ihm gehorchen.

เขาไม่จำเป็นต้องเป็นที่ชื่นชอบ แต่เขาต้องได้รับการเชื่อฟัง

Buck schmeichelte oder wedelte nie mit dem Schwanz, wie es die schwächeren Hunde taten.

บัคไม่เคยประจบสอพลอหรือส่ายหางเหมือนสุนัขที่อ่อนแอทำ

Er sah Hunde, die geschlagen wurden und trotzdem die Hand des Mannes leckten.

เขาเห็นสุนัขที่ถูกตีแล้วยังเลียมือชายคนนั้น

Er sah einen Hund, der überhaupt nicht gehorchte oder sich unterwarf.

เขาเห็นสุนัขตัวหนึ่งที่ไม่เชื่อฟังหรือยอมจำนนเลย

Dieser Hund kämpfte, bis er im Kampf um die Kontrolle getötet wurde.

สุนัขตัวนั้นต่อสู้จนกระทั่งถูกฆ่าในการต่อสู้เพื่อชิงอำนาจ

Manchmal kamen Fremde, um den Mann im roten Pullover zu sehen.

บางครั้งจะมีคนแปลกหน้ามาพบชายสวมเสื้อสเวตเตอร์สีแดง

Sie sprachen in seltsamem Ton, flehten, feilschten und lachten.

พวกเขาพูดด้วยน้ำเสียงแปลกๆ วิงวอน ต่อรอง และหัวเราะ

Als das Geld ausgetauscht wurde, gingen sie mit einem oder mehreren Hunden.

เมื่อแลกเงินกันแล้ว

พวกเขาก็ออกไปพร้อมกับสุนัขหนึ่งตัวหรือหลายตัว

Buck fragte sich, wohin diese Hunde gingen, denn keiner kam jemals zurück.

บัคสงสัยว่าสุนัขพวกนี้หายไปไหน เพราะไม่มีตัวไหนกลับมาเลย

Angst vor dem Unbekannten erfüllte Buck jedes Mal, wenn ein fremder Mann kam

ความกลัวสิ่งที่ไม่รู้ทำให้บัครู้สึกทุกครั้งที่มีชายแปลกหน้าเข้ามา

Er war jedes Mal froh, wenn ein anderer Hund mitgenommen wurde und nicht er selbst.

เขาดีใจทุกครั้งที่มีการนำสุนัขตัวอื่นไป แทนที่จะเป็นตัวเขาเอง

Doch schließlich kam Buck an die Reihe, als ein fremder Mann eintraf.

แต่ในที่สุด บัคก็มาถึงพร้อมกับการมาถึงของชายแปลกหน้าคนหนึ่ง

Er war klein, drahtig und sprach gebrochenes Englisch und fluchte.

เขาเป็นคนตัวเล็ก ผอมบาง และพูดภาษาอังกฤษแบบงูๆ ปลาๆ

และพูดจาหยาบคาย

„Heilig!", schrie er, als er Bucks Gestalt erblickte.

"ซาเครดัม!" เขาตะโกนเมื่อได้เห็นร่างของบัค

„Das ist aber ein verdammter Rüpel! Wie viel?", fragte er laut.

"นั่นมันสุนัขขี้รังแกจริงๆ นะ เท่าไหร่" เขาถามออกไปดังๆ

„Dreihundert, und für diesen Preis ist er ein Geschenk."

"สามร้อยแล้วเขาก็เป็นของขวัญในราคานั้น"

„Da es sich um staatliche Gelder handelt, sollten Sie sich nicht beschweren, Perrault."

"เพราะว่ามันเป็นเงินของรัฐบาล คุณไม่ควรบ่นนะ เพอร์โรลต์"

Perrault grinste über den Deal, den er gerade mit dem Mann gemacht hatte.

เพอร์โรลต์ยิ้มกับข้อตกลงที่เขาเพิ่งทำกับชายคนนั้น

Aufgrund der plötzlichen Nachfrage waren die Preise für Hunde in die Höhe geschossen.

ราคาของสุนัขพุ่งสูงขึ้นเนื่องจากมีความต้องการที่เพิ่มขึ้นอย่างฉับพลัน

Dreihundert Dollar waren für so ein tolles Tier nicht unfair.

สามร้อยเหรียญถือว่าไม่ยุติธรรมสำหรับสัตว์ร้ายที่สวยงามเช่นนี้

Die kanadische Regierung würde bei dem Abkommen nichts verlieren

รัฐบาลแคนาดาจะไม่สูญเสียอะไรจากข้อตกลงนี้

Auch ihre offiziellen Depeschen würden während des Transports nicht verzögert.

และการจัดส่งอย่างเป็นทางการของพวกเขาก็จะไม่ล่าช้าระหว่างการขนส่ง

Perrault kannte sich gut mit Hunden aus und erkannte, dass Buck etwas Seltenes war.

เพอร์โรลต์รู้จักสุนัขเป็นอย่างดี และมองเห็นว่าบัคเป็นสิ่งหายาก

„Einer von zehntausend", dachte er, als er Bucks Körperbau betrachtete.

"หนึ่งในหมื่นหมื่น" เขาคิดขณะศึกษาหุ่นของบัค

Buck sah, wie das Geld den Besitzer wechselte, zeigte sich jedoch nicht überrascht.

บัคเห็นเงินเปลี่ยนมือแต่ก็ไม่แสดงอาการแปลกใจ

Bald wurden er und Curly, ein sanfter Neufundländer, weggeführt.

ในไม่ช้า เขาและเคอร์ลี่ สุนัขพันธุ์นิวฟันด์แลนด์ผู้ใจดี ก็ถูกพาตัวไป

Sie folgten dem kleinen Mann aus dem Hof des roten Pullovers.

พวกเขาเดินตามชายร่างเล็กมาจากลานบ้านของเสื้อสเวตเตอร์สีแดง

Das war das letzte Mal, dass Buck den Mann mit der Holzkeule sah.

นั่นเป็นครั้งสุดท้ายที่บัคได้เห็นชายที่ถือกระบองไม้

Vom Deck der Narwhal aus beobachtete er, wie Seattle in der Ferne verschwand.

จากดาดฟ้าของเรือนาร์วาล เขาเฝ้าดูซีแอตเทิลค่อยๆ เลือนหายไปในระยะไกล

Es war auch das letzte Mal, dass er das warme Südland sah.

นั่นยังเป็นครั้งสุดท้ายที่เขาได้เห็นดินแดนทางใต้อันอบอุ่นด้วย

Perrault brachte sie unter Deck und ließ sie bei François zurück.

เปอร์โรลต์พาพวกเขาไปใต้ดาดฟ้า แล้วทิ้งพวกเขาไว้กับฟรานซัวส์

François war ein Riese mit schwarzem Gesicht und rauen, schwieligen Händen.

ฟรานซัวส์เป็นยักษ์ที่มีใบหน้าสีดำและมีมือที่หยาบกร้าน

Er war dunkelhäutig und hatte eine dunkle Hautfarbe, ein französisch-kanadischer Mischling.

เขามีผิวคล้ำและคล้ำ เป็นลูกครึ่งฝรั่งเศส-แคนาดา

Für Buck waren diese Männer von einer Art, die er noch nie zuvor gesehen hatte.

สำหรับบัค ผู้ชายพวกนี้เป็นคนที่เขาไม่เคยเห็นมาก่อน

Er würde in den kommenden Tagen viele solcher Männer kennenlernen.

ในวันข้างหน้าเขาคงจะได้รู้จักผู้ชายประเภทนี้อีกหลายคน

Er konnte sie zwar nicht lieb gewinnen, aber er begann, sie zu respektieren.

เขาไม่ได้รักพวกเขาเลย แต่เขากลับเคารพพวกเขา

Sie waren fair und weise und ließen sich von keinem Hund so leicht täuschen.

พวกมันมีความยุติธรรมและฉลาด และไม่โดนสุนัขตัวไหนหลอกได้ง่าย

Sie beurteilten Hunde ruhig und bestraften sie nur, wenn es angebracht war.

พวกเขาตัดสินสุนัขอย่างใจเย็นและลงโทษเมื่อสมควรเท่านั้น

Im Unterdeck der Narwhal trafen Buck und Curly zwei Hunde.

ที่ชั้นล่างของเรือนาร์วาล บัคและเคอร์ลี่ได้พบกับสุนัขสองตัว

Einer war ein großer weißer Hund aus dem fernen, eisigen Spitzbergen.

ตัวหนึ่งเป็นสุนัขสีขาวตัวใหญ่จากสปิทซ์เบอร์เกนที่แสนหนาวเหน็บที่อยู่ไกลออกไป

Er war einmal mit einem Walfänger gesegelt und hatte sich einer Erkundungsgruppe angeschlossen.

ครั้งหนึ่งเขาเคยล่องเรือกับเรือล่าปลาวาฬและเข้าร่วมกลุ่มสำรวจ

Er war auf eine schlaue, hinterhältige und listige Art freundlich.

เขาเป็นคนเป็นมิตรโดยมีเล่ห์เหลี่ยม ร้ายกาจ และมีเล่ห์เหลี่ยม

Bei ihrer ersten Mahlzeit stahl er ein Stück Fleisch aus Bucks Pfanne.

ในมื้อแรกของพวกเขา เขาขโมยเนื้อชิ้นหนึ่งจากกระทะของบัค

Buck sprang, um ihn zu bestrafen, aber François' Peitsche schlug zuerst zu.

บัคกระโจนเข้าไปเพื่อจะลงโทษเขา
แต่แส้ของฟรานซัวส์กลับฟาดเข้าที่ก่อน

Der weiße Dieb schrie auf und Buck holte sich den gestohlenen Knochen zurück.

โจรผิวขาวร้องตะโกน และบัคก็เอากระดูกที่ถูกขโมยไปคืนมา

Diese Fairness beeindruckte Buck und François verdiente sich seinen Respekt.

ความยุติธรรมนั้นสร้างความประทับใจให้บัค
และฟรานซัวส์ก็สมควรได้รับความเคารพจากเขา

Der andere Hund grüßte nicht und wollte auch nichts zurück.

สุนัขตัวอื่นไม่ทักทายเลย และไม่ต้องการการทักทายตอบแทนด้วย

Er stahl weder Essen noch beschnüffelte er die Neuankömmlinge interessiert.

เขาไม่ได้ขโมยอาหารหรือดมกลิ่นผู้มาใหม่ด้วยความสนใจ

Dieser Hund war grimmig und ruhig, düster und bewegte sich langsam.

สุนัขตัวนี้มีลักษณะดุร้ายและเงียบขรึม มีลักษณะมืดหม่นและเคลื่อนไหวช้า

Er warnte Curly, sich fernzuhalten, indem er sie einfach anstarrte.

เขาเตือนเคอร์ลี่ให้หลีกเลี่ยงด้วยการจ้องมองเธออย่างเฉยเมย

Seine Botschaft war klar: Lass mich in Ruhe, sonst gibt es Ärger.

ข้อความของเขานั้นชัดเจน: ปล่อยฉันไว้คนเดียว ไม่เช่นนั้นจะมีปัญหาเกิดขึ้น

Er hieß Dave und nahm seine Umgebung kaum wahr.

เขาชื่อเดฟ และเขาแทบไม่ได้สังเกตสภาพแวดล้อมของเขาเลย

Er schlief oft, aß ruhig und gähnte ab und zu.

เขาหลับป๋อย กินอาหารเงียบๆ และหาวเป็นครั้งคราว

Das Schiff summte ständig, während unten der Propeller schlug.

เรือส่งเสียงฮัมอย่างต่อเนื่องพร้อมกับใบพัดที่ตีอยู่ด้านล่าง

Die Tage vergingen, ohne dass sich viel änderte, aber das Wetter wurde kälter.

วันเวลาผ่านไปโดยมีการเปลี่ยนแปลงเพียงเล็กน้อย แต่สภาพอากาศกลับหนาวเย็นมากขึ้น

Buck spürte es in seinen Knochen und bemerkte, dass es den anderen genauso ging.

บัคสามารถรู้สึกได้ในกระดูกของเขา และสังเกตเห็นว่าคนอื่นก็รู้สึกเช่นกัน

Dann blieb eines Morgens der Propeller stehen und alles war still.

แล้วเช้าวันหนึ่งใบพัดก็หยุดและทุกอย่างก็นิ่งสงบ

Eine Energie durchströmte das Schiff; etwas hatte sich verändert.

พลังงานบางอย่างพุ่งผ่านเรือ มีบางสิ่งบางอย่างที่เปลี่ยนไป

François kam herunter, legte ihnen die Leinen an und brachte sie hoch.

ฟรานซัวส์ลงมา จับสายจูงพวกมัน และพาพวกมันขึ้นมา

Buck stieg aus und fand den Boden weich, weiß und kalt.

บัคก้าวออกมาและพบว่าพื้นดินนุ่ม ขาว และเย็น

Er sprang erschrocken zurück und schnaubte völlig verwirrt.

เขากระโดดถอยกลับด้วยความตื่นตระหนกและผงะถอยด้วยความสับสนอย่างมาก

Seltsames weißes Zeug fiel vom grauen Himmel.

มีวัตถุสีขาวแปลกๆ ตกลงมาจากท้องฟ้าสีเทา

Er schüttelte sich, aber die weißen Flocken landeten immer wieder auf ihm.

เขาสายตัว แต่เกล็ดสีขาวก็ยังคงตกลงมาบนตัวเขา

Er roch vorsichtig an dem weißen Zeug und leckte an ein paar eisigen Stückchen.

เขาดมของเหลวสีขาวอย่างระมัดระวังและเลียน้ำแข็งสักสองสามชิ้น

Das Pulver brannte wie Feuer und verschwand dann einfach von seiner Zunge.

ผงเผาไหม้เหมือนไฟ จากนั้นก็หายไปจากลิ้นของเขา

Buck versuchte es noch einmal und war verwirrt über die seltsame, verschwindende Kälte.

บัคพยายามอีกครั้ง โดยรู้สึกสับสนกับความเย็นแปลกๆ ที่หายไป

Die Männer um ihn herum lachten und Buck war verlegen.

ผู้ชายรอบๆ ตัวเขาต่างก็หัวเราะ และบัคก็รู้สึกเขินอาย

Er wusste nicht warum, aber er schämte sich für seine Reaktion.

เขาไม่รู้ว่าทำไม แต่เขาก็รู้สึกละอายกับปฏิกิริยาของตัวเอง

Es war seine erste Erfahrung mit Schnee und es verwirrte ihn.

นั่นถือเป็นประสบการณ์ครั้งแรกของเขาเกี่ยวกับหิมะ และมันทำให้เขาสับสน

Das Gesetz von Keule und Fang
กฎแห่งคลับและเขี้ยว

Bucks erster Tag am Strand von Dyea fühlte sich wie ein
schrecklicher Albtraum an.

วันแรกของบัคที่ชายหาดไดอารู้สึกเหมือนฝันร้ายอันเลวร้าย

Jede Stunde brachte neue Schocks und unerwartete
Veränderungen für Buck.

แต่ละชั่วโมงนำมาซึ่งความตกตะลึงใหม่ๆ
และการเปลี่ยนแปลงที่ไม่คาดคิดสำหรับบัค

Er war aus der Zivilisation gerissen und ins wilde Chaos
gestürzt worden.

เขาถูกดึงออกจากอารยธรรมและถูกโยนเข้าสู่ความโกลาหลวุ่นวาย

Dies war kein sonniges, faules Leben mit Langeweile und
Ruhe.

นี่ไม่ใช่ชีวิตที่สดใส ขี้เกียจ และมีความเบื่อหน่ายและการพักผ่อน

Es gab keinen Frieden, keine Ruhe und keinen Moment
ohne Gefahr.

ไม่มีความสงบ ไม่มีการพักผ่อน และไม่มีขณะใดที่ไม่มีอันตราย

Überall herrschte Verwirrung und die Gefahr war immer in
der Nähe.

ความสับสนครอบงำทุกสิ่ง และอันตรายก็อยู่ใกล้ตัวเสมอ

Buck musste wachsam bleiben, denn diese Männer und
Hunde waren anders.

บัคต้องคอยระวังตัวอยู่เสมอเพราะผู้ชายและสุนัขเหล่านี้มีความแตกต่า
งกัน

Sie kamen nicht aus der Stadt, sie waren wild und
gnadenlos.

พวกนั้นมิได้มาจากเมือง เป็นพวกป่าเถื่อนและไม่มีความเมตตา

Diese Männer und Hunde kannten nur das Gesetz der Keule
und der Reißzähne.

พวกผู้ชายและสุนัขเหล่านี้รู้จักเพียงกฎของกระบองและเขี้ยวเท่านั้น

Buck hatte noch nie Hunde so kämpfen sehen wie diese
wilden Huskys.

บัคไม่เคยเห็นสุนัขต่อสู้กันเหมือนสุนัขไซบีเรียนฮัสกี้ป่าเถื่อนพวกนี้มา
ก่อน

Seine erste Erfahrung lehrte ihn eine Lektion, die er nie vergessen würde.

ประสบการณ์ครั้งแรกทำให้เขาได้รับบทเรียนที่เขาจะไม่มีวันลืม

Er hatte Glück, dass er es nicht war, sonst wäre auch er gestorben.

เขาโชคดีที่ไม่ใช่เขา ไม่เช่นนั้นเขาคงตายไปแล้ว

Curly war derjenige, der litt, während Buck zusah und lernte.

เคอร์ลี่เป็นคนที่ต้องทนทุกข์ทรมานในขณะที่บัคเฝ้าดูและเรียนรู้

Sie hatten ihr Lager in der Nähe eines aus Baumstämmen gebauten Ladens aufgeschlagen.

พวกเขาตั้งค่ายอยู่ใกล้กับร้านค้าที่สร้างด้วยท่อนไม้

Curly versuchte, einem großen, wolfsähnlichen Husky gegenüber freundlich zu sein.

เคอร์ลี่พยายามที่จะเป็นมิตรกับฮัสกี้ตัวใหญ่ที่คล้ายหมาป่า

Der Husky war kleiner als Curly, sah aber wild und böse aus.

ฮัสกี้ตัวเล็กกว่าเคิร์ลลี่ แต่ดูดุร้ายและดุร้าย

Ohne Vorwarnung sprang er auf und schlug ihr ins Gesicht.

โดยไม่ทันได้ตั้งตัว เขาก็กระโดดและฟันหน้าของเธอออก

Seine Zähne schnitten in einer Bewegung von ihrem Auge bis zu ihrem Kiefer.

ฟันของเขาตัดจากตาของเธอลงมาถึงขากรรไกรในครั้งเดียว

So kämpften Wölfe: Sie schlugen schnell zu und sprangen weg.

การต่อสู้ของหมาป่าเป็นแบบนี้ คือ โจมตีอย่างรวดเร็วแล้วกระโดดหนี

Aber es gab mehr zu lernen als nur diesen einen Angriff.

แต่ยังมีสิ่งที่ต้องเรียนรู้มากกว่าการโจมตีครั้งนั้น

Dutzende Huskys stürmten herein und bildeten einen stillen Kreis.

สุนัขฮัสกี้หลายสิบตัววิ่งเข้ามาและเดินเป็นวงกลมอย่างเงียบงัน

Sie schauten aufmerksam zu und leckten sich hungrig die Lippen.

พวกเขาดูอย่างใกล้ชิดและเลียริมฝีปากด้วยความหิวโหย

Buck verstand weder ihr Schweigen noch ihre begierigen Blicke.

บัคไม่เข้าใจความเงียบหรือสายตาที่กระตือรือร้นของพวกเขา

Curly stürzte sich ein zweites Mal auf den Husky, um ihn anzugreifen.

เคอร์ลี่รีบวิ่งไปโจมตีฮัสกี้เป็นครั้งที่สอง

Mit einer kräftigen Bewegung seiner Brust warf er sie um.

เขาใช้หน้าอกของเขากระแทกเธอล้มลงด้วยการเคลื่อนไหวที่แข็งแกร่ง

Sie fiel auf die Seite und konnte nicht wieder aufstehen.

เธอล้มลงด้านข้างและไม่สามารถลุกขึ้นได้

Darauf hatten die anderen die ganze Zeit gewartet.

นั่นคือสิ่งที่คนอื่น ๆ รอคอยมาตลอด

Die Huskies sprangen sie an und jaulten und knurrten wie wild.

สุนัขไซบีเรียนฮัสกี้กระโจนเข้าใส่เธอ

พร้อมส่งเสียงร้องโหยหวนและคำรามอย่างบ้าคลั่ง

Sie schrie, als sie unter einem Haufen Hunde begruben.

เธอกรีดร้องขณะที่พวกเขาฝังเธอไว้ใต้กองสุนัข

Der Angriff erfolgte so schnell, dass Buck vor Schreck erstarrte.

การโจมตีนั้นรวดเร็วมากจนทำให้บั๊กตกใจจนตัวแข็ง

Er sah, wie Spitz die Zunge herausstreckte, als würde er lachen.

เขาเห็นสปิตซ์แลบออกมาในลักษณะที่ดูเหมือนหัวเราะ

François schnappte sich eine Axt und rannte direkt in die Hundegruppe hinein.

ฟรานซัวส์คว้าขวานแล้ววิ่งตรงเข้าใส่กลุ่มสุนัข

Drei weitere Männer halfen mit Knüppeln, die Huskies zu vertreiben.

ชายอีกสามคนใช้ไม้กระบองช่วยตีฮัสกี้หนีไป

In nur zwei Minuten war der Kampf vorbei und die Hunde waren verschwunden.

เพียงสองนาทีการต่อสู้ก็สิ้นสุดลงและสุนัขก็หายไป

Curly lag tot im roten, zertrampelten Schnee, ihr Körper war zerfetzt.

เคอร์ลี่นอนตายอยู่ใต้หิมะสีแดงที่ถูกเหยียบย่ำ

ร่างของเธอถูกฉีกขาดเป็นชิ้นเล็กชิ้นน้อย

Ein dunkelhäutiger Mann stand über ihr und verfluchte die brutale Szene.

ชายผิวสีเข้มยืนอยู่เหนือเธอ พร้อมสาปแช่งฉากอันโหดร้าย

Die Erinnerung blieb bei Buck und verfolgte ihn nachts in seinen Träumen.

ความทรงจำนั้นยังคงอยู่กับบัคและหลอกหลอนความฝันของเขาในตอนกลางคืน

So war es hier: keine Fairness, keine zweite Chance.

นั่นคือหนทางที่นี่ ไม่มีความยุติธรรม ไม่มีโอกาสแก้ตัว

Sobald ein Hund fiel, töteten die anderen ihn gnadenlos.

เมื่อสุนัขตัวหนึ่งล้มลง สุนัขตัวอื่นก็จะฆ่ามันอย่างไม่ปรานี

Buck beschloss damals, dass er niemals zulassen würde, dass er fällt.

บัคตัดสินใจแล้วว่าเขาจะไม่ยอมให้ตัวเองล้มลงอีก

Spitz streckte erneut die Zunge heraus und lachte über das Blut.

สปิทซ์แลบลิ้นออกมาอีกครั้งแล้วหัวเราะเยาะเลือด

Von diesem Moment an hasste Buck Spitz aus vollem Herzen.

ตั้งแต่นั้นเป็นต้นมา บัคก็เกลียดสปิทซ์สุดหัวใจ

Bevor Buck sich von Curlys Tod erholen konnte, passierte etwas Neues.

ก่อนที่บัคจะฟื้นจากการตายของเคอร์ลี่ มีสิ่งใหม่เกิดขึ้น

François kam herüber und schnallte etwas um Bucks Körper.

ฟรานซัวส์เข้ามาและรัดอะไรบางอย่างไว้รอบตัวของบัค

Es war ein Geschirr wie das, das auf der Ranch für Pferde verwendet wurde.

มันเป็นสายรัดแบบที่ใช้กับม้าในฟาร์ม

Buck hatte gesehen, wie Pferde arbeiteten, und nun musste auch er arbeiten.

เมื่อบัคเห็นม้าทำงาน ตอนนี้เขาจึงถูกบังคับให้ทำงานด้วยเช่นกัน

Er musste François auf einem Schlitten in den nahegelegenen Wald ziehen.

เขาต้องดึงฟรานซัวส์บนเลื่อนเข้าไปในป่าใกล้ๆ

Anschließend musste er eine Ladung schweres Brennholz zurückziehen.

จากนั้นเขาต้องดึงไม้ฟืนหนักๆ กลับมา

Buck war stolz und deshalb tat es ihm weh, wie ein Arbeitstier behandelt zu werden.

บัครู้สึกภูมิใจ แต่เขาก็รู้สึกเจ็บปวดที่ถูกปฏิบัติเหมือนเป็นสัตว์รับใช้

Aber er war klug und versuchte nicht, gegen die neue Situation anzukämpfen.

แต่เขาฉลาดและไม่พยายามต่อสู้กับสถานการณ์ใหม่

Er akzeptierte sein neues Leben und gab bei jeder Aufgabe sein Bestes.

เขายอมรับชีวิตใหม่ของตนและทุ่มเทเต็มที่ในทุกๆ ภารกิจ

Alles an der Arbeit war ihm fremd und ungewohnt.

ทุกสิ่งเกี่ยวกับงานนั้นดูแปลกและไม่คุ้นเคยสำหรับเขา

François war streng und verlangte unverzüglichen Gehorsam.

ฟรานซัวส์เป็นคนเข้มงวดและเรียกร้องการเชื่อฟังโดยไม่ชักช้า

Seine Peitsche sorgte dafür, dass jeder Befehl sofort befolgt wurde.

แส้ของเขาทำให้แน่ใจว่าคำสั่งทุกข้อจะถูกปฏิบัติตามทันที

Dave war der Schlittenführer, der Hund, der dem Schlitten hinter Buck am nächsten war.

เดฟเป็นคนเข็นรถเลื่อน ส่วนสุนัขที่อยู่ใกล้รถเลื่อนที่สุดอยู่หลังบัค

Dave biss Buck in die Hinterbeine, wenn er einen Fehler machte.

เดฟจะกัดบั้กที่ขาหลังถ้าเขาทำผิดพลาด

Spitz war der Leithund und in dieser Rolle geschickt und erfahren.

สปิทซ์เป็นสุนัขผู้นำ มีทักษะและประสบการณ์ในบทบาทนี้

Spitz konnte Buck nicht leicht erreichen, korrigierte ihn aber trotzdem.

สปิทซ์ไม่สามารถเข้าถึงบัคได้อย่างง่ายดายแต่ก็ยังคงแก้ไขเขา

Er knurrte barsch oder zog den Schlitten auf eine Art, die Buck etwas beibrachte.

เขาขู่คำรามอย่างรุนแรงหรือดึงเลื่อนในลักษณะที่บั้กสอน

Durch dieses Training lernte Buck schneller, als alle erwartet hatten.

ภายใต้การฝึกครั้งนี้ บัคเรียนรู้ได้เร็วกว่าที่พวกเขาคาดไว้

Er hat hart gearbeitet und sowohl von François als auch von den anderen Hunden gelernt.

เขาทำงานหนักและเรียนรู้จากทั้งฟรานซัวส์และสุนัขตัวอื่นๆ

Als sie zurückkamen, kannte Buck die wichtigsten Befehle bereits.

เมื่อพวกเขากลับมา บัคก็รู้คำสั่งสำคัญแล้ว

Von François hat er gelernt, beim Laut „ho" anzuhalten.

เขาเรียนรู้ที่จะหยุดเมื่อได้ยินเสียง "โฮ" จากฟรานซัวส์

Er lernte, wann er den Schlitten ziehen und rennen musste.

เขาได้เรียนรู้ว่าเมื่อใดที่เขาจะต้องดึงเลื่อนและวิ่ง

Er lernte, in den Kurven des Weges ohne Probleme weit abzubiegen.

เขาเรียนรู้ที่จะเลี้ยวโค้งให้กว้างขึ้นโดยไม่ลำบาก

Er lernte auch, Dave auszuweichen, wenn der Schlitten schnell bergab fuhr.

เขายังเรียนรู้ที่จะหลีกเลี่ยงเดฟเมื่อรถเลื่อนลงเขาอย่างรวดเร็ว

„Das sind sehr gute Hunde", sagte François stolz zu Perrault.

"พวกมันเป็นสุนัขที่ดีมาก"

ฟรานซัวส์บอกกับเปอร์โรลต์อย่างภาคภูมิใจ

„Dieser Buck zieht wie der Teufel – ich bringe ihm das so schnell bei, wie ich nur kann."

"บัคนั่นดึงได้โคตรๆ—ฉันสอนมันได้เร็วมาก"

Später am Tag kam Perrault mit zwei weiteren Huskys zurück.

ในช่วงบ่ายวันนั้น เพอร์โรลต์กลับมาพร้อมกับสุนัขฮัสกี้อีกสองตัว

Ihre Namen waren Billee und Joe und sie waren Brüder.

ชื่อของพวกเขาคือ บิลลี่ และ โจ และพวกเขาเป็นพี่น้องกัน

Sie stammten von derselben Mutter, waren sich aber überhaupt nicht ähnlich.

พวกมันมาจากแม่เดียวกัน แต่กลับไม่เหมือนกันเสียเลย

Billee war gutmütig und zu allen sehr freundlich.

บิลลี่เป็นคนนิสัยดีและเป็นมิตรกับทุกคนมาก

Joe war das Gegenteil – ruhig, wütend und immer am Knurren.

โจเป็นคนตรงกันข้าม—เงียบ โกรธ และขู่คำรามตลอดเวลา

Buck begrüßte sie freundlich und blieb beiden gegenüber ruhig.

บั๊กทักทายพวกเขาอย่างเป็นมิตรและสงบกับทั้งคู่

Dave schenkte ihnen keine Beachtung und blieb wie üblich still.

เดฟไม่ได้สนใจพวกเขาและเงียบเหมือนเดิม

Um seine Dominanz zu demonstrieren, griff Spitz zuerst Billee und dann Joe an.

สปิทซ์โจมตีบิลลี่ก่อน จากนั้นจึงโจมตีโจ
เพื่อแสดงให้เห็นถึงความเหนือกว่าของเขา

Billee wedelte mit dem Schwanz und versuchte, freundlich zu Spitz zu sein.

บิลลี่กระดิกหางและพยายามที่จะเป็นมิตรกับสปิทซ์

Als das nicht funktionierte, versuchte er stattdessen wegzulaufen.

เมื่อวิธีนั้นไม่ได้ผล เขาก็พยายามวิ่งหนีแทน

Er weinte traurig, als Spitz ihn fest in die Seite biss.

เขาร้องไห้เสียใจเมื่อสปิทซ์กัดเขาอย่างแรงที่ด้านข้าง

Aber Joe war ganz anders und ließ sich nicht einschüchtern.

แต่โจแตกต่างมากและปฏิเสธที่จะถูกกลั่นแกล้ง

Jedes Mal, wenn Spitz näher kam, drehte sich Joe schnell um, um ihm in die Augen zu sehen.

ทุกครั้งที่สปิทซ์เข้ามาใกล้
โจจะหมุนตัวเพื่อเผชิญหน้ากับเขาอย่างรวดเร็ว

Sein Fell sträubte sich, seine Lippen kräuselten sich und seine Zähne schnappten wild.

ขนของเขามีขนแข็ง ริมฝีปากของเขาม้วนงอ
และฟันของเขาขบกันอย่างรุนแรง

Joes Augen glänzten vor Angst und Wut und forderten Spitz heraus, zuzuschlagen.

ดวงตาของโจเป็นประกายด้วยความกลัวและความโกรธ
ท้าให้สปิทซ์โจมตี

Spitz gab den Kampf auf und wandte sich gedemütigt und
wütend ab.

สปิทซ์ยอมแพ้และหันกลับไปด้วยความอับอายและโกรธ

Er ließ seine Frustration an dem armen Billee aus und jagte
ihn davon.

เขาระบายความหงุดหงิดของเขากับบิลลี่ผู้น่าสงสารแล้วไล่เขาออกไป

An diesem Abend fügte Perrault dem Team einen weiteren
Hund hinzu.

เย็นวันนั้น เพอร์โรลต์ได้เพิ่มสุนัขอีกตัวหนึ่งเข้ามาในทีม

Dieser Hund war alt, mager und mit Kampfnarben übersät.

สุนัขตัวนี้แก่ ผอม และมีรอยแผลเป็นจากการสู้รบเต็มตัว

Eines seiner Augen fehlte, doch das andere blitzte kraftvoll
auf.

ดวงตาข้างหนึ่งของเขาหายไป แต่ข้างอื่นยังคงส่องประกายด้วยพลัง

Der neue Hund hieß Solleks, was „der Wütende" bedeutet.

ชื่อสุนัขตัวใหม่คือ Solleks ซึ่งแปลว่าผู้โกรธ

Wie Dave verlangte Solleks nichts von anderen und gab
nichts zurück.

เช่นเดียวกับเดฟ
โซลเลกส์ไม่ได้ขออะไรจากผู้อื่นและไม่ได้ให้สิ่งใดตอบแทนกลับมา

Als Solleks langsam ins Lager ging, blieb sogar Spitz fern.

เมื่อ Solleks เดินเข้าไปในค่ายอย่างช้าๆ แม้แต่ Spitz ก็ยังอยู่ห่างๆ

Er hatte eine seltsame Angewohnheit, die Buck
unglücklicherweise entdeckte.

เขามีนิสัยแปลกๆ ที่บัคโชคไม่ดีที่ได้ค้นพบ

Solleks hasste es, von der Seite angesprochen zu werden,
auf der er blind war.

โซลเลกส์เกลียดการถูกเข้าหาจากด้านที่เขาตาบอด

Buck wusste das nicht und machte diesen Fehler
versehentlich.

บัคไม่รู้เรื่องนี้และได้ทำผิดพลาดไปโดยไม่ได้ตั้งใจ

Solleks wirbelte herum und versetzte Buck einen schnellen,
tiefen Schlag auf die Schulter.

โซลเลกส์หมุนตัวและฟันไหล่ของบัคอย่างรุนแรงและรวดเร็ว

Von diesem Moment an kam Buck nie wieder in die Nähe von Solleks' blinder Seite.

ตั้งแต่นั้นเป็นต้นมา
บัคก็ไม่เคยเข้าใกล้ด้านที่มองไม่เห็นของโซเลกส์อีกเลย

Für den Rest ihrer gemeinsamen Zeit gab es nie wieder Probleme.

พวกเขาไม่เคยมีปัญหาอีกเลยตลอดเวลาที่เหลือที่พวกเขาอยู่ด้วยกัน

Solleks wollte nur in Ruhe gelassen werden, wie der ruhige Dave.

โซลเลกส์ต้องการเพียงแค่อยู่คนเดียวเหมือนกับเดฟผู้เงียบขรึม

Doch Buck erfuhr später, dass jeder von ihnen ein anderes geheimes Ziel hatte.

แต่ในเวลาต่อมาบัคก็ได้รู้ว่าพวกเขาต่างก็มีเป้าหมายลับอีกอย่างหนึ่ง

In dieser Nacht stand Buck vor einer neuen und beunruhigenden Herausforderung: Wie sollte er schlafen?

คืนนั้นบัคต้องเผชิญกับความท้าทายใหม่ที่น่าหนักใจ
นั่นก็คือจะนอนหลับอย่างไร

Das Zelt leuchtete warm im Kerzenlicht auf dem schneebedeckten Feld.

เต็นท์ส่องสว่างอย่างอบอุ่นด้วยแสงเทียนในทุ่งหญ้าที่เต็มไปด้วยหิมะ

Buck ging hinein und dachte, er könnte sich dort wie zuvor ausruhen.

บัคเดินเข้าไปข้างใน โดยคิดว่าเขาจะได้พักผ่อนที่นั่นได้เหมือนเดิม

Aber Perrault und François schrien ihn an und warfen Pfannen.

แต่เปอร์โรลต์และฟรองซัวส์ตะโกนใส่เขาและขว้างกระทะ

Schockiert und verwirrt rannte Buck in die eisige Kälte hinaus.

บัคตกใจและสับสน จึงวิ่งออกไปท่ามกลางความหนาวเย็น

Ein bitterkalter Wind stach ihm in die verletzte Schulter und ließ seine Pfoten erfrieren.

ลมแรงพัดกระทบไหล่ที่บาดเจ็บของเขาและอุ้งเท้าของเขาจนแข็ง

Er legte sich in den Schnee und versuchte, im Freien zu schlafen.

เขานอนลงบนหิมะและพยายามนอนหลับกลางแจ้ง

Doch die Kälte zwang ihn bald, heftig zitternd wieder aufzustehen.

แต่ความหนาวเย็นก็บังคับให้เขาต้องลุกขึ้นอีกครั้งในขณะที่ตัวสั่นอย่างหนัก

Er wanderte durch das Lager und versuchte, ein wärmeres Plätzchen zu finden.

เขาเดินไปทั่วค่ายเพื่อพยายามหาจุดที่อบอุ่นกว่านี้

Aber jede Ecke war genauso kalt wie die vorherige.

แต่ทุกมุมก็ยังคงหนาวเย็นเช่นเดิม

Manchmal sprangen ihn wilde Hunde aus der Dunkelheit an.

บางครั้งสุนัขป่าก็กระโดดเข้ามาหาเขาจากความมืด

Buck sträubte sein Fell, fletschte die Zähne und knurrte warnend.

บัคขยับขน ขู่ฟัน และขู่คำรามด้วยคำเตือน

Er lernte schnell und die anderen Hunde zogen sich schnell zurück.

เขาเรียนรู้ได้เร็ว ในขณะที่สุนัขตัวอื่น ๆ ก็ถอยหนีอย่างรวดเร็ว

Trotzdem hatte er keinen Platz zum Schlafen und keine Ahnung, was er tun sollte.

แต่เขาก็ไม่มีที่นอน และไม่รู้ว่าจะทำอย่างไร

Endlich kam ihm ein Gedanke: Er sollte nach seinen Teamkollegen sehen.

ในที่สุด ความคิดก็ผุดขึ้นมาในใจเขา—
ลองตรวจดูเพื่อนร่วมทีมของเขาสิ

Er kehrte in ihre Gegend zurück und war überrascht, dass sie verschwunden waren.

เขากลับไปยังพื้นที่ของพวกเขาและประหลาดใจเมื่อพบว่าพวกเขาหายไป

Erneut durchsuchte er das Lager, konnte sie jedoch immer noch nicht finden.

เขาค้นหาในค่ายอีกครั้ง แต่ก็ยังไม่พบพวกเขา

Er wusste, dass sie nicht im Zelt sein durften, sonst wäre er auch dort gewesen.

เขารู้ว่าพวกเขาไม่สามารถอยู่ในเต็นท์ได้
หรือเขาก็คงอยู่ในเต็นท์นั้นด้วย

Wo also waren all die Hunde in diesem eisigen Lager geblieben?

แล้วสุนัขทั้งหมดหายไปไหนในค่ายน้ำแข็งนี้?

Buck, kalt und elend, umrundete langsam das Zelt.

บัคผู้เย็นชาและน่าสงสาร เดินวนไปรอบเต็นท์อย่างช้าๆ

Plötzlich sanken seine Vorderbeine in den weichen Schnee und er erschrak.

ทันใดนั้น ขาหน้าของเขาจมลงไปในหิมะอ่อนๆ และทำให้เขาตกใจ

Etwas zappelte unter seinen Füßen und er sprang ängstlich zurück.

มีสิ่งบางอย่างดิ้นอยู่ใต้เท้าของเขา
และเขาจึงกระโดดถอยหลังด้วยความกลัว

Er knurrte und fauchte, ohne zu wissen, was sich unter dem Schnee verbarg.

เขาขู่และคำรามโดยไม่รู้ว่ามีอะไรอยู่ใต้หิมะ

Dann hörte er ein freundliches kleines Bellen, das seine Angst linderte.

แล้วเขาก็ได้ยินเสียงเห่าเล็กๆ
เป็นมิตรซึ่งช่วยคลายความกลัวของเขาลง

Er schnüffelte in der Luft und kam näher, um zu sehen, was verborgen war.

เขาดมกลิ่นอากาศแล้วเข้ามาใกล้เพื่อดูว่ามีอะไรซ่อนอยู่

Unter dem Schnee lag, zu einer warmen Kugel zusammengerollt, der kleine Billee.

ใต้หิมะ มีบิลลี่ตัวน้อยขดตัวเป็นลูกบอลอุ่นๆ

Billee wedelte mit dem Schwanz und leckte Bucks Gesicht zur Begrüßung.

บิลลี่กระดิกหางและเลียหน้าบัคเพื่อทักทายเขา

Buck sah, wie Billee im Schnee einen Schlafplatz gebaut hatte.

บัคเห็นว่าบิลลี่สร้างที่นอนบนหิมะ

Er hatte sich eingegraben und nutzte seine eigene Wärme, um sich warm zu halten.

เขาได้ขุดลงไปและใช้ความร้อนของตัวเองเพื่อให้ร่างกายอบอุ่น

Buck hatte eine weitere Lektion gelernt – so schliefen die Hunde.

บัคได้เรียนรู้บทเรียนอีกบทหนึ่ง นั่นคือวิธีการนอนหลับของสุนัข

Er suchte sich eine Stelle aus und begann, sein eigenes Loch in den Schnee zu graben.

เขาเลือกจุดแล้วเริ่มขุดหลุมในหิมะของตัวเอง

Anfangs bewegte er sich zu viel und verschwendete Energie.

ในตอนแรกเขาเคลื่อนไหวมากเกินไปจึงเสียพลังงานโดยเปล่าประโยชน์

Doch bald erwärmte sein Körper den Raum und er fühlte sich sicher.

แต่ไม่นานร่างกายของเขาก็รู้สึกอบอุ่นขึ้น และเขาก็รู้สึกปลอดภัย

Er rollte sich fest zusammen und schlief bald fest.

เขาขดตัวแน่นและไม่นานเขาก็หลับสนิท

Der Tag war lang und hart gewesen und Buck war erschöpft.

วันนั้นเป็นวันอันยาวนานและยากลำบาก และบัคก็เหนื่อยล้ามาก

Er schlief tief und fest, obwohl seine Träume wild waren.

เขาหลับได้สนิทและสบายแม้ว่าความฝันของเขาจะเต็มไปด้วยความเพ้อฝันก็ตาม

Er knurrte und bellte im Schlaf und wand sich im Traum.

เขาขู่และเห่าในขณะหลับ และบิดตัวในขณะที่เขาฝัน

Buck wachte erst auf, als im Lager bereits Leben erwachte.

บัคไม่ได้ตื่นขึ้นจนกว่าค่ายจะเต็มไปด้วยความมีชีวิตชีวา

Zuerst wusste er nicht, wo er war oder was passiert war.

ในตอนแรกเขาไม่ทราบว่าเขาอยู่ที่ไหนหรือเกิดอะไรขึ้น

Über Nacht war Schnee gefallen und hatte seinen Körper vollständig begraben.

หิมะได้ตกลงมาในช่วงกลางคืนและฝังร่างของเขาจนหมด

Der Schnee umgab ihn von allen Seiten dicht.

หิมะกดทับรอบตัวเขาแน่นหนาทุกด้าน

Plötzlich durchfuhr eine Welle der Angst Bucks ganzen Körper.

จู่ๆ คลื่นแห่งความกลัวก็พุ่งเข้าท่วมร่างของบัค

Es war die Angst, gefangen zu sein, eine Angst aus tiefen Instinkten.

มันคือความกลัวที่จะถูกกักขัง เป็นความกลัวจากสัญชาตญาณที่ฝังลึก

Obwohl er noch nie eine Falle gesehen hatte, lebte die Angst in ihm.

แม้ว่าเขาจะไม่เคยเห็นกับดัก แต่ความกลัวก็ยังคงอยู่ในตัวเขา

Er war ein zahmer Hund, aber jetzt erwachten seine alten wilden Instinkte.

แม้เขาจะเป็นสุนัขเชื่อง แต่ตอนนี้สัญชาตญาณป่าเถื่อนเก่าๆ ของเขากำลังตื่นขึ้นแล้ว

Bucks Muskeln spannten sich an und sein Fell stellte sich auf seinem ganzen Rücken auf.

กล้ามเนื้อของบัคเกร็งและขนของเขาก็ตั้งขึ้นทั่วหลังของเขา

Er knurrte wild und sprang senkrecht durch den Schnee nach oben.

เขาคำรามอย่างดุร้ายและกระโจนขึ้นไปบนหิมะ

Als er ins Tageslicht trat, flog Schnee in alle Richtungen.

หิมะปลิวไสวไปทุกทิศทุกทางในขณะที่เขาปรากฏตัวออกมาท่ามกลางแสงแดด

Schon vor der Landung sah Buck das Lager vor sich ausgebreitet.

บัคมองเห็นค่ายที่ขยายออกไปเบื้องหน้าของเขาก่อนที่จะลงจอด

Er erinnerte sich auf einmal an alles vom Vortag.

เขาจำทุกสิ่งจากวันก่อนได้ในคราวเดียว

Er erinnerte sich daran, wie er mit Manuel spazieren gegangen war und an diesem Ort gelandet war.

เขาจำได้ว่าเดินเล่นกับมานูเอลและลงเอยที่สถานที่แห่งนี้

Er erinnerte sich daran, wie er das Loch gegraben hatte und in der Kälte eingeschlafen war.

เขาจำได้ว่าขุดหลุมแล้วผล็อยหลับไปเพราะอากาศหนาว

Jetzt war er wach und die wilde Welt um ihn herum war klar.

ตอนนี้เขาตื่นแล้ว และโลกป่ารอบตัวเขาก็แจ่มใส

Ein Ruf von François begrüßte Bucks plötzliches Auftauchen.

เสียงตะโกนของฟรานซัวส์ดังขึ้นเพื่อแสดงความยินดีที่บัคปรากฏตัวอย่างกะทันหัน

„Was habe ich gesagt?", rief der Hundeführer Perrault laut zu.

„ฉันพูดอะไรนะ" คนขับสุนัขตะโกนเสียงดังให้เปอร์โรลต์ฟัง

„Dieser Buck lernt wirklich sehr schnell", fügte François hinzu.

"เจ้าบัคนั่นเรียนรู้ได้เร็วมากจริงๆ" ฟรานซัวส์กล่าวเสริม

Perrault nickte ernst und war offensichtlich mit dem Ergebnis zufrieden.

เปอร์โรลต์พยักหน้าอย่างจริงจัง
แสดงความพึงพอใจอย่างชัดเจนกับผลลัพธ์

Als Kurier für die kanadische Regierung beförderte er Depeschen.

เขาทำหน้าที่เป็นผู้ส่งสารให้กับรัฐบาลแคนาดา จึงต้องถือเอกสารต่างๆ

Er war bestrebt, die besten Hunde für seine wichtige Mission zu finden.

เขาตั้งใจที่จะค้นหาสุนัขที่ดีที่สุดสำหรับภารกิจสำคัญของเขา

Er war besonders erfreut, dass Buck nun Teil des Teams war.

ตอนนี้เขารู้สึกยินดีเป็นพิเศษที่บั๊กเป็นส่วนหนึ่งของทีม

Innerhalb einer Stunde kamen drei weitere Huskies zum Team hinzu.

ภายในหนึ่งชั่วโมง มีสุนัขฮัสกี้เพิ่มอีก 3 ตัวเข้ามาในทีม

Damit betrug die Gesamtzahl der Hunde im Team neun.

ทำให้จำนวนสุนัขในทีมมีทั้งหมด 9 ตัว

Innerhalb von fünfzehn Minuten lagen alle Hunde im Geschirr.

ภายในเวลาสิบห้านาที สุนัขทั้งหมดก็อยู่ในสายรัดแล้ว

Das Schlittenteam schwang sich den Weg hinauf in Richtung Dyea Cañon.

ทีมลากเลื่อนกำลังแกว่งไปตามเส้นทางสู่ Dyea Cañon

Buck war froh, gehen zu können, auch wenn die Arbeit, die vor ihm lag, hart war.

บัครู้สึกดีใจที่ได้ออกไป แม้ว่างานข้างหน้าจะยากก็ตาม

Er stellte fest, dass er weder die Arbeit noch die Kälte besonders verabscheute.

เขาพบว่าเขาไม่ได้เกลียดการทำงานหรือความหนาวเย็นเป็นพิเศษ

Er war überrascht von der Begeisterung, die das gesamte Team erfüllte.

เขาประหลาดใจกับความกระตือรือร้นที่เต็มไปทั่วทั้งทีม

Noch überraschender war die Veränderung, die bei Dave
und Solleks vor sich ging.

สิ่งที่น่าประหลาดใจยิ่งกว่าคือการเปลี่ยนแปลงที่เกิดขึ้นกับ Dave และ

Solleks

Diese beiden Hunde waren völlig unterschiedlich, als sie
ein Geschirr trugen.

สุนัขสองตัวนี้มีลักษณะที่แตกต่างกันอย่างสิ้นเชิงเมื่อถูกจูง

Ihre Passivität und Sorglosigkeit waren völlig
verschwunden.

ความเฉยเมยและการขาดความห่วงใยของพวกเขาหายไปโดยสิ้นเชิง

Sie waren aufmerksam und aktiv und bestrebt, ihre Arbeit
gut zu machen.

พวกเขาตื่นตัวและกระตือรือร้นที่จะทำงานของตนให้ดี

Sie reagierten äußerst verärgert über alles, was zu
Verzögerungen oder Verwirrung führte.

พวกเขาเริ่มรู้สึกหงุดหงิดอย่างรุนแรงเมื่อทำอะไรก็ตามที่ทำให้เกิดควา
มล่าช้าหรือสับสน

Die harte Arbeit an den Zügeln stand im Mittelpunkt ihres
gesamten Wesens.

การทำงานหนักในการบังคับสายบังเหียนคือศูนย์กลางของตัวตนทั้งห
มดของพวกเขา

Das Schlittenziehen schien das Einzige zu sein, was ihnen
wirklich Spaß machte.

การลากเลื่อนดูเหมือนจะเป็นสิ่งเดียวที่พวกเขาสนุกจริงๆ

Dave war am Ende der Gruppe und dem Schlitten am
nächsten.

เดฟอยู่ด้านหลังของกลุ่ม ใกล้กับรถเลื่อนมากที่สุด

Buck landete vor Dave und Solleks zog an Buck vorbei.

บัคถูกวางไว้ข้างหน้าเดฟ และโซเลกส์ก็เดินไปข้างหน้าบัค

Die übrigen Hunde liefen in einer Reihe vorn.

สุนัขที่เหลือทั้งหมดยืนเรียงแถวข้างหน้าเป็นแถวเดียว

Die Führungsposition an der Spitze besetzte Spitz.

ตำแหน่งผู้นำที่ด้านหน้าถูกครอบครองโดยสปิทซ์

Buck war zur Einweisung zwischen Dave und Solleks platziert worden.

บัคได้รับการวางไว้ระหว่างเดฟกับโซเลกส์เพื่อรับคำแนะนำ

Er lernte schnell und sie waren strenge und fähige Lehrer.

เขาเป็นคนเรียนรู้เร็วและพวกเขาก็เป็นครูที่มั่นคงและมีความสามารถ

Sie ließen nie zu, dass Buck lange im Irrtum blieb.

พวกเขาไม่เคยอนุญาตให้บัคอยู่ในความผิดพลาดเป็นเวลานาน

Sie erteilten ihre Lektionen, wenn nötig, mit scharfen Zähnen.

พวกเขาสอนบทเรียนด้วยฟันที่แหลมคมเมื่อจำเป็น

Dave war fair und zeigte eine ruhige, ernste Art von Weisheit.

เดฟเป็นคนยุติธรรมและเป็นคนฉลาดและจริงจัง

Er hat Buck nie ohne guten Grund gebissen.

เขาไม่เคยกัดบัคโดยไม่มีเหตุผลที่ดีที่จะทำเช่นนั้น

Aber er hat es nie versäumt, zuzubeißen, wenn Buck eine Korrektur brauchte.

แต่เขาไม่เคยล้มเหลวที่จะกัดเมื่อบัคต้องการการแก้ไข

François' Peitsche war immer bereit und untermauerte ihre Autorität.

แส้ของฟรานซัวส์พร้อมเสมอและสนับสนุนอำนาจของพวกเขา

Buck merkte bald, dass es besser war zu gehorchen, als sich zu wehren.

ในไม่ช้าบัคก็พบว่าการเชื่อฟังนั้นดีกว่าการต่อสู้กลับ

Einmal verhedderte sich Buck während einer kurzen Pause in den Zügeln.

ครั้งหนึ่งในช่วงพักสั้นๆ บัคได้ติดสายบังเหียน

Er verzögerte den Start und brachte die Bewegungen des Teams durcheinander.

เขาทำให้การเริ่มต้นล่าช้าและทำให้การเคลื่อนไหวของทีมสับสน

Dave und Solleks stürzten sich auf ihn und verprügelten ihn brutal.

เดฟและโซเลกส์บินเข้าหาเขาและทุบตีเขาอย่างรุนแรง

Das Gewirr wurde nur noch schlimmer, aber Buck lernte seine Lektion.

แม้ปัญหาจะแย่ลง แต่บัคก็เรียนรู้บทเรียนของเขาได้ดี

Von da an hielt er die Zügel straff und arbeitete vorsichtig.

ตั้งแต่นั้นเป็นต้นมาเขาคอยคุมบังเหียนให้ตึงและทำงานอย่างระมัดระวัง

Bevor der Tag zu Ende war, hatte Buck einen Großteil seiner Aufgabe gemeistert.

ก่อนสิ้นวัน บัคก็ได้ทำภารกิจของเขาสำเร็จไปมากแล้ว

Seine Teamkollegen hörten fast auf, ihn zu korrigieren oder zu beißen.

เพื่อนร่วมทีมของเขาเกือบจะหยุดแก้ไขหรือกัดเขาแล้ว

François' Peitsche knallte immer seltener durch die Luft.

แส้ของฟรานซัวส์ฟาดผ่านอากาศน้อยลงเรื่อยๆ

Perrault hob sogar Bucks Füße an und untersuchte sorgfältig jede Pfote.

เพอร์โรลต์ยกเท้าของบัคขึ้นและตรวจสอบอุ้งเท้าแต่ละข้างอย่างระมัดระวัง

Es war ein harter Tageslauf gewesen, lang und anstrengend für alle.

มันเป็นวันวิ่งที่ยากลำบาก ยาวนาน
และเหนื่อยล้าสำหรับพวกเขาทุกคน

Sie reisten den Cañon hinauf, durch Sheep Camp und an den Scales vorbei.

พวกเขาเดินทางขึ้น Cañon ผ่าน Sheep Camp และผ่าน Scales

Sie überquerten die Baumgrenze, dann Gletscher und meterhohe Schneeverwehungen.

พวกเขาข้ามแนวไม้ จากนั้นก็ผ่านธารน้ำแข็งและหิมะที่สูงถึงหลายฟุต

Sie erklommen die große, kalte und unwirtliche Chilkoot-Wasserscheide.

พวกเขาปีนขึ้นไปบนหุบเขาชิลคูตที่หนาวเหน็บและอันตราย

Dieser hohe Bergrücken lag zwischen Salzwasser und dem gefrorenen Landesinneren.

สันเขาสูงนั้นตั้งอยู่ระหว่างน้ำเค็มและภายในที่เป็นน้ำแข็ง

Die Berge bewachten den traurigen und einsamen Norden mit Eis und steilen Anstiegen.

ภูเขาปกป้องดินแดนทางเหนืออันเศร้าโศกและเปล่าเปลี่ยวด้วยน้ำแข็งและการไต่เขาที่สูงชัน

Sie kamen gut voran und erreichten eine lange Kette von Seen unterhalb der Wasserscheide.

พวกเขาใช้เวลาอย่างดีไปตามห่วงโซ่ทะเลสาบอันยาวที่อยู่ใต้แนวแบ่ง

Diese Seen füllten die alten Krater erloschener Vulkane.

ทะเลสาบเหล่านี้เต็มไปด้วยปล่องภูเขาไฟที่ดับสนิทในอดีต

Spät in der Nacht erreichten sie ein großes Lager am Lake Bennett.

ดึกคืนนั้น พวกเขาก็มาถึงค่ายใหญ่ที่ทะเลสาบเบนเนตต์

Tausende Goldsucher waren dort und bauten Boote für den Frühling.

มีผู้แสวงหาทองคำนับพันคนมาที่นั่นเพื่อสร้างเรือสำหรับฤดูใบไม้ผลิ

Das Eis würde bald aufbrechen und sie mussten bereit sein.

น้ำแข็งกำลังจะแตกในเร็วๆ นี้ และพวกเขาต้องเตรียมพร้อมไว้

Buck grub sein Loch in den Schnee und fiel in einen tiefen Schlaf.

บัคขุดหลุมในหิมะแล้วหลับไปอย่างสนิท

Er schlief wie ein Arbeiter, erschöpft von einem harten Arbeitstag.

เขาหลับเหมือนคนทำงานที่เหนื่อยล้าจากการตรากตรำทำงานหนักมาตลอดทั้งวัน

Doch zu früh wurde er in der Dunkelheit aus dem Schlaf gerissen.

แต่ในความมืดเร็วเกินไป เขาก็ถูกดึงออกมาจากการหลับใหล

Er wurde wieder mit seinen Kumpels angeschirrt und vor den Schlitten gespannt.

เขาถูกนำกลับมาผูกกับเพื่อนๆ ของเขาอีกครั้งและผูกเข้ากับรถเลื่อน

An diesem Tag legten sie sechzig Kilometer zurück, weil der Schnee festgetreten war.

วันนั้นพวกเขาเดินไปได้ประมาณสี่สิบไมล์ เพราะมีหิมะตกมาก

Am nächsten Tag und noch viele Tage danach war der Schnee weich.

วันรุ่งขึ้น และอีกหลายวันต่อจากนั้น หิมะก็เริ่มอ่อนลง

Sie mussten den Weg selbst bahnen, härter arbeiten und langsamer vorankommen.

พวกเขาต้องสร้างเส้นทางเองโดยทำงานหนักขึ้นและเดินช้าลง

Normalerweise ging Perrault mit Schwimmhäuten an den Schneeschuhen vor dem Team her.

โดยปกติแล้ว

เพอร์โรลต์จะเดินไปข้างหน้าทีมโดยสวมรองเท้าเดินหิมะแบบมีพังผืด

Seine Schritte verdichteten den Schnee und erleichterten so die Fortbewegung des Schlittens.

ขั้นบันไดของเขาทำให้หิมะแน่นเพื่อให้เลื่อนได้สะดวกขึ้น

François, der vom Steuerstand aus steuerte, übernahm manchmal die Kontrolle.

ฟรานซัวส์ ซึ่งบังคับจากเสาจี ก็เข้ามาควบคุมเป็นบางครั้ง

Aber es kam selten vor, dass François die Führung übernahm

แต่การที่ฟรานซัวส์ได้เป็นผู้นำนั้นถือเป็นเรื่องยาก

weil Perrault es eilig hatte, die Briefe und Pakete auszuliefern.

เพราะเพอร์โรลต์กำลังเร่งรีบที่จะส่งจดหมายและพัสดุ

Perrault war stolz auf sein Wissen über Schnee und insbesondere Eis.

เปอร์โรลต์ภูมิใจในความรู้ของเขาเกี่ยวกับหิมะ โดยเฉพาะน้ำแข็ง

Dieses Wissen war von entscheidender Bedeutung, da das Eis im Herbst gefährlich dünn war.

ความรู้ดังกล่าวมีความจำเป็น

เนื่องจากน้ำแข็งในฤดูใบไม้ร่วงนั้นบางจนเป็นอันตราย

Wo das Wasser unter der Oberfläche schnell floss, gab es überhaupt kein Eis.

บริเวณที่มีน้ำไหลแรง ใต้ผิวดินนั้นไม่มีน้ำแข็งอยู่เลย

Tag für Tag wiederholte sich endlos die gleiche Routine.

วันแล้ววันเล่า กิจวัตรเดิมๆ จะเกิดขึ้นซ้ำแล้วซ้ำเล่าไม่มีที่สิ้นสุด

Buck arbeitete unermüdlich von morgens bis abends in den Zügeln.

บัคทำงานหนักอย่างไม่มีที่สิ้นสุดในบังเหียนจากรุ่งเช้าจรดค่ำ

Sie verließen das Lager im Dunkeln, lange bevor die Sonne aufgegangen war.

พวกเขาออกจากค่ายในความมืดนานก่อนพระอาทิตย์จะขึ้น

Als es Tag wurde, hatten sie bereits viele Kilometer zurückgelegt.

เมื่อฟ้าสว่างขึ้น ก็พบว่าพวกเขามีระยะทางหลายไมล์แล้ว

Sie schlugen ihr Lager nach Einbruch der Dunkelheit auf, aßen Fisch und gruben sich in den Schnee ein.

พวกเขาตั้งค่ายพักหลังจากมืดค่ำ โดยกินปลาและขุดรูในหิมะ

Buck war immer hungrig und mit seiner Ration nie wirklich zufrieden.

บัคหิวตลอดเวลาและไม่เคยพอใจกับอาหารที่เขาได้รับจริงๆ

Er erhielt jeden Tag anderthalb Pfund getrockneten Lachs.

เขาได้รับปลาแซลมอนแห้งหนึ่งปอนด์ครึ่งทุกวัน

Doch das Essen schien in ihm zu verschwinden und ließ den Hunger zurück.

แต่ดูเหมือนว่าอาหารจะหายไปจากตัวเขา ทิ้งไว้เพียงความหิวเท่านั้น

Er litt unter ständigem Hunger und träumte von mehr Essen.

เขาต้องทนทุกข์ทรมานจากความหิวโหยตลอดเวลา
และฝันถึงอาหารมื้ออื่นๆ

Die anderen Hunde haben nur ein Pfund abgenommen, sind aber stark geblieben.

สุนัขตัวอื่นได้รับอาหารเพียงหนึ่งปอนด์เท่านั้น
แต่พวกมันก็ยังแข็งแรงอยู่

Sie waren kleiner und in das Leben im Norden hineingeboren.

พวกเขาตัวเล็กกว่า และเกิดในโลกภาคเหนือ

Er verlor rasch die Sorgfalt, die sein früheres Leben geprägt hatte.

เขาสูญเสียความพิถีพิถันที่เคยติดตัวมาตั้งแต่ชีวิตเก่าของเขาไปอย่างรวดเร็ว

Er war ein gieriger Esser gewesen, aber jetzt war das nicht mehr möglich.

เขาเคยเป็นคนกินอาหารจุมาก
แต่ตอนนี้ไม่สามารถเป็นแบบนั้นได้อีกต่อไปแล้ว

Seine Kameraden waren zuerst fertig und raubten ihm seine noch nicht aufgegessene Ration.

เพื่อนๆ ของเขาเสร็จก่อนและขโมยอาหารที่ยังไม่หมดของเขาไป

Als sie einmal damit anfingen, gab es keine Möglichkeit mehr, sein Essen vor ihnen zu verteidigen.

เมื่อพวกเขาเริ่มต้นแล้วไม่มีทางที่จะปกป้องอาหารของเขาจากพวกมันได้

Während er zwei oder drei Hunde abwehrte, stahlen die anderen den Rest.

ในขณะที่เขาต่อสู้กับสุนัขสองสามตัว ตัวอื่นก็ขโมยตัวที่เหลือไป

Um dies zu beheben, begann er, so schnell zu essen wie die anderen.

เพื่อแก้ไขปัญหานี้ เขาจึงเริ่มกินเร็วเท่ากับคนอื่น ๆ

Der Hunger trieb ihn so sehr an, dass er sogar Essen zu sich nahm, das ihm nicht gehörte.

ความหิวทำให้เขาต้องหิวมากจนถึงขั้นต้องกินอาหารที่ไม่ใช่ของตัวเอง

Er beobachtete die anderen und lernte schnell aus ihren Handlungen.

เขาเฝ้าดูคนอื่นๆ และเรียนรู้จากการกระทำของพวกเขาได้อย่างรวดเร็ว

Er sah, wie Pike, ein neuer Hund, Perrault eine Scheibe Speck stahl.

เขาเห็นไพค์ สุนัขตัวใหม่ ขโมยเบคอนจากเพอร์โรลต์

Pike hatte gewartet, bis Perrault sich umdrehte, um den Speck zu stehlen.

ไพค์รอจนกระทั่งเพอร์โรลต์หันหลังกลับเพื่อขโมยเบคอน

Am nächsten Tag machte Buck es Pike nach und stahl das ganze Stück.

วันรุ่งขึ้น บัคก็เลียนแบบไพค์ และขโมยชิ้นส่วนทั้งหมดไป

Es folgte ein großer Aufruhr, doch Buck wurde nicht verdächtigt.

เกิดความโกลาหลครั้งใหญ่ตามมา แต่บั๊กไม่ได้ถูกสงสัย

Stattdessen wurde Dub bestraft, ein tollpatschiger Hund, der immer erwischt wurde.

ดับ สุนัขขี้เซาที่โดนจับได้ตลอดกลับถูกทำโทษแทน

Dieser erste Diebstahl machte Buck zu einem Hund, der in der Lage war, im Norden zu überleben.

การโจรกรรมครั้งแรกนั้นทำให้บั๊กกลายเป็นสุนัขที่เหมาะจะมีชีวิตรอดในภาคเหนือ

Er zeigte, dass er sich an neue Bedingungen anpassen und schnell lernen konnte.

เขาแสดงให้เห็นว่าเขาสามารถปรับตัวเข้ากับเงื่อนไขใหม่ๆ
และเรียนรู้ได้อย่างรวดเร็ว

Ohne diese Anpassungsfähigkeit wäre er schnell und auf schlimme Weise gestorben.

หากขาดความสามารถในการปรับตัวเช่นนี้ เขาคงเสียชีวิตอย่างรวดเร็วและทรมาน

Es markierte auch den Zusammenbruch seiner moralischen Natur und seiner früheren Werte.

นอกจากนี้ยังเป็นเครื่องหมายที่แสดงถึงการเสื่อมสลายของธรรมชาติทางศีลธรรมและค่านิยมในอดีตของเขาด้วย

Im Südland hatte er nach dem Gesetz der Liebe und Güte gelebt.

ในดินแดนทางใต้ เขาใช้ชีวิตอยู่ภายใต้กฎแห่งความรักและความเมตตา

Dort war es sinnvoll, Eigentum und die Gefühle anderer Hunde zu respektieren.

ตรงนั้นมันสมเหตุสมผลที่จะเคารพทรัพย์สินและความรู้สึกของสุนัขตัวอื่น

Aber das Nordland befolgte das Gesetz der Keule und das Gesetz der Reißzähne.

แต่ดินแดนเหนือปฏิบัติตามกฎแห่งไม้กระบองและกฎแห่งเขี้ยว

Wer hier alte Werte respektierte, war dumm und würde scheitern.

ผู้ใดที่เคารพค่านิยมเก่าแก่ที่นี่เป็นผู้โง่เขลาและจะล้มเหลว

Buck hat das alles nicht durchdacht.

บัคไม่ได้คิดเหตุผลทั้งหมดนี้ในใจของเขา

Er war fit und passte sich daher an, ohne darüber nachdenken zu müssen.

เขามีสุขภาพแข็งแรงและปรับตัวได้โดยไม่ต้องคิดมาก

Sein ganzes Leben lang war er noch nie vor einem Kampf davongelaufen.

ตลอดชีวิตของเขาเขาไม่เคยหนีจากการต่อสู้เลย

Doch die Holzkeule des Mannes im roten Pullover änderte diese Regel.

แต่ไม้กระบองของชายผู้สวมเสื้อกันหนาวสีแดงได้เปลี่ยนกฎนั้นไป

Jetzt folgte er einem tieferen, älteren Code, der in sein Wesen eingeschrieben war.

ตอนนี้เขาติดตามรหัสที่เก่ากว่าและลึกซึ้งกว่าซึ่งเขียนไว้ในตัวเขา

Er stahl nicht aus Vergnügen, sondern aus Hunger.

เขาไม่ได้ขโมยเพราะความสุข
แต่ขโมยมาจากความเจ็บปวดของความหิว

Er raubte nie offen, sondern stahl mit List und Sorgfalt.

เขาไม่เคยขโมยอย่างเปิดเผยแต่ขโมยด้วยไหวพริบและระมัดระวัง

Er handelte aus Respekt vor der Holzkeule und aus Angst vor dem Fangzahn.

เขากระทำการดังกล่าวเพราะเคารพไม้กระบองและกลัวเขี้ยว

Kurz gesagt, er hat das getan, was einfacher und sicherer war, als es nicht zu tun.

โดยสรุปแล้ว เขาทำสิ่งที่ง่ายกว่าและปลอดภัยกว่าการไม่ทำ

Seine Entwicklung – oder vielleicht seine Rückkehr zu alten Instinkten – verlief schnell.

พัฒนาการของเขา—หรือบางทีการกลับคืนสู่สัญชาตญาณเก่าๆ—
เกิดขึ้นอย่างรวดเร็ว

Seine Muskeln verhärteten sich, bis sie sich stark wie Eisen anfühlten.

กล้ามเนื้อของเขาแข็งแกร่งขึ้นจนรู้สึกได้ความแข็งแกร่งเทียบเท่าเหล็ก

Schmerzen machten ihm nichts mehr aus, es sei denn, sie waren ernst.

เขาไม่สนใจความเจ็บปวดอีกต่อไป เว้นแต่ว่ามันจะร้ายแรง

Er wurde durch und durch effizient und verschwendete überhaupt nichts.

เขาเริ่มมีประสิทธิภาพทั้งภายในและภายนอก โดยไม่สูญเปล่าสิ่งใดเลย

Er konnte Dinge essen, die scheußlich, verdorben oder schwer verdaulich waren.

เขาสามารถกินสิ่งที่น่ารังเกียจ เน่าเสีย หรือย่อยยากได้

Was auch immer er aß, sein Magen verbrauchte das letzte bisschen davon.

ไม่ว่าเขาจะกินอะไร ท้องของเขาก็จะใช้ของมีค่าจนหมด

Sein Blut transportierte die Nährstoffe weit durch seinen kräftigen Körper.

เลือดของเขาพาสารอาหารไปทั่วร่างกายอันทรงพลังของเขา

Dadurch baute er starkes Gewebe auf, das ihm eine unglaubliche Ausdauer verlieh.

สิ่งนี้สร้างเนื้อเยื่อที่แข็งแรงซึ่งทำให้เขามีความอดทนอย่างเหลือเชื่อ

Sein Seh- und Geruchssinn wurden viel feiner als zuvor.

การมองเห็นและการได้กลิ่นของเขามีความละเอียดอ่อนมากขึ้นกว่าก่อนมาก

Sein Gehör wurde so scharf, dass er im Schlaf leise Geräusche wahrnehmen konnte.

การได้ยินของเขามีพัฒนาการแหลมคมมากจนสามารถได้ยินเสียงแผ่วเบาในขณะนอนหลับได้

In seinen Träumen wusste er, ob die Geräusche Sicherheit oder Gefahr bedeuteten.

เขารู้ในฝันว่าเสียงเหล่านั้นหมายถึงความปลอดภัยหรืออันตราย

Er lernte, mit den Zähnen auf das Eis zwischen seinen Zehen zu beißen.

เขาเรียนรู้ที่จะกัดน้ำแข็งระหว่างนิ้วเท้าด้วยฟัน

Wenn ein Wasserloch zufror, brach er das Eis mit seinen Beinen.

หากมีหลุมน้ำแข็งขึ้นมา เขาจะทุบน้ำแข็งให้แตกด้วยขาของเขา

Er bäumte sich auf und schlug mit seinen steifen Vorderbeinen hart auf das Eis.

เขาผงะตัวขึ้นและฟาดน้ำแข็งอย่างแรงด้วยขาหน้าอันแข็งแกร่ง

Seine bemerkenswerteste Fähigkeit war die Vorhersage von Windänderungen über Nacht.

ความสามารถที่โดดเด่นที่สุดของเขาคือการทำนายการเปลี่ยนแปลงของลมในช่วงกลางคืน

Selbst bei Windstille suchte er sich windgeschützte Stellen aus.

แม้ว่าอากาศจะนิ่งอยู่ เขาก็เลือกจุดที่ลมไม่พัด

Wo auch immer er sein Nest grub, der Wind des nächsten Tages strich an ihm vorbei.

ไม่ว่าเขาจะขุดรังที่ใด ลมแห่งวันรุ่งขึ้นก็จะพัดผ่านเขาไป

Er landete immer gemütlich und geschützt, in Lee der Brise.

เขามักจะจบลงอย่างอบอุ่นและได้รับการปกป้องโดยหลีกเลี่ยงลม

Buck hat nicht nur durch Erfahrung gelernt – auch seine Instinkte sind zurückgekehrt.

บัคไม่เพียงแต่เรียนรู้จากประสบการณ์เท่านั้น แต่สัญชาตญาณของเขาก็กลับคืนมาด้วยเช่นกัน

Die Gewohnheiten der domestizierten Generationen begannen zu verschwinden.

นิสัยของคนรุ่นก่อนเริ่มลดลง

Er erinnerte sich vage an die alten Zeiten seiner Rasse.

เขาจำช่วงเวลาโบราณของสายพันธุ์ของเขาได้อย่างคลุมเครือ

Er dachte an die Zeit zurück, als wilde Hunde in Rudeln durch die Wälder rannten.

เขาคิดย้อนกลับไปถึงเมื่อสุนัขป่าวิ่งเป็นฝูงในป่า

Sie hatten ihre Beute gejagt und getötet, während sie sie verfolgten.

พวกเขาไล่ตามและฆ่าเหยื่อของพวกเขาในขณะที่วิ่งไล่ตามมัน

Buck lernte leicht, mit Biss und Schnelligkeit zu kämpfen.

สำหรับบัคแล้ว
มันเป็นเรื่องง่ายที่เขาจะเรียนรู้วิธีต่อสู้ด้วยฟันและความเร็ว

Er verwendete Schnitte, Hiebe und schnelle Schnappschüsse, genau wie seine Vorfahren.

เขาใช้วิธีการเฉือนและฟันอย่างรวดเร็วเช่นเดียวกับบรรพบุรุษของเขา

Diese Vorfahren regten sich in ihm und erweckten seine wilde Natur.

บรรพบุรุษเหล่านั้นเคลื่อนไหวอยู่ในตัวเขา
และปลุกธรรมชาติอันป่าเถื่อนของเขาให้ตื่นขึ้น

Ihre alten Fähigkeiten waren ihm durch die Blutlinie vererbt worden.

ทักษะเก่าๆ ของพวกเขาถูกส่งต่อเข้าสู่เขาโดยทางสายเลือด

Ihre Tricks gehörten ihm nun, ohne dass er üben oder sich anstrengen musste.

ตอนนี้กลอุบายของพวกเขาเป็นของเขาแล้ว
โดยไม่จำเป็นต้องฝึกฝนหรือพยายามใดๆ

In stillen, kalten Nächten hob Buck die Nase und heulte.

ในคืนที่ยังคงหนาวเย็น บัคจะยกจมูกขึ้นและหอน

Er heulte lang und tief, so wie es die Wölfe vor langer Zeit getan hatten.

เขาส่งเสียงหอนยาวและลึกเช่นเดียวกับที่หมาป่าเคยทำเมื่อนานมาแล้ว

Durch ihn streckten seine toten Vorfahren ihre Nasen und heulten.

บรรพบุรุษที่ตายไปแล้วของเขาซี้จมูกและโวยวายผ่านเขา

Sie heulten durch die Jahrhunderte mit seiner Stimme und Gestalt.

พวกมันคำรามมาหลายศตวรรษด้วยเสียงและรูปร่างของเขา

Seine Kadenzen waren ihre, alte Schreie, die von Kummer und Kälte erzählten.

จังหวะของเขาเป็นของพวกเขา เสียงร้องเก่าๆ
ที่บอกถึงความเศร้าโศกและความหนาวเย็น

Sie sangen von Dunkelheit, Hunger und der Bedeutung des Winters.

พวกเขาขับขานถึงความมืด ความหิวโหย และความหมายของฤดูหนาว

Buck bewies, wie das Leben von Kräften jenseits des eigenen Ichs geprägt wird.

บัคพิสูจน์ให้เห็นว่าชีวิตถูกหล่อหลอมโดยพลังที่อยู่เหนือตัวเรา

Das uralte Lied stieg durch Buck auf und ergriff seine Seele.

บทเพลงโบราณดังขึ้นในจิตใจของบัคและเข้าครอบงำวิญญาณของเขา
ๆ

Er fand sich selbst, weil Menschen im Norden Gold gefunden hatten.

เขาค้นพบตัวเองเพราะมนุษย์ค้นพบทองคำในภาคเหนือ

Und er fand sich selbst, weil Manuel, der Gärtnergehilfe, Geld brauchte.

และเขาพบว่าตัวเองกำลังเดือดร้อนเพราะมานูเอล
ผู้ช่วยคนสวนต้องการเงิน

Das dominante Urtier
สัตว์ร้ายดั้งเดิมที่มีอำนาจเหนือกว่า

In Buck war das dominante Urtier so stark wie eh und je.

สัตว์ดึกดำบรรพ์ที่มีอำนาจเหนือกว่าก็ยังคงแข็งแกร่งเช่นเคยในบัค

Doch das dominante Urtier hatte in ihm geschlummert.

แต่สัตว์ดึกดำบรรพ์ที่มีอำนาจเหนือกว่าได้แฝงตัวอยู่ในตัวเขา

Das Leben auf dem Trail war hart, aber es stärkte das Tier in Buck.

ชีวิตบนเส้นทางนั้นช่างโหดร้าย

แต่มันทำให้สัตว์ร้ายภายในตัวของบั๊กแข็งแกร่งขึ้น

Insgeheim wurde das Biest von Tag zu Tag stärker.

โดยลับๆ สัตว์ร้ายนั้นก็แข็งแกร่งขึ้นเรื่อยๆ ทุกวัน

Doch dieses innere Wachstum blieb der Außenwelt verborgen.

แต่การเจริญเติบโตภายในนั้นยังคงซ่อนอยู่จากโลกภายนอก

In Buck baute sich eine stille und ruhige Urkraft auf.

พลังดั้งเดิมอันเงียบสงบกำลังสร้างขึ้นภายในบัค

Neue Gerissenheit verlieh Buck Gleichgewicht, Ruhe und Selbstbeherrschung.

ความฉลาดแกมโกงแบบใหม่ทำให้บัคมีความสมดุล
ควบคุมได้อย่างสงบ และมีสติ

Buck konzentrierte sich sehr auf die Anpassung und fühlte sich nie völlig entspannt.

บัคเน้นการปรับตัวอย่างหนักแต่ไม่เคยรู้สึกผ่อนคลายอย่างเต็มที่

Er ging Konflikten aus dem Weg, fing nie Streit an und suchte auch nie Ärger.

เขาหลีกเลี่ยงความขัดแย้ง ไม่เคยก่อเรื่องทะเลาะ
และไม่หาเรื่องเดือดร้อน

Jede Bewegung von Buck war von langsamer, stetiger Nachdenklichkeit geprägt.

ความรอบคอบที่ช้าและมั่นคงเป็นตัวกำหนดทุกการเคลื่อนไหวของบัค

Er vermied überstürzte Entscheidungen und plötzliche, rücksichtslose Entschlüsse.

เขาหลีกเลี่ยงการเลือกอย่างหุนหันพลันแล่นและการตัดสินใจอย่างฉับ
พลันและเสี่ยงอันตราย

Obwohl Buck Spitz zutiefst hasste, zeigte er ihm gegenüber
keine Aggression.

แม้ว่าบัคจะเกลียดสปิตซ์มาก
แต่เขาก็ไม่ได้แสดงท่าทีก้าวร้าวต่อสปิตซ์เลย

Buck hat Spitz nie provoziert und sein Verhalten
zurückhaltend gehalten.

บั๊กไม่เคยยั่วสปิตซ์และควบคุมการกระทำของเขาไม่ให้รุนแรงขึ้น

Spitz hingegen spürte die wachsende Gefahr, die von Buck
ausging.

ในทางกลับกัน สปิตซ์สัมผัสได้ถึงความอันตรายที่เพิ่มมากขึ้นในตัวบัค

Er sah in Buck eine Bedrohung und eine ernsthafte
Herausforderung seiner Macht.

เขาเห็นบัคเป็นภัยคุกคามและเป็นความท้าทายที่ร้ายแรงต่ออำนาจของ
เขา

Er nutzte jede Gelegenheit, um zu knurren und seine
scharfen Zähne zu zeigen.

เขาใช้ทุกโอกาสในการขู่คำรามและแสดงฟันอันแหลมคมของเขา

Er versuchte, den tödlichen Kampf zu beginnen, der
bevorstand.

เขากำลังพยายามเริ่มการต่อสู้อันร้ายแรงที่จะมาถึง

Schon zu Beginn der Reise wäre es beinahe zu einem Streit
zwischen ihnen gekommen.

ในช่วงเริ่มต้นการเดินทาง เกือบเกิดการทะเลาะวิวาทระหว่างพวกเขา

Doch ein unerwarteter Unfall verhinderte den Kampf.

แต่แล้วอุบัติเหตุที่ไม่คาดฝันก็ทำให้การต่อสู้ไม่สามารถเกิดขึ้นได้

An diesem Abend schlugen sie ihr Lager am bitterkalten
Lake Le Barge auf.

เย็นวันนั้น พวกเขาตั้งค่ายพักแรมที่ทะเลสาบเลอบาร์จอันหนาวเหน็บ

Es schneite heftig und der Wind war schneidend wie ein
Messer.

หิมะกำลังตกลงมาอย่างหนัก และลมก็พัดกรรโชกแรงเหมือนมีด

Die Nacht war zu schnell hereingebrochen und Dunkelheit
umgab sie.

เมื่อคืนผ่านไปเร็วเกินไป และความมืดก็ปกคลุมพวกเขาไปหมด

Sie hätten sich kaum einen schlechteren Ort zum Ausruhen aussuchen können.

พวกเขาแทบไม่สามารถเลือกสถานที่พักผ่อนที่แย่ไปกว่านี้อีกแล้ว

Die Hunde suchten verzweifelt nach einem Platz zum Hinlegen.

สุนัขค้นหาสถานที่ที่จะนอนอย่างสิ้นหวัง

Hinter der kleinen Gruppe erhob sich steil eine hohe Felswand.

กำแพงหินสูงชันตั้งอยู่ด้านหลังกลุ่มเล็กๆ ของพวกเขา

Das Zelt wurde in Dyea zurückgelassen, um die Last zu erleichtern.

เต็นท์ดังกล่าวถูกทิ้งไว้ที่ Dyea เพื่อช่วยแบ่งเบาภาระ

Ihnen blieb nichts anderes übrig, als das Feuer auf dem Eis selbst zu machen.

พวกเขาไม่มีทางเลือกอื่นนอกจากการก่อไฟบนน้ำแข็งโดยตรง

Sie breiten ihre Schlafmäntel direkt auf dem zugefrorenen See aus.

พวกเขานำชุดนอนไปปูลงบนทะเลสาบที่เป็นน้ำแข็งโดยตรง

Ein paar Stücke Treibholz gaben ihnen ein wenig Feuer.

กิ่งไม้ที่พัดมาเกยตื้นเพียงไม่กี่กิ่งก็ทำให้มีไฟลุกโชนขึ้นเล็กน้อย

Doch das Feuer wurde auf dem Eis entfacht und taute hindurch.

แต่ไฟได้ก่อตัวขึ้นบนน้ำแข็ง และละลายหายไป

Schließlich aßen sie ihr Abendessen im Dunkeln.

ในที่สุดพวกเขาก็รับประทานอาหารเย็นกันในความมืด

Buck rollte sich neben dem Felsen zusammen, geschützt vor dem kalten Wind.

บัคนอนขดตัวอยู่ข้างก้อนหินเพื่อหลบลมหนาว

Der Platz war so warm und sicher, dass Buck es hasste, wegzugehen.

สถานที่นั้นอบอุ่นและปลอดภัยมากจนบัคไม่อยากจะย้ายออกไป

Aber François hatte den Fisch aufgewärmt und verteilte die Rationen.

แต่ฟรานซัวส์ได้อุ่นปลาไว้และกำลังแจกอาหารอยู่

Buck aß schnell fertig und ging zurück in sein Bett.

บัคกินเสร็จอย่างรวดเร็วและกลับไปนอนบนเตียงของเขา

Aber Spitz lag jetzt dort, wo Buck sein Bett gemacht hatte.

แต่ตอนนี้ สปิทซ์กำลังนอนอยู่ที่เดิมที่บัคปูเตียงไว้

Ein leises Knurren warnte Buck, dass Spitz sich weigerte, sich zu bewegen.

เสียงคำรามต่ำเตือนบัคว่าสปิตซ์ปฏิเสธที่จะเคลื่อนไหว

Bisher hatte Buck diesen Kampf mit Spitz vermieden.

จนถึงตอนนี้ บัคก็หลีกเลี่ยงการต่อสู้กับสปิทซ์ครั้งนี้

Doch tief in Bucks Innerem brach das Biest schließlich aus.

แต่ลึกๆ ในตัวของบัค เจ้าสัตว์ร้ายตัวนี้ก็ได้หลุดออกมาในที่สุด

Der Diebstahl seines Schlafplatzes war zu viel für ihn.

การขโมยที่นอนของเขาเป็นเรื่องที่เกินความสามารถที่จะทนได้

Buck stürzte sich voller Wut und Zorn auf Spitz.

บั๊กพุ่งเข้าหาสปิทซ์อย่างเต็มไปด้วยความโกรธและความเดือดดาล

Bis jetzt hatte Spitz gedacht, Buck sei bloß ein großer Hund.

จนกระทั่งถึงตอนนี้ สปิทซ์คิดว่าบัคเป็นเพียงสุนัขตัวใหญ่เท่านั้น

Er glaubte nicht, dass Buck durch seinen Geist überlebt hatte.

เขาไม่คิดว่าบัครอดชีวิตมาได้ด้วยจิตวิญญาณของเขา

Er erwartete Angst und Feigheit, nicht Wut und Rache.

เขาคาดหวังถึงความกลัวและความขี้ขลาด

ไม่ใช่ความโกรธและการแก้แค้น

François starrte die beiden Hunde an, als sie aus dem zerstörten Nest stürmten.

ฟรานซัวส์จ้องมองขณะที่สุนัขทั้งสองตัววิ่งออกมาจากกรงที่พังทลาย

Er verstand sofort, was den wilden Kampf ausgelöst hatte.

เขาเข้าใจทันทีว่าอะไรเป็นจุดเริ่มต้นของการต่อสู้ดุเดือด

„Aa-ah!", rief François, um dem braunen Hund zuzujubeln.

"อา-อา!" ฟรานซัวส์ร้องออกมาเพื่อสนับสนุนสุนัขสีน้ำตาล

„Verprügelt ihn! Bei Gott, bestraft diesen hinterhältigen Dieb!"

"ตีมันซะ! ลงโทษไอ้โจรเจ้าเล่ห์นั่นซะ!"

Spitz zeigte gleichermaßen Bereitschaft und wilden Kampfeswillen.

สปิทซ์แสดงให้เห็นถึงความพร้อมและความกระตือรือร้นที่จะต่อสู้อย่างดุเดือดเท่าเทียมกัน

Er schrie wütend auf, während er schnell im Kreis kreiste und nach einer Öffnung suchte.

เขาตะโกนออกมาด้วยความโกรธขณะบินวนอย่างรวดเร็วเพื่อหาช่องเปิด

Buck zeigte den gleichen Kampfeshunger und die gleiche Vorsicht.

บัคแสดงให้เห็นถึงความหิวโหยในการต่อสู้และความระมัดระวังเช่นเดียวกัน

Auch er umkreiste seinen Gegner und versuchte, im Kampf die Oberhand zu gewinnen.

เขายังวนรอบคู่ต่อสู้ของเขาด้วยเช่นกัน
พยายามที่จะได้เปรียบในการต่อสู้

Dann geschah etwas Unerwartetes und veränderte alles.

จากนั้นมีเหตุการณ์ที่ไม่คาดคิดเกิดขึ้นและทำให้ทุกอย่างเปลี่ยนไป

Dieser Moment verzögerte den letztendlichen Kampf um die Führung.

ช่วงเวลาดังกล่าวทำให้การต่อสู้เพื่อชิงตำแหน่งผู้นำล่าช้าออกไป

Bis zum Ende warteten noch viele Meilen voller Mühe und Anstrengung.

เส้นทางหลายไมล์และการต่อสู้ยังคงรออยู่ก่อนถึงจุดสิ้นสุด

Perrault stieß einen Fluch aus, als eine Keule auf Knochen schlug.

เพอร์โรลต์ตะโกนคำสาบานในขณะที่กระบองถูกตบเข้ากับกระดูก

Es folgte ein scharfer Schmerzensschrei, dann brach überall Chaos aus.

มีเสียงร้องโหยหวนด้วยความเจ็บปวดตามมา
และจากนั้นความโกลาหลก็ระเบิดขึ้นทั่วบริเวณ

Dunkle Gestalten bewegten sich im Lager; wilde Huskys, ausgehungert und wild.

รูปร่างอันดำมืดเคลื่อนตัวเข้ามาในค่าย ฮัสกี้ป่า หิวโหย และดุร้าย

Vier oder fünf Dutzend Huskys hatten das Lager von weitem erschnüffelt.

สุนัขฮัสกี้สี่ถึงห้าสิบตัวได้ดมกลิ่นค่ายมาจากระยะไกล

Sie hatten sich leise hineingeschlichen, während die beiden Hunde in der Nähe kämpften.

พวกมันแอบเข้ามาอย่างเงียบๆ
ในขณะที่สุนัขทั้งสองตัวกำลังต่อสู้กันอยู่ใกล้ๆ

François und Perrault griffen an und schwangen Knüppel
auf die Eindringlinge.

ฟรานซัวส์และเพอร์โรลต์โจมตีและฟาดไม้เข้าที่ผู้รุกราน

Die ausgehungerten Huskies zeigten ihre Zähne und
wehrten sich rasend.

ฮัสกี้ที่อดอยากโชว์เขี้ยวและต่อสู้กลับอย่างบ้าคลั่ง

Der Geruch von Fleisch und Brot hatte sie alle Angst
vertreiben lassen.

กลิ่นของเนื้อและขนมปังทำให้พวกเขากลัวจนไม่กล้าแตะต้องอีกต่อไป

Perrault schlug einen Hund, der seinen Kopf in der
Fresskiste vergraben hatte.

เพอร์โรลต์ตีสุนัขที่ฝังหัวไว้ในกล่องอาหาร

Der Schlag war hart, die Schachtel kippte um und das Essen
quoll heraus.

แรงกระแทกรุนแรงมาก และกล่องก็พลิกคว่ำ อาหารก็หกออกมา

Innerhalb von Sekunden rissen sich zwanzig wilde Tiere
über das Brot und das Fleisch her.

ภายในไม่กี่วินาที สัตว์ป่านับสิบตัวก็ฉีกขนมปังและเนื้อออกไป

Die Keulen der Männer landeten Schlag auf Schlag, doch
kein Hund ließ nach.

สโมสรชายต่างก็โจมตีกันไปมา แต่ไม่มีสุนัขตัวใดหันหนี

Sie schrien vor Schmerz, kämpften aber, bis kein Futter
mehr übrig war.

พวกมันร้องโหยหวนด้วยความเจ็บปวดแต่ก็ต่อสู้จนกระทั่งไม่มีอาหารเ
หลืออยู่

Inzwischen waren die Schlittenhunde aus ihren
verschneiten Betten gesprungen.

ในขณะเดียวกัน สุนัขลากเลื่อนก็กระโดดลงมาจากเตียงหิมะ

Sie wurden sofort von den bösartigen, hungrigen Huskys
angegriffen.

พวกมันถูกโจมตีโดยสุนัขฮัสกี้หิวโหยดุร้ายทันที

Buck hatte noch nie zuvor so wilde und ausgehungerte Tiere
gesehen.

บัคไม่เคยเห็นสัตว์ป่าและอดอาหารขนาดนี้มาก่อน

Ihre Haut hing lose und verbarg kaum ihr Skelett.
ผิวหนังของพวกเขาห้อยหลวมแทบไม่สามารถซ่อนโครงกระดูกได้เลย
In ihren Augen brannte ein Feuer aus Hunger und
Wahnsinn
มีไฟในดวงตาของพวกเขาจากความหิวโหยและความบ้าคลั่ง
Sie waren nicht aufzuhalten, ihrem wilden Ansturm war
kein Widerstand zu leisten.
ไม่มีอะไรจะหยุดพวกมันได้
ไม่มีการต้านทานการบุกจู่โจมอันโหดร้ายของพวกมัน
Die Schlittenhunde wurden zurückgedrängt und gegen die
Felswand gedrückt.
สุนัขลากเลื่อนถูกผลักกลับไป กดไว้ที่ผนังหน้าผา
Drei Huskies griffen Buck gleichzeitig an und rissen ihm
das Fleisch auf.
สุนัขฮัสกี้สามตัวโจมตีบั๊กพร้อมๆ กันจนเนื้อของเขาฉีกขาด
Aus den Schnittwunden an seinem Kopf und seinen
Schultern strömte Blut.
เลือดไหลออกมาจากศีรษะและไหล่ของเขาซึ่งเป็นบริเวณที่เขาถูกตัด
Der Lärm erfüllte das Lager: Knurren, Jaulen und
Schmerzensschreie.
เสียงดังสนั่นไปทั่วค่าย มีทั้งเสียงคำราม เสียงร้องโหยหวน
และเสียงร้องด้วยความเจ็บปวด
Billee weinte wie immer laut, gefangen im Kampf und in
der Panik.
บิลลี่ร้องไห้เสียงดังเหมือนเช่นเคย
ท่ามกลางความสับสนวุ่นวายและความตื่นตระหนก
Dave und Solleks standen Seite an Seite, blutend, aber
trotzig.
เดฟและโซเลกส์ยืนเคียงข้างกันโดยมีเลือดไหลแต่ก็ท้าทาย
Joe kämpfte wie ein Dämon und biss alles, was ihm zu nahe
kam.
โจต่อสู้เหมือนปีศาจ กัดทุกสิ่งที่เข้ามาใกล้
Mit einem brutalen Schnappen seines Kiefers zerquetschte
er das Bein eines Huskys.
เขาขย้ำขาของสุนัขไซบีเรียนฮัสกี้ด้วยการกัดเพียงครั้งเดียวอย่างโหด
ร้าย

Pike sprang auf den verletzten Husky und brach ihm sofort das Genick.

ไพค์กระโจนใส่ฮัสกี้ที่บาดเจ็บจนคอหักทันที

Buck packte einen Husky an der Kehle und riss ihm die Ader auf.

บัคจับคอสุนัขฮัสกี้แล้วฉีกเส้นเลือดออก

Blut spritzte und der warme Geschmack trieb Buck in Raserei.

เลือดพุ่งกระจาย และรสชาติที่อบอุ่นทำให้บัคเกิดความคลั่งไคล้

Ohne zu zögern stürzte er sich auf einen anderen Angreifer.

เขาพุ่งเข้าหาผู้จู่โจมอีกคนโดยไม่ลังเล

Im selben Moment gruben sich scharfe Zähne in Bucks Kehle.

ขณะเดียวกัน ฟันอันแหลมคมก็จิกเข้าไปในลำคอของบัค

Spitz hatte von der Seite zugeschlagen und ohne Vorwarnung angegriffen.

สปิทซ์ได้โจมตีจากด้านข้างโดยไม่ได้เตือนล่วงหน้า

Perrault und François hatten die Hunde besiegt, die das Futter stahlen.

เปอร์โรลต์และฟรานซัวส์ได้เอาชนะสุนัขที่ขโมยอาหารไปได้

Nun eilten sie ihren Hunden zu Hilfe, um die Angreifer abzuwehren.

ตอนนี้พวกเขารีบเข้าไปช่วยสุนัขของพวกเขาต่อสู้กับผู้โจมตี

Die ausgehungerten Hunde zogen sich zurück, als die Männer ihre Keulen schwangen.

สุนัขที่หิวโหยถอยหนีไป ขณะที่ผู้ชายกำลังฟาดไม้กระบองของตน

Buck konnte sich dem Angriff befreien, doch die Flucht war nur von kurzer Dauer.

บั๊กสามารถหลบหนีจากการโจมตีได้

แต่ก็สามารถหลบหนีได้เพียงระยะสั้นๆ

Die Männer rannten los, um ihre Hunde zu retten, und die Huskies kamen erneut zum Vorschein.

คนเหล่านั้นวิ่งไปช่วยสุนัขของพวกเขา

และสุนัขไซบีเรียนฮัสกี้ก็กลับมารุมกันอีกครั้ง

Billee, der aus Angst Mut fasste, sprang in die Hundemeute.

บิลลี่ตกใจจนต้องกล้าหาญและกระโดดขึ้นไปบนฝูงสุนัข

Doch dann floh er in blanker Angst und Panik über das Eis.

แต่แล้วเขาก็วิ่งหนีข้ามน้ำแข็งด้วยความหวาดกลัวและตื่นตระหนก

Pike und Dub folgten dicht dahinter und rannten um ihr Leben.

ไพค์และดับตามมาอย่างกระชั้นชิดและวิ่งหนีเพื่อเอาชีวิตรอด

Der Rest des Teams löste sich auf, zerstreute sich und folgte ihnen.

ส่วนทีมที่เหลือก็แยกย้ายกันตามไป

Buck nahm all seine Kräfte zusammen, um loszurennen, doch dann sah er einen Blitz.

บั๊กรวบรวมพลังเพื่อวิ่ง แต่แล้วก็เห็นแสงวาบ

Spitz stürzte sich auf Buck und versuchte, ihn zu Boden zu schlagen.

สปิทซ์พุ่งเข้าหาบัค พยายามจะผลักเขาลงพื้น

Unter dieser Meute von Huskys hätte Buck nicht entkommen können.

ภายใต้ฝูงฮัสกี้เหล่านั้น บัคคงไม่มีทางหนีรอดไปได้

Aber Buck blieb standhaft und wappnete sich für den Schlag von Spitz.

แต่บัคยืนหยัดมั่นคงและเตรียมรับมือกับการโจมตีจากสปิตซ์

Dann drehte er sich um und rannte mit dem fliehenden Team auf das Eis hinaus.

จากนั้นเขาก็หันหลังแล้ววิ่งออกไปบนน้ำแข็งพร้อมกับทีมที่กำลังหลบหนี

Später versammelten sich die neun Schlittenhunde im Schutz des Waldes.

ต่อมาสุนัขลากเลื่อนทั้งเก้าตัวก็มารวมตัวกันที่บริเวณพักพิงกลางป่า

Niemand verfolgte sie mehr, aber sie waren geschlagen und verwundet.

ไม่มีใครไล่ตามพวกเขาอีกต่อไป

แต่พวกเขากลับถูกทุบตีและได้รับบาดเจ็บ

Jeder Hund hatte Wunden; vier oder fünf tiefe Schnitte an jedem Körper.

สุนัขแต่ละตัวมีบาดแผล มีรอยแผลลึกประมาณสี่ถึงห้ารอยตามตัว

Dub hatte ein verletztes Hinterbein und konnte kaum noch laufen.

ดับได้รับบาดเจ็บที่ขาหลังและต้องดิ้นรนที่จะเดินตอนนี้

Dolly, der neueste Hund aus Dyea, hatte eine aufgeschlitzte Kehle.

ดอลลี่ สุนัขตัวใหม่ที่สุดจากไดอา มีคอที่ถูกเฉือน

Joe hatte ein Auge verloren und Billees Ohr war in Stücke geschnitten

โจสูญเสียตาข้างหนึ่ง และหูของบิลลี่ก็ถูกตัดเป็นชิ้นเล็กชิ้นน้อย

Alle Hunde schrien die ganze Nacht vor Schmerz und Niederlage.

สุนัขทุกตัวร้องไห้ด้วยความเจ็บปวดและพ่ายแพ้ตลอดคืน

Im Morgengrauen krochen sie wund und gebrochen zurück ins Lager.

เมื่อรุ่งสางพวกเขาก็ค่อยๆ
คืบคลานกลับค่าย ในสภาพเจ็บปวดและแตกหัก

Die Huskies waren verschwunden, aber der Schaden war angerichtet.

พวกฮัสกี้หายไปแล้ว แต่ความเสียหายก็เกิดขึ้นแล้ว

Perrault und François standen schlecht gelaunt vor der Ruine.

เปอร์โรลต์และฟรานซัวส์ยืนด้วยอารมณ์หงุดหงิดใจเกี่ยวกับซากปรักหักพัง

Die Hälfte der Lebensmittel war verschwunden und von den hungrigen Dieben geschnappt worden.

อาหารหายไปครึ่งหนึ่ง ถูกโจรผู้หิวโหยขโมยไป

Die Huskies hatten Schlittenbindungen und Planen zerrissen.

สุนัขฮัสกี้ฉีกเชือกที่ผูกรถเลื่อนและผ้าใบขาด

Alles, was nach Essen roch, wurde vollständig verschlungen.

ทุกสิ่งทุกอย่างที่มีกลิ่นอาหารถูกกินจนหมดสิ้น

Sie aßen ein Paar von Perraults Reisestiefeln aus Elchleder.

พวกเขาได้กินรองเท้าบูทเดินทางทำจากหนังมูสของ Perrault หนึ่งคู่

Sie zerkauten Lederreis und ruinierten Riemen, sodass sie nicht mehr verwendet werden konnten.

พวกมันเคี้ยวหนังวัวและทำลายสายรัดจนไม่สามารถใช้งานได้อีก

François hörte auf, auf die zerrissene Peitsche zu starren, um nach den Hunden zu sehen.

ฟรานซัวส์หยุดจ้องเชือกที่ขาดเพื่อตรวจสอบสุนัข

„Ah, meine Freunde", sagte er mit leiser, besorgter Stimme.

"โอ้ เพื่อนของฉัน" เขากล่าวด้วยน้ำเสียงต่ำและเต็มไปด้วยความกังวล

„Vielleicht verwandeln euch all diese Bisse in tollwütige Tiere."

"บางทีการกัดเหล่านี้อาจทำให้คุณกลายเป็นสัตว์บ้าได้"

„Vielleicht alles tollwütige Hunde, heiliger Scheiß! Was meinst du, Perrault?"

"บางทีพวกหมาบ้าทั้งหลายก็อาจจะบ้าเหมือนกันนะ นักบุญ! คุณคิดยังไงบ้าง เพอร์โรลต์?"

Perrault schüttelte den Kopf, seine Augen waren dunkel vor Sorge und Angst.

เพอร์โรลต์ส่ายหัว ดวงตามืดมนไปด้วยความกังวลและความกลัว

Zwischen ihnen und Dawson lagen noch sechshundertvierzig Kilometer.

ระหว่างพวกเขากับดอว์สันยังมีระยะทางอีกสี่ร้อยไมล์

Der Hundewahnsinn könnte nun jede Überlebenschance zerstören.

ความบ้าคลั่งของสุนัขในตอนนี้อาจทำลายโอกาสในการมีชีวิตรอดได้

Sie verbrachten zwei Stunden damit, zu fluchen und zu versuchen, die Ausrüstung zu reparieren.

พวกเขาใช้เวลาสองชั่วโมงในการด่าทอและพยายามซ่อมเกียร์

Das verwundete Team verließ schließlich gebrochen und besiegt das Lager.

ทีมที่ได้รับบาดเจ็บในที่สุดก็ออกจากค่ายด้วยความพ่ายแพ้และแตกสลาย

Dies war der bisher schwierigste Weg und jeder Schritt war schmerzhaft.

นี่เป็นเส้นทางที่ยากที่สุด และแต่ละก้าวก็เจ็บปวดมาก

Der Thirty Mile River war nicht zugefroren und rauschte wild.

แม่น้ำเธิร์ตไมล์ยังไม่แข็งตัว แต่ไหลเชี่ยวอย่างรุนแรง

Nur an ruhigen Stellen und in wirbelnden Wirbeln konnte das Eis halten.

มีเพียงจุดสงบและกระแสน้ำวนเท่านั้นที่น้ำแข็งสามารถจับตัวได้

Sechs Tage harter Arbeit vergingen, bis die dreißig Meilen geschafft waren.

หกวันแห่งความยากลำบากผ่านไปจนกระทั่งเดินทางได้สามสิบไมล์

Jeder Kilometer des Weges barg Gefahren und Todesgefahr.

ทุกๆ ไมล์ของเส้นทางเต็มไปด้วยอันตรายและภัยคุกคามแห่งความตาย

Die Männer und Hunde riskierten mit jedem schmerzhaften Schritt ihr Leben.

คนและสุนัขเสี่ยงชีวิตในทุกย่างก้าวอันเจ็บปวด

Perrault durchbrach ein Dutzend Mal dünne Eisbrücken.

เปอร์โรลต์ทะลุสะพานน้ำแข็งบางๆ มาแล้วนับสิบครั้ง

Er trug eine Stange und ließ sie über das Loch fallen, das sein Körper hinterlassen hatte.

เขาถือเสาแล้วปล่อยให้มันตกไปตามรูที่ร่างกายของเขาเจาะไว้

Mehr als einmal rettete diese Stange Perrault vor dem Ertrinken.

เสาไม้ต้นนั้นสามารถช่วยชีวิตเปอร์โรลต์จากการจมน้ำได้มากกว่าหนึ่งครั้ง

Die Kältewelle hielt an, die Lufttemperatur lag bei minus fünfzig Grad.

คลื่นความหนาวเย็นยังคงรุนแรง อุณหภูมิอยู่ที่ 50 องศาต่ำกว่าศูนย์

Jedes Mal, wenn er hineinfiel, musste Perrault ein Feuer anzünden, um zu überleben.

ทุกครั้งที่เขาล้มลง เพอร์โรลต์จะต้องจุดไฟเพื่อเอาชีวิตรอด

Nasse Kleidung gefror schnell, also trocknete er sie in der Nähe der sengenden Hitze.

เสื้อผ้าเปียกจะแข็งตัวเร็วมาก

ดังนั้นเขาจึงต้องทำให้แห้งโดยแทบไม่ต้องตากแดด

Perrault hatte nie Angst und das machte ihn zu einem Kurier.

เปอร์โรลต์ไม่เคยเผชิญกับความกลัวใดๆ

และนั่นทำให้เขากลายเป็นผู้ส่งสาร

Er wurde für die Gefahr auserwählt und begegnete ihr mit stiller Entschlossenheit.

เขาถูกเลือกเพราะความอันตราย
และเขารับมือกับมันอย่างมั่นคงและแน่วแน่

Er drängte sich gegen den Wind vorwärts, sein runzliges
Gesicht war erfroren.

เขาก้าวไปข้างหน้าฝ่าลม ใบหน้าเหี่ยวเฉาของเขาถูกน้ำแข็งกัดกิน

Von der Morgendämmerung bis zum Einbruch der Nacht
führte Perrault sie weiter.

ตั้งแต่รุ่งสางจนค่ำ เพอร์โรลต์นำพวกเขาเดินหน้าต่อไป

Er ging auf einer schmalen Eiskante, die bei jedem Schritt
knackte.

เขาเดินบนขอบน้ำแข็งแคบๆ ที่แตกร้าวทุกครั้งที่ก้าวเดิน

Sie wagten nicht, anzuhalten – jede Pause hätte das Risiko
eines tödlichen Zusammenbruchs bedeutet.

พวกเขาไม่กล้าหยุดเลย—
การหยุดแต่ละครั้งเสี่ยงต่อการพังทลายอันร้ายแรง

Einmal brach der Schlitten durch und zog Dave und Buck
hinein.

ครั้งหนึ่งรถเลื่อนทะลุออกมาและดึงเดฟและบัคเข้ามา

Als sie freigezogen wurden, waren beide fast erfroren.

ตอนที่พวกเขาถูกดึงออกไป ทั้งสองแทบจะแข็งเป็นน้ำแข็งแล้ว

Die Männer machten schnell ein Feuer, um Buck und Dave
am Leben zu halten.

คนเหล่านั้นก่อไฟอย่างรวดเร็วเพื่อให้บัคและเดฟมีชีวิตอยู่

Die Hunde waren von der Nase bis zum Schwanz mit Eis
bedeckt und steif wie geschnitztes Holz.

สุนัขมีร่างกายปกคลุมไปด้วยน้ำแข็งตั้งแต่จมูกจรดหาง
แข็งราวกับไม้แกะสลัก

Die Männer ließen sie in der Nähe des Feuers im Kreis
laufen, um ihre Körper aufzutauen.

พวกผู้ชายวิ่งเป็นวงกลมใกล้กองไฟเพื่อละลายร่างกายของพวกเขา

Sie kamen den Flammen so nahe, dass ihr Fell versengt
wurde.

พวกมันเข้ามาใกล้เปลวไฟมากจนขนของพวกมันไหม้เกรียม

Als nächster durchbrach Spitz das Eis und zog das Team
hinter sich her.

จากนั้น สปิทซ์ก็ทะลุน้ำแข็งไปและลากทีมที่อยู่ข้างหลังเขาเข้ามา

Der Bruch reichte bis zu der Stelle, an der Buck zog.
การแตกหักนั้นเกิดขึ้นถึงบริเวณที่บัคกำลังดึงอยู่
Buck lehnte sich weit zurück, seine Pfoten rutschten und
zitterten auf der Kante.
บัคเอนตัวไปด้านหลังอย่างแรง อุ้งเท้าลื่นและสั่นอยู่บนขอบ
Dave streckte sich ebenfalls nach hinten, direkt hinter Buck
auf der Leine.
เดฟยังฝืนถอยหลังไปเล็กน้อย ขณะอยู่หลังบัคบนเส้น
François zog den Schlitten, seine Muskeln knackten vor
Anstrengung.
ฟรานซัวส์ลากเลื่อนโดยที่กล้ามเนื้อของเขาตึงเพราะออกแรงมาก
Ein anderes Mal brach das Randeis vor und hinter dem
Schlitten.
ครั้งหนึ่งขอบน้ำแข็งแตกร้าวทั้งก่อนและหลังรถเลื่อน
Sie hatten keinen anderen Ausweg, als eine gefrorene
Felswand zu erklimmen.
พวกเขาไม่มีทางออกใด ๆ ยกเว้นต้องปีนหน้าผาที่เป็นน้ำแข็ง
Perrault schaffte es irgendwie, die Mauer zu erklimmen; wie
durch ein Wunder blieb er am Leben.
เปอร์โรลต์สามารถปีนกำแพงขึ้นไปได้อย่างไม่น่าเชื่อ
แต่ปาฏิหาริย์ทำให้เขารอดชีวิตมาได้
François blieb unten und betete um dasselbe Glück.
ฟรานซัวส์อยู่ข้างล่างเพื่ออธิษฐานให้โชคดีเช่นเดียวกัน
Sie banden jeden Riemen, jede Zurrschnur und jede Leine
zu einem langen Seil zusammen.
พวกเขาผูกสายรัด เชือกผูก
และเชือกตามยาวเข้าด้วยกันเป็นเชือกเส้นเดียว
Die Männer zogen jeden Hund einzeln nach oben.
คนเหล่านั้นลากสุนัขแต่ละตัวขึ้นไปด้านบนทีละตัว
François kletterte als Letzter, nach dem Schlitten und der
gesamten Ladung.
ฟรานซัวส์เป็นคนปีนขึ้นเป็นคนสุดท้าย
รองจากเลื่อนและสัมภาระทั้งหมด
Dann begann eine lange Suche nach einem Weg von den
Klippen hinunter.
จากนั้นจึงเริ่มการค้นหาทางลงจากหน้าผาอันยาวนาน

Schließlich stiegen sie mit demselben Seil ab, das sie selbst
hergestellt hatten.
ในที่สุดพวกเขาก็ลงมาโดยใช้เชือกเส้นเดียวกับที่พวกเขาทำไว้

Es wurde Nacht, als sie erschöpft und wund zum Flussbett
zurückkehrten.
เมื่อถึงเวลากลางคืน
พวกเขาก็กลับมาที่แม่น้ำด้วยความเหนื่อยล้าและเจ็บปวด

Der ganze Tag hatte ihnen nur eine Viertelmeile Gewinn
eingebracht.
พวกเขาใช้เวลาทั้งวันเพื่อเดินทางเพียงแค่หนึ่งในสี่ไมล์

Als sie das Hootalinqua erreichten, war Buck erschöpft.
ตอนที่พวกเขาไปถึงฮูทาลินควา บัคก็เหนื่อยล้าแล้ว

Die anderen Hunde litten ebenso sehr unter den
Bedingungen auf dem Trail.
สุนัขตัวอื่นๆ ก็ได้รับความทุกข์ทรมานจากสภาพเส้นทางเช่นกัน

Aber Perrault musste Zeit gutmachen und trieb sie jeden
Tag weiter an.
แต่เปอร์โรลต์จำเป็นต้องคืนเวลาและผลักดันพวกเขาต่อไปในแต่ละวัน

Am ersten Tag reisten sie dreißig Meilen nach Big Salmon.
วันที่แรกพวกเขาเดินทางสามสิบไมล์ไปยังบิ๊กแซลมอน

Am nächsten Tag reisten sie fünfunddreißig Meilen nach
Little Salmon.
วันรุ่งขึ้น พวกเขาเดินทางได้ประมาณ 35 ไมล์จนถึงลิตเติลแซลมอน

Am dritten Tag kämpften sie sich durch sechzig Kilometer
lange, eisige Strecken.
ในวันที่สาม
พวกเขาต้องเดินทางผ่านเส้นทางอันหนาวเหน็บยาวนานถึงสี่สิบไมล์

Zu diesem Zeitpunkt näherten sie sich der Siedlung Five
Fingers.
ในเวลานั้น พวกเขาใกล้จะถึงถิ่นฐานของ Five Fingers แล้ว

Bucks Füße waren weicher als die harten Füße der
einheimischen Huskys.
เท้าของบัคมีความนุ่มนวลกว่าเท้าที่แข็งของสุนัขฮัสกี้พื้นเมือง

Seine Pfoten waren im Laufe vieler zivilisierter Generationen zart geworden.

อุ้งเท้าของเขามีความอ่อนนุ่มมาหลายชั่วรุ่นแล้ว

Vor langer Zeit wurden seine Vorfahren von Flussmännern oder Jägern gezähmt.

เมื่อนานมาแล้ว

บรรพบุรุษของเขาถูกฝึกให้เชื่องโดยชาวแม่น้ำหรือพรานล่าสัตว์

Jeden Tag humpelte Buck unter Schmerzen und ging auf wunden, schmerzenden Pfoten.

ทุกวันบัคจะต้องเดินกะเผลกเพราะความเจ็บปวด อุ้งเท้าเจ็บและปวด

Im Lager fiel Buck wie eine leblose Gestalt in den Schnee.

เมื่อถึงค่าย บัคก็ล้มลงเหมือนร่างไร้ชีวิตบนหิมะ

Obwohl Buck am Verhungern war, stand er nicht auf, um sein Abendessen einzunehmen.

แม้ว่าจะหิวโหย บัคก็ไม่ยอมลุกขึ้นมาทานมื้อเย็น

François brachte Buck seine Ration und legte ihm Fisch neben die Schnauze.

ฟรานซัวส์นำอาหารมาให้บัคโดยวางปลาไว้ตรงปากกระบอกปืน

Jeden Abend massierte der Fahrer Bucks Füße eine halbe Stunde lang.

ทุกคืนคนขับจะนวดเท้าบัคเป็นเวลาครึ่งชั่วโมง

François hat sogar seine eigenen Mokassins zerschnitten, um daraus Hundeschuhe zu machen.

ฟรานซัวส์ยังตัดรองเท้าโมคาซินของตัวเองเพื่อทำเป็นรองเท้าสุนัขอีกด้วย

Vier warme Schuhe waren für Buck eine große und willkommene Erleichterung.

รองเท้าที่อบอุ่นสี่คู่ทำให้บัครู้สึกโล่งใจอย่างมาก

Eines Morgens vergaß François die Schuhe und Buck weigerte sich aufzustehen.

เช้าวันหนึ่ง ฟรานซัวส์ลืมรองเท้ามา และบัคก็ไม่ยอมลุกขึ้น

Buck lag auf dem Rücken, die Füße in der Luft, und wedelte mitleiderregend damit herum.

บัคนอนหงายโดยยกเท้าขึ้นและโบกมืออย่างน่าสงสาร

Sogar Perrault grinste beim Anblick von Bucks dramatischer Bitte.

แม้แต่เพอร์โรลต์ยังยิ้มเมื่อเห็นคำวิงวอนอันน่าตื่นเต้นของบัค

Bald wurden Bucks Füße hart und die Schuhe konnten
weggeworfen werden.

ในไม่ช้าเท้าของบัคก็แข็งขึ้น และรองเท้าก็ถูกทิ้งไปได้

In Pelly stieß Dolly beim Angeschirrtwerden ein
schreckliches Heulen aus.

ระหว่างเวลาที่เพลลี่รัดคอ ดอลลี่ก็ส่งเสียงหอนอย่างน่ากลัว

Der Schrei war lang und voller Wahnsinn und erschütterte
jeden Hund.

เสียงร้องนั้นยาวและเต็มไปด้วยความบ้าคลั่ง ทำให้สุนัขทุกตัวสั่น

Jeder Hund zuckte vor Angst zusammen, ohne den Grund
zu kennen.

สุนัขแต่ละตัวขนลุกซู่ด้วยความกลัวโดยไม่ทราบสาเหตุ

Dolly war verrückt geworden und stürzte sich direkt auf
Buck.

ดอลลี่คลั่งและพุ่งตัวเข้าหาบัคโดยตรง

Buck hatte noch nie Wahnsinn gesehen, aber sein Herz war
von Entsetzen erfüllt.

บัคไม่เคยเห็นความบ้าคลั่ง

แต่ความสยองขวัญก็เข้าครอบงำหัวใจของเขา

Ohne nachzudenken, drehte er sich um und floh in
absoluter Panik.

โดยไม่คิดอะไร เขาหันหลังแล้ววิ่งหนีไปด้วยความตื่นตระหนกอย่างยิ่ง

Dolly jagte ihm hinterher, ihre Augen waren wild, Speichel
spritzte aus ihrem Maul.

ดอลลี่ไล่ตามเขา ดวงตาของเธอดุร้าย

น้ำลายไหลออกมาจากปากของเธอ

Sie blieb direkt hinter Buck, holte nie auf und fiel nie
zurück.

เธอเดินตามหลังบัคมาตลอด ไม่เคยได้อะไรกลับมา และไม่เคยถอยกลับ

Buck rannte durch den Wald, die Insel hinunter und über
zerklüftetes Eis.

บัควิ่งผ่านป่า ลงไปตามเกาะ และข้ามน้ำแข็งที่ขรุขระ

Er überquerte die Insel und erreichte eine weitere, bevor er
im Kreis zurück zum Fluss ging.

เขาข้ามไปยังเกาะหนึ่งแล้วข้ามไปอีกเกาะหนึ่งแล้ววนกลับมาที่แม่น้ำ

Dolly jagte ihn immer noch und knurrte ihn bei jedem
Schritt an.

ดอลลี่ยังคงไล่ตามเขาโดยส่งเสียงคำรามตามติดทุกก้าวย่าง

Buck konnte ihren Atem und ihre Wut hören, obwohl er es
nicht wagte, zurückzublicken.

บัคได้ยินเสียงหายใจและความโกรธของเธอ
แม้ว่าเขาจะไม่กล้ามองกลับไปก็ตาม

François rief aus der Ferne und Buck drehte sich in die
Richtung der Stimme um.

ฟรานซัวส์ตะโกนมาจากที่ไกล และบัคก็หันไปทางเสียงนั้น

Immer noch nach Luft schnappend rannte Buck vorbei und
setzte seine ganze Hoffnung auf François.

บัควิ่งผ่านไปโดยยังหายใจไม่ออก โดยฝากความหวังไว้ที่ฟรานซัวส์

Der Hundeführer hob eine Axt und wartete, während Buck
vorbeiflog.

คนขับสุนัขยกขวานขึ้นและรอขณะที่บั๊กบินผ่านไป

Die Axt kam schnell herunter und traf Dollys Kopf mit
tödlicher Wucht.

ขวานลงมาอย่างรวดเร็วและฟาดศีรษะของดอลลี่ด้วยพลังอันร้ายแรง

Buck brach neben dem Schlitten zusammen, keuchte und
konnte sich nicht bewegen.

บัคล้มลงใกล้กับรถเลื่อน หายใจมีเสียงหวีดและไม่สามารถขยับตัวได้

In diesem Moment hatte Spitz die Chance, einen
erschöpften Gegner zu schlagen.

ช่วงเวลานั้นทำให้ Spitz มีโอกาสที่จะโจมตีศัตรูที่เหนื่อยล้า

Zweimal biss er Buck und riss das Fleisch bis auf den
weißen Knochen auf.

เขาได้กัดบั๊กสองครั้ง จนเนื้อถูกฉีกออกถึงกระดูกสีขาว

François' Peitsche knallte und traf Spitz mit voller,
wütender Wucht.

แส้ของฟรานซัวส์ฟาดอย่างดังและโจมตีสปิทซ์อย่างรุนแรง

Buck sah mit Freude zu, wie Spitz seine bisher härteste
Tracht Prügel bekam.

บัคเฝ้าดูด้วยความดีใจขณะที่สปิทซ์โดนตีอย่างรุนแรงที่สุดเท่าที่เคยมี
มา

„Er ist ein Teufel, dieser Spitz", murmelte Perrault düster vor sich hin.

"เขาเป็นปีศาจนะ สปิทซ์" เพอร์โรลต์พึมพำกับตัวเองอย่างหม่นหมอง

„Eines Tages wird dieser verfluchte Hund Buck töten – das schwöre ich."

"สักวันหนึ่งในไม่ช้านี้ สุนัขคำสาปตัวนั้นจะฆ่าบัค ฉันสาบาน"

„Dieser Buck hat zwei Teufel in sich", antwortete François mit einem Nicken.

"บัคนั้นมีปีศาจสองตัวอยู่ในตัว" ฟรานซัวส์ตอบด้วยการพยักหน้า

„Wenn ich Buck beobachte, weiß ich, dass etwas Wildes in ihm lauert."

"เมื่อผมดูบัค ผมรู้ว่ามีบางอย่างที่ดุร้ายรออยู่ในตัวเขา"

„Eines Tages wird er rasend vor Wut werden und Spitz in Stücke reißen."

"สักวันหนึ่ง เขาจะโกรธจัดเหมือนไฟและฉีกสปิทซ์เป็นชิ้นเล็กชิ้นน้อย"

„Er wird den Hund zerkauen und ihn auf den gefrorenen Schnee spucken."

"เขาจะเคี้ยวสุนัขตัวนั้นแล้วถุยมันลงบนหิมะที่แข็งตัว"

„Das weiß ich ganz sicher tief in meinem Innern."

"แน่นอนว่าฉันรู้เรื่องนี้ลึกๆ อยู่ในกระดูกของฉัน"

Von diesem Moment an befanden sich die beiden Hunde im Krieg.

ตั้งแต่นั้นเป็นต้นมาสุนัขทั้งสองก็กลายเป็นคู่ต่อสู้กัน

Spitz führte das Team an und hatte die Macht, aber Buck stellte das in Frage.

สปิทซ์เป็นผู้นำทีมและรักษาอำนาจไว้ได้ แต่บัคท้าทายในเรื่องนั้น

Spitz sah seinen Rang durch diesen seltsamen Fremden aus dem Süden bedroht.

สปิทซ์เห็นว่าตำแหน่งของเขาถูกคุกคามโดยชายแปลกหน้าจากดินแดนใต้ผู้นี้

Buck war anders als alle Südstaatenhunde, die Spitz zuvor gekannt hatte.

บัคเป็นสุนัขพันธุ์ทางใต้ที่สปิตซ์เคยรู้จักมาก่อน

Die meisten von ihnen scheiterten – sie waren zu schwach, um Kälte und Hunger zu überleben.

พวกเขาส่วนใหญ่ล้มเหลว

อ่อนแอเกินกว่าจะทนอยู่ท่ามกลางความหนาวและความหิวโหยได้

Sie starben schnell unter der harten Arbeit, dem Frost und
der langsamen Hungersnot.

พวกเขาตายอย่างรวดเร็วภายใต้แรงงาน ความเย็นยะเยือก
และความอดอยากที่ค่อยๆ ทวีความรุนแรงขึ้น

Buck stand abseits – mit jedem Tag stärker, klüger und
wilder.

บัคโดดเด่นกว่าคนอื่น แข็งแกร่งกว่า ฉลาดกว่า และดุร้ายกว่าทุกวัน

Er gedieh trotz aller Härte und wuchs heran, bis er den
nördlichen Huskies ebenbürtig war.

เขาเจริญเติบโตท่ามกลางความยากลำบาก
และเติบโตจนทัดเทียมกับสุนัขพันธุ์ฮัสกี้ทางเหนือ

Buck hatte Kraft, wilde Geschicklichkeit und einen
geduldigen, tödlichen Instinkt.

บัคมีพละกำลัง ทักษะอันดุเดือด
และสัญชาตญาณอันอดทนและอันตราย

Der Mann mit der Keule hatte Buck die Unbesonnenheit
ausgetrieben.

ชายที่ถือไม้กระบองได้ทุบตีความความหุนหันพลันแล่นของบัค

Die blinde Wut war verschwunden und durch stille
Gerissenheit und Kontrolle ersetzt worden.

ความโกรธอย่างโง่เขลาได้หายไป
ถูกแทนที่ด้วยความฉลาดแกมโกงและการควบคุมอันเงียบสงบ

Er wartete ruhig und ursprünglich und wartete auf den
richtigen Moment.

เขาคอยอย่างสงบและดั้งเดิมเพื่อเฝ้าสังเกตหาจังหวะที่เหมาะสม

Ihr Kampf um die Vorherrschaft wurde unvermeidlich und
deutlich.

การต่อสู้เพื่อแย่งชิงคำสั่งของพวกเขากลายเป็นสิ่งที่หลีกเลี่ยงไม่ได้และ
ชัดเจน

Buck strebte nach einer Führungsposition, weil sein Geist es
verlangte.

บัคต้องการความเป็นผู้นำเพราะจิตวิญญาณของเขาต้องการมัน

Er wurde von dem seltsamen Stolz getrieben, der aus der
Jagd und dem Geschirr entstand.

เขาถูกขับเคลื่อนโดยความภาคภูมิใจที่แปลกประหลาดซึ่งเกิดจากการ
เดินบนเส้นทางและบังเหียน

Dieser Stolz ließ die Hunde ziehen, bis sie im Schnee
zusammenbrachen.

ความภาคภูมิใจนั้นทำให้สุนัขดึงจนล้มลงบนหิมะ

Der Stolz verleitete sie dazu, all ihre Kraft einzusetzen.

ความภาคภูมิใจล่อลวงพวกเขาให้ยอมทุ่มกำลังทั้งหมดที่พวกเขามี

Stolz kann einen Schlittenhund sogar in den Tod treiben.

ความภาคภูมิใจสามารถล่อลวงสุนัขลากเลื่อนได้แม้กระทั่งเมื่อใกล้จะต
าย

Der Verlust des Geschirrs ließ die Hunde gebrochen und
ziellos zurück.

การทำสายรัดหายทำให้สุนัขหักและไม่มีจุดหมาย

Das Herz eines Schlittenhundes kann vor Scham brechen,
wenn er in den Ruhestand geht.

หัวใจของสุนัขลากเลื่อนอาจจะถูกทำลายด้วยความอับอายเมื่อมันเกษี
ยณ

Dave lebte von diesem Stolz, während er den Schlitten
hinter sich herzog.

เดฟใช้ชีวิตด้วยความภาคภูมิใจในขณะที่เขาลากเลื่อนจากด้านหลัง

Auch Solleks gab mit grimmiger Stärke und Loyalität alles.

โซลเลกส์เองก็ทุ่มเทอย่างเต็มที่ด้วยความแข็งแกร่งและความภักดี

Jeden Morgen verwandelte der Stolz ihre Verbitterung in
Entschlossenheit.

ในแต่ละเช้า
ความภูมิใจเปลี่ยนจากความขมขื่นให้กลายเป็นความมุ่งมั่น

Sie drängten den ganzen Tag und verstummten dann am
Ende des Lagers.

พวกเขาผลักดันกันตลอดทั้งวัน จากนั้นก็เงียบหายไปที่ปลายค่าย

Dieser Stolz gab Spitz die Kraft, Drückeberger zur Räson zu
bringen.

ความภาคภูมิใจนั้นทำให้ Spitz
มีความแข็งแกร่งในการเอาชนะผู้หลบเลี่ยงให้เข้าแถว

Spitz fürchtete Buck, weil Buck denselben tiefen Stolz in
sich trug.

สปิทซ์กลัวบัค เนื่องจากบัคก็มีความภาคภูมิใจอย่างลึกซึ้งเช่นเดียวกัน

Bucks Stolz wandte sich nun gegen Spitz, und er ließ nicht locker.

ตอนนี้ความภูมิใจของบัคเริ่มต่อต้านสปิทซ์และเขาก็ไม่ได้หยุด

Buck widersetzte sich Spitz' Macht und hinderte ihn daran, Hunde zu bestrafen.

บัคขัดขืนพลังของสปิทซ์และขัดขวางไม่ให้เขาลงโทษสุนัข

Als andere versagten, stellte sich Buck zwischen sie und ihren Anführer.

เมื่อคนอื่นๆ ล้มเหลว

บัคก็เข้ามาขวางระหว่างพวกเขากับผู้นำของพวกเขา

Er tat dies mit Absicht und brachte seine Herausforderung offen und deutlich zum Ausdruck.

เขาทำสิ่งนี้ด้วยเจตนาเพื่อท้าทายอย่างเปิดเผยและชัดเจน

In einer Nacht hüllte schwerer Schnee die Welt in tiefe Stille.

คืนหนึ่ง หิมะที่ตกหนักปกคลุมโลกด้วยความเงียบสงบ

Am nächsten Morgen stand Pike, faul wie immer, nicht zur Arbeit auf.

เช้าวันรุ่งขึ้น ไพค์ยังคงขี้เกียจเช่นเคย และไม่ลุกขึ้นไปทำงาน

Er blieb in seinem Nest unter einer dicken Schneeschicht verborgen.

เขาซ่อนตัวอยู่ในรังของเขาใต้ชั้นหิมะหนาทึบ

François rief und suchte, konnte den Hund jedoch nicht finden.

ฟรานซัวส์ตะโกนออกไปและค้นหาแต่ไม่พบสุนัข

Spitz wurde wütend und stürmte durch das schneebedeckte Lager.

สปิทซ์โกรธมากและบุกฝ่าค่ายที่ปกคลุมไปด้วยหิมะ

Er knurrte und schnüffelte und grub wie verrückt mit flammenden Augen.

เขาขู่และดมกลิ่นอย่างบ้าคลั่งด้วยดวงตาที่ลุกโชน

Seine Wut war so heftig, dass Pike vor Angst unter dem Schnee zitterte.

ความโกรธของเขารุนแรงมากจนทำให้ไพค์สั่นเทาด้วยความกลัว

Als Pike schließlich gefunden wurde, stürzte sich Spitz auf den versteckten Hund, um ihn zu bestrafen.

เมื่อพบไพค์ในที่สุด สปิทซ์ก็พุ่งเข้าลงโทษสุนัขที่ซ่อนอยู่

Doch Buck sprang mit einer Wut zwischen sie, die Spitz' eigener ebenbürtig war.

แต่บัคก็กระโจนเข้ามาระหว่างพวกเขาด้วยความโกรธไม่แพ้สปิตซ์เลย

Der Angriff erfolgte so plötzlich und geschickt, dass Spitz umfiel.

การโจมตีนั้นกะทันหันและชาญฉลาดมากจนสปิทซ์ล้มลง

Pike, der gezittert hatte, schöpfte aus diesem Trotz neuen Mut.

ไพค์ที่กำลังสั่นอยู่รู้สึกมีกำลังใจจากการท้าทายครั้งนี้

Er sprang auf den gefallenen Spitz und folgte Bucks mutigem Beispiel.

เขากระโจนใส่สุนัขพันธุ์สปิทซ์ที่ล้มลง
โดยทำตามตัวอย่างอันกล้าหาญของบัค

Buck, der nicht länger an Fairness gebunden war, beteiligte sich am Angriff auf Spitz.

บัคซึ่งไม่ผูกพันด้วยความยุติธรรมอีกต่อไป
จึงเข้าร่วมการประท้วงสปิตซ์

François, amüsiert, aber dennoch diszipliniert, schwang seine schwere Peitsche.

ฟรานซัวส์รู้สึกขบขันแต่ก็มั่นคงในระเบียบวินัย
และฟาดแส้อันหนักหน่วงของเขา

Er schlug Buck mit aller Kraft, um den Kampf zu beenden.

เขาโจมตีบัคด้วยพละกำลังทั้งหมดของเขาเพื่อยุติการต่อสู้

Buck weigerte sich, sich zu bewegen und blieb auf dem gefallenen Anführer sitzen.

บั๊กปฏิเสธที่จะเคลื่อนไหวและอยู่เหนือผู้นำที่ล้มลง

Dann benutzte François den Griff der Peitsche und schlug Buck damit heftig.

จากนั้นฟรานซัวส์ก็ใช้ด้ามแส้ตีบั๊กอย่างแรง

Buck taumelte unter dem Schlag und fiel zurück.

บัคเซไปเซมาหลังจากโดนโจมตี และล้มลงอีกครั้ง

François schlug immer wieder zu, während Spitz Pike bestrafte.

ฟรานซัวส์โจมตีซ้ำแล้วซ้ำเล่าในขณะที่สปิทซ์ลงโทษไพค์

Die Tage vergingen und Dawson City kam immer näher.
วันเวลาผ่านไป และเมือง Dawson City ก็ใกล้เข้ามาเรื่อยๆ

Buck mischte sich immer wieder ein und schlüpfte zwischen Spitz und andere Hunde.
บัคคอยเข้าไปแทรกแซง โดยลอดระหว่างสปิทซ์กับสุนัขตัวอื่นๆ

Er wählte seine Momente gut und wartete immer darauf, dass François ging.
เขาเลือกช่วงเวลาได้ดีมาก โดยคอยรอให้ฟรานซัวส์จากไปเสมอ

Bucks stille Rebellion breitete sich aus und im Team breitete sich Unordnung aus.
การกบฏอันเงียบงันของบัคแพร่กระจาย
และความวุ่นวายก็หยั่งรากลึกในทีม

Dave und Solleks blieben loyal, andere jedoch wurden widerspenstig.
เดฟและโซเลกส์ยังคงภักดี แต่บางคนกลับดื้อรั้น

Die Situation im Team wurde immer schlimmer – es wurde unruhig, streitsüchtig und geriet aus der Reihe.
ทีมแย่ลงเรื่อยๆ ไม่สงบ ทะเลาะเบาะแว้ง และไร้ระเบียบ

Nichts lief mehr reibungslos und es kam immer wieder zu Streit.
ไม่มีอะไรทำงานราบรื่นอีกต่อไป และการต่อสู้ก็กลายเป็นเรื่องปกติ

Buck blieb im Zentrum des Chaos und provozierte ständig Unruhe.
บัคอยู่ที่ใจกลางปัญหาและคอยกระตุ้นให้เกิดความไม่สงบอยู่เสมอ

François blieb wachsam, aus Angst vor dem Kampf zwischen Buck und Spitz.
ฟรานซัวส์ยังคงระมัดระวัง เพราะกลัวการต่อสู้ระหว่างบั๊กกับสปิทซ์

Jede Nacht wurde er durch Rangeleien geweckt, aus Angst, dass es endlich losgehen würde.
ในแต่ละคืน การทะเลาะวิวาทจะปลุกเขาให้ตื่น
เพราะกลัวว่าจุดเริ่มต้นจะมาถึงในที่สุด

Er sprang aus seiner Robe, bereit, den Kampf zu beenden.
เขาถอดเสื้อคลุมออกพร้อมที่จะหยุดการต่อสู้

Aber der Moment kam nie und sie erreichten schließlich Dawson.

แต่เวลานั้นไม่เคยมาถึง และพวกเขาก็ไปถึงเมืองดอว์สันในที่สุด

Das Team betrat die Stadt an einem trüben Nachmittag, angespannt und still.

ทีมมาถึงเมืองในบ่ายวันหนึ่งอันมืดหม่น เงียบสงบ และตึงเครียด

Der große Kampf um die Führung hing noch immer in der eisigen Luft.

การต่อสู้อันยิ่งใหญ่เพื่อชิงความเป็นผู้นำยังคงแขวนลอยอยู่ในอากาศอันหนาวเหน็บ

Dawson war voller Männer und Schlittenhunde, die alle mit der Arbeit beschäftigt waren.

Dawson เต็มไปด้วยคนและสุนัขลากเลื่อน ซึ่งทุกคนต่างก็ยุ่งกับงาน

Buck beobachtete die Hunde von morgens bis abends beim Lastenziehen.

บัคเฝ้าดูสุนัขลากของจากเช้าจรดค่ำ

Sie transportierten Baumstämme und Brennholz und lieferten Vorräte an die Minen.

พวกเขาลากท่อนไม้และไม้ฟืน และขนเสบียงไปที่เหมืองแร่

Wo früher im Süden Pferde arbeiteten, schufteten heute Hunde.

ในบริเวณตอนใต้ของทวีปอเมริกา เคยมีม้าทำงาน แต่ปัจจุบันสุนัขกลับทำงานหนัก

Buck sah einige Hunde aus dem Süden, aber die meisten waren wolfsähnliche Huskys.

บั๊กเห็นสุนัขบางตัวจากทางใต้
แต่ส่วนใหญ่เป็นสุนัขพันธุ์ฮัสกี้ที่มีลักษณะคล้ายหมาป่า

Nachts erhoben die Hunde pünktlich zum ersten Mal ihre Stimmen zum Singen.

ในเวลากลางคืน สุนัขก็จะส่งเสียงร้องตามอย่างไม่หยุดหย่อน

Um neun, um Mitternacht und erneut um drei begann der Gesang.

เวลาเก้าโมง เวลาเที่ยงคืน และเวลาสามโมงอีกครั้ง
การร้องเพลงก็เริ่มขึ้น

Buck liebte es, in ihren unheimlichen Gesang einzustimmen, der wild und uralt klang.

บั๊กชอบร่วมร้องเพลงสวดอันน่าขนลุกของพวกเขา
ซึ่งมีเสียงที่ดุร้ายและเก่าแก่

Das Polarlicht flammte, die Sterne tanzten und das Land war mit Schnee bedeckt.

แสงเหนือเปล่งประกาย ดวงดาวเต้นรำ และหิมะปกคลุมไปทั่วแผ่นดิน

Der Gesang der Hunde erhob sich als Aufschrei gegen die Stille und die bittere Kälte.

เสียงร้องของสุนัขดังขึ้นท่ามกลางความเงียบและความหนาวเหน็บ

Doch in jedem langen Ton ihres Heulens war Trauer und nicht Trotz zu hören.

แต่เสียงคร่ำครวญของพวกเขาเต็มไปด้วยความเศร้าโศก
ไม่ใช่การท้าทายในทุก ๆ โน้ตยาว ๆ

Jeder Klageschrei war voller Flehen; die Last des Lebens selbst.

เสียงคร่ำครวญแต่ละเสียงเต็มไปด้วยการวิงวอนซึ่งเป็นภาระของชีวิตเอ
ง

Dieses Lied war alt – älter als Städte und älter als Feuer

เพลงนั้นเก่ามาก—เก่ากว่าเมือง และเก่ากว่าไฟ

Dieses Lied war sogar älter als die Stimmen der Menschen.

เพลงนั้นเก่าแก่ยิ่งกว่าเสียงมนุษย์เสียอีก

Es war ein Lied aus der jungen Welt, als alle Lieder traurig waren.

เป็นเพลงจากโลกวัยรุ่นที่เพลงทุกเพลงล้วนเศร้า

Das Lied trug den Kummer unzähliger Hundegenerationen in sich.

บทเพลงนี้ถ่ายทอดความโศกเศร้าของสุนัขนับไม่ถ้วนรุ่น

Buck spürte die Melodie tief und stöhnte vor jahrhundertealtem Schmerz.

บัครู้สึกถึงทำนองเพลงได้อย่างลึกซึ้ง
คร่ำครวญถึงความเจ็บปวดที่หยั่งรากลึกในยุคสมัยต่างๆ

Er schluchzte aus einem Kummer, der so alt war wie das wilde Blut in seinen Adern.

เขาสะอื้นไห้ด้วยความเศร้าโศกเท่ากับเลือดป่าที่อยู่ในเส้นเลือดของเข
า

Die Kälte, die Dunkelheit und das Geheimnisvolle berührten Bucks Seele.

ความหนาวเย็น ความมืด และความลึกลับ สัมผัสจิตวิญญาณของบัค

Dieses Lied bewies, wie weit Buck zu seinen Ursprüngen zurückgekehrt war.

เพลงนั้นพิสูจน์ให้เห็นว่าบัคได้ย้อนกลับไปยังต้นกำเนิดของเขาไกลแค่ไหน

Durch Schnee und Heulen hatte er den Anfang seines eigenen Lebens gefunden.

ท่ามกลางหิมะและเสียงหอน เขาได้พบจุดเริ่มต้นของชีวิตของเขาเอง

Sieben Tage nach ihrer Ankunft in Dawson brachen sie erneut auf.

หลังจากมาถึงเมืองดอว์สันได้เจ็ดวัน พวกเขาก็ออกเดินทางอีกครั้ง

Das Team verließ die Kaserne und fuhr hinunter zum Yukon Trail.

ทีมได้ออกเดินทางจากค่ายทหารมายังเส้นทางยูคอน

Sie begannen die Rückreise nach Dyea und Salt Water.

พวกเขาเริ่มเดินทางกลับไปยัง Dyea และ Salt Water

Perrault überbrachte noch dringlichere Depeschen als zuvor.

เปอร์โรลต์ส่งข่าวสารที่มีความเร่งด่วนมากกว่าเดิม

Auch ihn packte der Trail-Stolz, und er wollte einen Rekord aufstellen.

เขายังรู้สึกภาคภูมิใจในเส้นทางและตั้งเป้าที่จะสร้างสถิติ

Diesmal hatte Perrault mehrere Vorteile.

ครั้งนี้ มีข้อได้เปรียบหลายประการอยู่ฝ่ายของเพอร์โรลต์

Die Hunde hatten eine ganze Woche lang geruht und ihre Kräfte wiedererlangt.

สุนัขได้พักผ่อนมาหนึ่งสัปดาห์เต็ม และกลับมามีกำลังอีกครั้ง

Die Spur, die sie gebahnt hatten, wurde nun von anderen festgestampft.

เส้นทางที่พวกเขาเดินก่อนหน้านี้ ตอนนี้ถูกคนอื่นเหยียบจนแน่นแล้ว

An manchen Stellen hatte die Polizei Futter für Hunde und Menschen gelagert.

ในสถานที่ต่างๆ ตำรวจได้เก็บอาหารไว้สำหรับทั้งสุนัขและผู้ชาย

Perrault reiste mit leichtem Gepäck und bewegte sich schnell, ohne dass ihn etwas belastete.

เพอร์โรลต์เดินทางเบาๆ
และเคลื่อนที่เร็วโดยไม่มีอะไรถ่วงน้ำหนักเขาไว้

Sie erreichten Sixty-Mile, eine Strecke von achtzig Kilometern, noch in der ersten Nacht.

พวกเขาวิ่งถึงระยะทาง 60 ไมล์ในคืนแรก

Am zweiten Tag eilten sie den Yukon hinauf nach Pelly.

ในวันที่สอง พวกเขารีบเร่งไปตามแม่น้ำยูคอนเข้าหาเพลลี

Doch dieser tolle Fortschritt war für François mit vielen Strapazen verbunden.

แต่ความก้าวหน้าที่ดีเช่นนี้มาพร้อมกับแรงกดดันอย่างมากสำหรับฟรานซัวส์

Bucks stille Rebellion hatte die Disziplin des Teams zerstört.

การกบฏอันเงียบงันของบัคทำให้วินัยของทีมพังทลาย

Sie zogen nicht mehr wie ein Tier an den Zügeln.

พวกเขาไม่ดึงกันเข้าด้วยกันเหมือนสัตว์ตัวเดียวในบังเหียนอีกต่อไป

Buck hatte durch sein mutiges Beispiel andere zum Trotz verleitet.

บัคได้นำคนอื่นๆ ให้ท้าทายด้วยตัวอย่างที่กล้าหาญของเขา

Spitz' Befehl stieß weder auf Furcht noch auf Respekt.

คำสั่งของสปิทซ์ไม่ได้รับการตอบรับด้วยความกลัวหรือความเคารพอีกต่อไป

Die anderen verloren ihre Ehrfurcht vor ihm und wagten es, sich seiner Herrschaft zu widersetzen.

คนอื่นๆ สูญเสียความเกรงขามต่อเขา
และกล้าต่อต้านการปกครองของเขา

Eines Nachts stahl Pike einen halben Fisch und aß ihn vor Bucks Augen.

คืนหนึ่ง ไพค์ขโมยปลาไปครึ่งตัวแล้วกินใต้ตาของบัค

In einer anderen Nacht kämpften Dub und Joe gegen Spitz und blieben ungestraft.

อีกคืนหนึ่ง ดับและโจสู้กับสปิทซ์และไม่ได้รับการลงโทษ

Sogar Billee jammerte weniger süß und zeigte eine neue Schärfe.

แม้แต่บิลลี่ก็ยังครางหวานน้อยลงและแสดงความเฉียบคมใหม่

Buck knurrte Spitz jedes Mal an, wenn sich ihre Wege kreuzten.

บัคขู่สปิทซ์ทุกครั้งที่พวกเขาเดินผ่านกัน

Bucks Haltung wurde dreist und bedrohlich, fast wie die eines Tyrannen.

ทัศนคติของบัคกลายเป็นกล้าหาญและคุกคาม

เหมือนกับคนรังแกคนอื่น

Mit stolzgeschwellter Brust und voller spöttischer Bedrohung schritt er vor Spitz auf und ab.

เขาเดินไปมาต่อหน้าสปิทซ์ด้วยท่าทางทะนงตนและเต็มไปด้วยการเยาะเย้ยคุกคาม

Dieser Zusammenbruch der Ordnung breitete sich auch unter den Schlittenhunden aus.

การล่มสลายของระเบียบดังกล่าวยังแพร่กระจายไปสู่พวกสุนัขลากเลื่อนด้วย

Sie stritten und stritten mehr denn je und erfüllten das Lager mit Lärm.

พวกเขาต่อสู้และโต้เถียงกันมากขึ้นกว่าเดิม

จนทำให้ค่ายเต็มไปด้วยเสียงดัง

Das Lagerleben verwandelte sich jede Nacht in ein wildes, heulendes Chaos.

ชีวิตในค่ายกลายเป็นความโกลาหลวุ่นวายทุกคืน

Nur Dave und Solleks blieben ruhig und konzentriert.

มีเพียงเดฟและโซเลกส์เท่านั้นที่ยังคงมั่นคงและมีสมาธิ

Doch selbst sie wurden durch die ständigen Schlägereien ungehalten.

แต่ถึงกระนั้นพวกเขาก็ยังมีอารมณ์ฉุนเฉียวจากการทะเลาะวิวาทอย่างต่อเนื่อง

François fluchte in fremden Sprachen und stampfte frustriert auf.

ฟรานซัวส์สาปแช่งด้วยภาษาแปลกๆ และกระทืบเท้าด้วยความหงุดหงิด

Er riss sich die Haare aus und schrie, während der Schnee unter seinen Füßen wirbelte.

เขาฉีกผมของตัวเองและตะโกนขณะที่หิมะปลิวว่อนใต้เท้า

Seine Peitsche knallte über das Rudel, konnte es aber kaum in Schach halten.

แส้ของเขาฟาดข้ามฝูงศัตรูแต่แทบจะควบคุมพวกมันไว้ไม่ได้

Immer wenn er sich umdrehte, brachen die Kämpfe erneut aus.

เมื่อใดก็ตามที่เขาหันหลังกลับ การต่อสู้ก็เกิดขึ้นอีกครั้ง

François setzte die Peitsche für Spitz ein, während Buck die Rebellen anführte.

ฟรานซัวส์ใช้แส้กับสปิทซ์ ในขณะที่บัคเป็นผู้นำกลุ่มกบฏ

Jeder kannte die Rolle des anderen, aber Buck vermied jegliche Schuldzuweisungen.

แต่ละคนรู้บทบาทของอีกฝ่าย แต่บัคเลี่ยงที่จะตำหนิใคร

François hat Buck nie dabei erwischt, wie er eine Schlägerei anfing oder sich vor seiner Arbeit drückte.

ฟรานซัวส์ไม่เคยจับได้ว่าบัคเริ่มการต่อสู้หรือหลบเลี่ยงงานของเขา

Buck arbeitete hart im Geschirr – die Mühe erfüllte ihn jetzt mit Begeisterung.

บั๊กทำงานหนักมากในการฝึกม้า—
ความเหนื่อยนี้ทำให้จิตวิญญาณของเขาตื่นเต้น

Doch noch mehr Freude bereitete ihm das Anzetteln von Kämpfen und Chaos im Lager.

แต่เขาพบความสุขมากกว่าในการยุยงปลุกปั่นและความวุ่นวายในค่าย

Eines Abends schreckte Dub an der Mündung des Tahkeena ein Kaninchen auf.

เย็นวันหนึ่งที่ปากของ Tahkeena ดับทำให้กระต่ายตกใจ

Er verpasste den Fang und das Schneeschuhkaninchen sprang davon.

เขาพลาดการจับและกระต่ายหิมะก็กระโจนหนีไป

Innerhalb von Sekunden nahm das gesamte Schlittenteam unter wildem Geschrei die Verfolgung auf.

ภายในไม่กี่วินาที ทีมลากเลื่อนทั้งทีมก็ไล่ตามด้วยเสียงร้องลั่น

In der Nähe beherbergte ein Lager der Northwest Police fünfzig Huskys.

ใกล้ๆ

กันมีค่ายตำรวจทางตะวันตกเฉียงเหนือที่เลี้ยงสุนัขพันธุ์ไซบีเรียนฮัสกี้ไว้ 50 ตัว

Sie schlossen sich der Jagd an und stürmten gemeinsam den zugefrorenen Fluss hinunter.

พวกเขาร่วมออกตามล่าและล่องลงมาในแม่น้ำที่เป็นน้ำแข็งด้วยกัน

Das Kaninchen verließ den Fluss und floh in ein gefrorenes Bachbett.

กระต่ายเดินออกจากแม่น้ำแล้ววิ่งหนีขึ้นไปตามลำธารที่เป็นน้ำแข็ง

Das Kaninchen hüpfte leichtfüßig über den Schnee, während die Hunde sich durchkämpften.

กระต่ายกระโดดเบา ๆ บนหิมะ ขณะที่สุนัขขดิ้นรนฝ่าไป

Buck führte das riesige Rudel von sechzig Hunden um jede Kurve.

บั๊กนำฝูงสุนัขจำนวนมากถึง 60 ตัวผ่านโค้งที่คดเคี้ยวแต่ละแห่ง

Er drängte tief und eifrig vorwärts, konnte jedoch keinen Boden gutmachen.

เขาก้าวไปข้างหน้าอย่างต่ำและกระตือรือร้นแต่ไม่สามารถได้พื้นที่คืนมาๆ

Bei jedem kraftvollen Sprung blitzte sein Körper im blassen Mondlicht auf.

ร่างของเขาเปล่งประกายภายใต้แสงจันทร์สีซีดจากการกระโดดอันทรงพลังในแต่ละครั้ง

Vor uns bewegte sich das Kaninchen wie ein Geist, lautlos und zu schnell, um es einzufangen.

ข้างหน้ากระต่ายเคลื่อนไหวราวกับผี เงียบงัน และเร็วเกินกว่าจะจับได้

All diese alten Instinkte – der Hunger, der Nervenkitzel – durchströmten Buck.

สัญชาตญาณเก่าๆ ทั้งหมด ทั้งความหิว ความตื่นเต้น

พุ่งพล่านในตัวบัค

Manchmal verspüren Menschen diesen Instinkt und werden dazu getrieben, mit Gewehr und Kugel zu jagen.

มนุษย์รู้สึกถึงสัญชาตญาณนี้บางครั้ง

ซึ่งถูกผลักดันให้ล่าสัตว์ด้วยปืนและกระสุน

Aber Buck empfand dieses Gefühl auf einer tieferen und persönlicheren Ebene.

แต่บัครู้สึกถึงความรู้สึกนี้ในระดับที่ลึกซึ้งและเป็นส่วนตัวมากขึ้น

Sie konnten die Wildnis nicht in ihrem Blut spüren, so wie Buck sie spüren konnte.

พวกเขาไม่รู้สึกถึงความป่าเถื่อนในเลือดของพวกเขาในแบบที่บัครู้สึกได้

Er jagte lebendes Fleisch, bereit, mit seinen Zähnen zu töten und Blut zu schmecken.

เขาไล่ตามเนื้อที่มีชีวิตพร้อมที่จะฆ่าด้วยฟันและลิ้มรสเลือด

Sein Körper spannte sich vor Freude, er wollte in warmem, rotem Leben baden.

ร่างกายของเขาตึงเครียดด้วยความสุข

อยากอาบน้ำในชีวิตสีแดงอันอบอุ่น

Eine seltsame Freude markiert den höchsten Punkt, den das Leben jemals erreichen kann.

ความยินดีที่แปลกประหลาดเป็นจุดสูงสุดที่ชีวิตสามารถไปถึงได้

Das Gefühl eines Gipfels, bei dem die Lebenden vergessen, dass sie überhaupt am Leben sind.

ความรู้สึกของจุดสูงสุดที่คนเป็นลืมไปด้วยซ้ำว่าตนยังมีชีวิตอยู่

Diese tiefe Freude berührt den Künstler, der sich in glühender Inspiration verliert.

ความสุขลึกๆ นี้สัมผัสได้ถึงศิลปินที่จมอยู่กับแรงบันดาลใจอันร้อนแรง

Diese Freude ergreift den Soldaten, der wild kämpft und keinen Feind verschont.

ความยินดีนี้จะเข้าครอบงำทหารที่ต่อสู้ดุเดือดและไม่ละเว้นศัตรู

Diese Freude erfasste nun Buck, der das Rudel mit seinem Urhunger anführte.

ความสุขนี้ครอบครองบัคไปแล้ว

ขณะที่เขาเป็นผู้นำฝูงในการหิวโหยดั้งเดิม

Er heulte mit dem uralten Wolfsschrei, aufgeregt durch die lebendige Jagd.

เขาส่งเสียงหอนดังเหมือนหมาป่าโบราณ

รู้สึกตื่นเต้นกับการไล่ตามอย่างมีชีวิต

Buck hat den ältesten Teil seiner selbst angezapft, der in der Wildnis verloren war.

บัคได้สัมผัสกับส่วนที่เก่าแก่ที่สุดในตัวเอง ซึ่งหลงอยู่ในป่า

Er griff tief in sein Inneres, in die Vergangenheit, in die raue, uralte Zeit.

เขาเข้าถึงส่วนลึกภายในความทรงจำในอดีต
สู่กาลเวลาอันดิบและโบราณ

Eine Welle puren Lebens durchströmte jeden Muskel und jede Sehne.

คลื่นแห่งชีวิตอันบริสุทธิ์พุ่งผ่านกล้ามเนื้อและเส้นเอ็นทุกส่วน

Jeder Sprung schrie, dass er lebte, dass er durch den Tod ging.

การกระโดดแต่ละครั้งเป็นการตะโกนว่าเขายังมีชีวิตอยู่
และเขาได้ก้าวผ่านความตายมาแล้ว

Sein Körper schwebte freudig über stilles, kaltes Land, das sich nie regte.

ร่างของเขาทะยานขึ้นไปอย่างมีความสุขบนดินแดนอันนิ่งสงบและหนา
วเย็นที่ไม่เคยเคลื่อนไหวเลย

Spitz blieb selbst in seinen wildesten Momenten kalt und listig.

สปิทซ์ยังคงเย็นชาและเจ้าเล่ห์ แม้กระทั่งในช่วงเวลาที่ดุร้ายที่สุด

Er verließ den Pfad und überquerte das Land, wo der Bach eine weite Biegung machte.

เขาออกจากเส้นทางแล้วเดินข้ามดินแดนที่ลำธารโค้งกว้าง

Buck, der davon nichts wusste, blieb auf dem gewundenen Pfad des Kaninchens.

บัคไม่รู้เรื่องนี้และเดินต่อไปตามทางคดเคี้ยวของกระต่าย

Dann, als Buck um eine Kurve bog, stand das geisterhafte Kaninchen vor ihm.

เมื่อบัคเลี้ยวโค้ง กระต่ายที่ดูเหมือนผีก็อยู่ตรงหน้าเขา

Er sah, wie eine zweite Gestalt vor der Beute vom Ufer sprang.

เขาเห็นร่างที่สองกระโดดลงมาจากฝั่งเพื่อรอเหยื่อ

Bei der Gestalt handelte es sich um Spitz, der direkt auf dem Weg des fliehenden Kaninchens landete.

ร่างนั้นคือสปิทซ์ ที่กำลังลงจอดตรงทางของกระต่ายที่กำลังวิ่งหนี

Das Kaninchen konnte sich nicht umdrehen und traf mitten in der Luft auf Spitz' Kiefer.

กระต่ายไม่สามารถหันตัวได้และพุ่งเข้าโจมตีขากรรไกรของสปิทซ์ในก
ลางอากาศ

Das Rückgrat des Kaninchens brach mit einem Schrei, der so scharf war wie der Schrei eines sterbenden Menschen.

กระดูกสันหลังของกระต่ายหักด้วยเสียงกรี๊ดที่แหลมคมเท่ากับเสียงร้อง
ของมนุษย์ที่กำลังจะตาย

Bei diesem Geräusch – dem Sturz vom Leben in den Tod – heulte das Rudel laut auf.

เมื่อได้ยินเสียงนั้น—การตกจากชีวิตสู่ความตาย—ฝูงสัตว์ก็หอนดัง

Hinter Buck erhob sich ein wilder Chor voller dunkler Freude.

เสียงร้องประสานเสียงอันดุร้ายดังขึ้นจากด้านหลังของบัค
ซึ่งเต็มไปด้วยความสุขอันมืดมน

Buck gab keinen Schrei von sich, keinen Laut, und stürmte direkt auf Spitz zu.

บัคไม่ส่งเสียงร้องหรือส่งเสียงใดๆ และพุ่งเข้าใส่สปิทซ์โดยตรง

Er zielte auf die Kehle, traf aber stattdessen die Schulter.

เขาเล็งไปที่ลำคอแต่กลับถูกไหล่แทน

Sie stürzten durch den weichen Schnee, ihre Körper waren in einen Kampf verstrickt.

พวกเขาล้มลงไปในหิมะที่อ่อนนุ่ม
ร่างกายของพวกเขาล็อคกันเพื่อต่อสู้

Spitz sprang schnell auf, als wäre er nie niedergeschlagen worden.

สปิทซ์กระโจนขึ้นอย่างรวดเร็ว ราวกับว่าไม่เคยถูกกระแทกล้มเลย

Er schlug auf Bucks Schulter und sprang dann aus dem Kampf.

เขาฟันไหล่ของบัค จากนั้นก็กระโจนหนีจากการต่อสู้

Zweimal schnappten seine Zähne wie Stahlfallen, seine Lippen waren grimmig gekräuselt.

ฟันของเขาหักสองครั้งเหมือนกับดักเหล็ก
ริมฝีปากของเขาโค้งงอและดุร้าย

Er wich langsam zurück und suchte festen Boden unter seinen Füßen.

เขาก้าวถอยออกไปอย่างช้าๆ เพื่อหาจุดที่มั่นคงใต้เท้า

Buck verstand den Moment sofort und vollkommen.

บัคเข้าใจช่วงเวลานั้นทันทีและอย่างสมบูรณ์

Die Zeit war gekommen; der Kampf würde ein Kampf auf Leben und Tod werden.

ถึงเวลาแล้ว การต่อสู้จะต้องเป็นการต่อสู้จนตาย

Die beiden Hunde umkreisten knurrend den Raum, legten die Ohren an und kniffen die Augen zusammen.

สุนัขทั้งสองตัวเดินวนไปมาพร้อมกับคำราม หูตั้งชัน และตาหรี่ลง

Jeder Hund wartete darauf, dass der andere Schwäche zeigte oder einen Fehltritt machte.

สุนัขแต่ละตัวต่างรอให้สุนัขตัวอื่นแสดงจุดอ่อนหรือก้าวพลาด

Buck hatte ein unheimliches Gefühl, die Szene zu kennen und tief in Erinnerung zu behalten.

สำหรับบัค ฉากนั้นดูเหมือนคุ้นเคยและจดจำได้อย่างลึกซึ้ง

Die weißen Wälder, die kalte Erde, die Schlacht im Mondlicht.

ป่าสีขาว พื้นดินอันหนาวเย็น การต่อสู้ใต้แสงจันทร์

Eine schwere Stille erfüllte das Land, tief und unnatürlich.

ความเงียบอันหนักหน่วงแผ่ปกคลุมไปทั่วแผ่นดิน
ลึกล้ำและดูผิดธรรมชาติ

Kein Wind regte sich, kein Blatt bewegte sich, kein Geräusch unterbrach die Stille.

ไม่มีลมพัด ไม่มีใบไม้เคลื่อนไหว ไม่มีเสียงใดมาทำลายความเงียบสงบ

Der Atem der Hunde stieg wie Rauch in die eiskalte, stille Luft.

ลมหายใจของสุนัขพวยพุ่งขึ้นเหมือนควันในอากาศอันเงียบสงบและเย็นยะเยือก

Das Kaninchen war von der Meute der wilden Tiere längst vergessen.

กระต่ายนั้นถูกลืมโดยฝูงสัตว์ป่ามานานแล้ว

Diese halb gezähmten Wölfe standen nun still in einem weiten Kreis.

หมาป่าที่เชื่องเพียงครึ่งเดียวเหล่านี้ยืนนิ่งเป็นวงกลมกว้าง

Sie waren still, nur ihre leuchtenden Augen verrieten ihren Hunger.

พวกเขาเงียบงัน
มีเพียงดวงตาที่เปล่งประกายเผยให้เห็นความหิวโหยของพวกเขา
Ihr Atem stieg auf, als sie den Beginn des Endkampfes beobachteten.
ลมหายใจของพวกเขาลอยขึ้นไปเพื่อเฝ้าดูการต่อสู้ครั้งสุดท้ายเริ่มต้นขึ้น
Für Buck war dieser Kampf alt und erwartet, überhaupt nicht ungewöhnlich.
สำหรับบัค การต่อสู้ครั้งนี้เป็นเรื่องเก่าและเป็นที่คาดเดาได้ ไม่ใช่เรื่องแปลกเลย
Es fühlte sich an wie die Erinnerung an etwas, das schon immer passieren sollte.
มันรู้สึกเหมือนเป็นความทรงจำถึงสิ่งที่มักจะเกิดขึ้นเสมอ
Spitz war ein ausgebildeter Kampfhund, gestählt durch zahllose wilde Schlägereien.
สปิทซ์เป็นสุนัขต่อสู้ที่ผ่านการฝึกฝนมาเพื่อต่อสู้อย่างดุเดือดนับไม่ถ้วน
Von Spitzbergen bis Kanada hatte er viele Feinde besiegt.
ตั้งแต่สปิทซ์เบอร์เกนไปจนถึงแคนาดา
เขาได้ฝึกฝนศัตรูมาแล้วมากมาย
Er war voller Wut, ließ seiner Wut jedoch nie freien Lauf.
เขาเต็มไปด้วยความโกรธ แต่ไม่เคยควบคุมความโมโหได้เลย
Seine Leidenschaft war scharf, aber immer durch einen harten Instinkt gemildert.
ความหลงใหลของเขารุนแรง
แต่ก็ถูกควบคุมโดยสัญชาตญาณที่รุนแรงอยู่เสมอ
Er griff nie an, bis seine eigene Verteidigung stand.
เขาไม่เคยโจมตีจนกว่าการป้องกันของตนเองจะพร้อม
Buck versuchte immer wieder, Spitz' verwundbaren Hals zu erreichen.
บัคพยายามซ้ำแล้วซ้ำเล่าที่จะเอื้อมถึงคอที่เปราะบางของสปิทซ์
Doch jeder Schlag wurde von Spitz' scharfen Zähnen mit einem Hieb beantwortet.
แต่การโจมตีทุกครั้งจะต้องเจอกับฟันอันแหลมคมของสปิทซ์

Ihre Reißzähne prallten aufeinander und beide Hunde
bluteten aus den aufgerissenen Lippen.

เขี้ยวของพวกมันปะทะกัน

และสุนัขทั้งสองตัวมีเลือดออกจากริมฝีปากที่ฉีกขาด

Egal, wie sehr Buck sich auch wehrte, er konnte die
Verteidigung nicht durchbrechen.

ไม่ว่าบัคจะพุ่งทะยานอย่างไร เขาก็ไม่สามารถทำลายการป้องกันได้

Er wurde immer wütender und stürmte mit wilden
Kraftausbrüchen hinein.

เขายิ่งโกรธมากขึ้น รีบพุ่งพลังเข้ามาอย่างดุเดือด

Immer wieder schlug Buck nach der weißen Kehle von
Spitz.

บัคโจมตีลำคอสีขาวของสปิทซ์ซ้ำแล้วซ้ำเล่า

Jedes Mal wich Spitz aus und schlug mit einem
schneidenden Biss zurück.

แต่ละครั้งที่สปิทซ์หลบเลี่ยงและตอบโต้ด้วยการกัดแบบเฉือน

Dann änderte Buck seine Taktik und stürzte sich erneut
darauf, als wolle er ihm die Kehle zu Leibe rücken.

จากนั้น บั๊กก็เปลี่ยนกลยุทธ์ รีบเข้ามาเหมือนจะโจมตีที่ลำคออีกครั้ง

Doch er zog sich mitten im Angriff zurück und drehte sich
um, um von der Seite zuzuschlagen.

แต่เขากลับถอยกลับระหว่างการโจมตี

และหันกลับมาโจมตีจากด้านข้าง

Er warf Spitz seine Schulter entgegen, um ihn
niederzuschlagen.

เขาเหวี่ยงไหล่ไปที่สปิทซ์ ตั้งใจที่จะล้มเขาลง

Bei jedem Versuch wich Spitz aus und konterte mit einem
Hieb.

ทุกครั้งที่เขาพยายาม สปิทซ์จะหลบและโต้ตอบด้วยการฟัน

Bucks Schulter wurde wund, als Spitz nach jedem Schlag
davonsprang.

ไหล่ของบัคปวดร้าวเมื่อสปิทซ์กระโดดหนีหลังจากโดนตีทุกครั้ง

Spitz war nicht berührt worden, während Buck aus vielen
Wunden blutete.

สปิทซ์ไม่ได้ถูกแตะต้อง

ในขณะที่บัคมีเลือดไหลจากบาดแผลหลายแห่ง

Bucks Atem ging schnell und schwer, sein Körper war blutverschmiert.

ลมหายใจของบัคเร็วและหนัก ร่างกายของเขาเปื้อนเลือด

Mit jedem Biss und Angriff wurde der Kampf brutaler.

การต่อสู้กลายเป็นเรื่องโหดร้ายมากขึ้นเมื่อถูกกัดและโจมตีแต่ละครั้ง

Um sie herum warteten sechzig stille Hunde darauf, dass der erste fiel.

รอบๆ ตัวพวกเขามีสุนัขเงียบๆ หกสิบตัวที่รอให้ตัวแรกตกลงมา

Wenn ein Hund zu Boden ging, würde das Rudel den Kampf beenden.

หากสุนัขตัวใดตัวหนึ่งหลุดออกไป ฝูงสุนัขจะต้องยุติการต่อสู้

Spitz sah, dass Buck schwächer wurde, und begann, den Angriff voranzutreiben.

สปิทซ์เห็นว่าบัคเริ่มอ่อนแรง และเริ่มกดดันโจมตี

Er brachte Buck aus dem Gleichgewicht und zwang ihn, um Halt zu kämpfen.

เขาทำให้บัคเสียสมดุล ทำให้เขาต้องสู้เพื่อทรงตัว

Einmal stolperte Buck und fiel, und alle Hunde standen auf.

ครั้งหนึ่งบัคสะดุดและล้ม สุนัขทุกตัวก็ลุกขึ้น

Doch Buck richtete sich mitten im Fall auf und alle sanken wieder zu Boden.

แต่บัคก็ลุกขึ้นมาได้ในขณะที่ล้มลง และทุกคนก็ล้มลงไปอีกครั้ง

Buck hatte etwas Seltenes – eine Vorstellungskraft, die aus tiefem Instinkt geboren war.

บัคมีสิ่งที่หายาก นั่นก็คือจินตนาการที่เกิดจากสัญชาตญาณส่วนลึก

Er kämpfte mit natürlichem Antrieb, aber auch mit List.

เขาต่อสู้โดยใช้แรงขับเคลื่อนตามธรรมชาติ

แต่เขาก็ต่อสู้ด้วยความฉลาดแกมโกงด้วยเช่นกัน

Er griff erneut an, als würde er seinen Schulterangriffstrick wiederholen.

เขาชาร์จอีกครั้งราวกับว่ากำลังทำท่าโจมตีไหล่ซ้ำๆ

Doch in der letzten Sekunde ließ er sich fallen und flog unter Spitz hindurch.

แต่ในวินาทีสุดท้าย เขาได้ลดตัวลงมาและกวาดไปใต้สปิทซ์

Seine Zähne schnappten um Spitz' linkes Vorderbein.

ฟันของเขาล็อคเข้าที่ขาหน้าซ้ายของสปิทซ์อย่างรวดเร็ว

Spitz stand nun unsicher da, sein Gewicht ruhte nur noch auf drei Beinen.

ขณะนี้ สปิตซ์ยืนไม่มั่นคง โดยมีน้ำหนักอยู่บนขาเพียงสามขา

Buck schlug erneut zu und versuchte dreimal, ihn zu Fall zu bringen.

บัคโจมตีอีกครั้ง พยายามสามครั้งที่จะล้มเขาลง

Beim vierten Versuch nutzte er denselben Zug mit Erfolg

ในความพยายามครั้งที่สี่
เขาใช้การเคลื่อนไหวเดียวกันและประสบความสำเร็จ

Diesmal gelang es Buck, Spitz in das rechte Bein zu beißen.

คราวนี้บัคสามารถกัดขาขวาของสปิตซ์ได้สำเร็จ

Obwohl Spitz verkrüppelt war und große Schmerzen litt, kämpfte er weiter ums Überleben.

แม้ว่าสปิตซ์จะพิการและทรมาน แต่ก็ยังคงดิ้นรนเพื่อเอาชีวิตรอด

Er sah, wie der Kreis der Huskys enger wurde, die Zungen herausstreckten und deren Augen leuchteten.

เขามองเห็นสุนัขฮัสกี้ตัวหนึ่งขดตัวแน่น แลบลิ้นและดวงตาเป็นประกาย

Sie warteten darauf, ihn zu verschlingen, so wie sie es mit anderen getan hatten.

พวกมันคอยที่จะกลืนกินเขาเหมือนอย่างที่พวกเขาทำกับผู้อื่น

Dieses Mal stand er im Mittelpunkt: besiegt und verdammt.

คราวนี้เขามายืนอยู่ตรงกลาง ฝ่ายแพ้และพินาศ

Für den weißen Hund gab es jetzt keine Möglichkeit mehr zu entkommen.

ตอนนี้ไม่มีทางเลือกอื่นนอกจากต้องหลบหนีสำหรับสุนัขสีขาวแล้ว

Buck kannte keine Gnade, denn Gnade hatte in der Wildnis nichts zu suchen.

บัคไม่แสดงความเมตตา เพราะความเมตตาไม่ควรมีอยู่ในป่า

Buck bewegte sich vorsichtig und bereitete sich auf den letzten Angriff vor.

บัคเคลื่อนไหวอย่างระมัดระวังเพื่อเตรียมพร้อมสำหรับการชาร์จครั้งสุดท้าย

Der Kreis der Huskys schloss sich, er spürte ihren warmen Atem.

ฝูงสุนัขไซบีเรียนฮัสกี้เดินเข้ามาใกล้ เขาสัมผัสได้ถึงลมหายใจอุ่น ๆ ของพวกมัน

Sie duckten sich und waren bereit, im richtigen Moment zu springen.

พวกมันหมอบตัวต่ำเตรียมที่จะกระโจนเมื่อถึงเวลา

Spitz zitterte im Schnee, knurrte und veränderte seine Haltung.

สปิทซ์ตัวสั่นในหิมะ ส่งเสียงขู่คำรามและเปลี่ยนท่าทาง

Seine Augen funkelten, seine Lippen waren gekräuselt und seine Zähne blitzten in verzweifelter Drohung.

เขาจ้องมองด้วยดวงตาที่ดุร้าย ริมฝีปากที่โค้งงอ
ฟันที่กระพริบเป็นสัญญาณคุกคามอย่างสิ้นหวัง

Er taumelte und versuchte immer noch, dem kalten Biss des Todes standzuhalten.

เขาเซไปข้างหน้า
พยายามต้านทานความหนาวเหน็บแห่งความตายเอาไว้

Er hatte das schon früher erlebt, aber immer von der Gewinnerseite.

เขาเคยเห็นแบบนี้มาก่อนแต่เป็นฝ่ายชนะเสมอ

Jetzt war er auf der Verliererseite, der Besiegte, die Beute, der Tod.

บัดนี้เขาอยู่ในฝ่ายที่แพ้ ฝ่ายพ่ายแพ้ ฝ่ายตกเป็นเหยื่อ ฝ่ายความตาย

Buck umkreiste ihn für den letzten Schlag, der Hundekreis rückte näher.

บั๊กเดินวนเพื่อโจมตีครั้งสุดท้าย วงแหวนของสุนัขก็เข้ามาใกล้มากขึ้น

Er konnte ihren heißen Atem spüren; bereit zum Töten.

เขาสัมผัสได้ถึงลมหายใจร้อนๆ ของพวกมัน พร้อมที่จะสังหาร

Stille breitete sich aus; alles war an seinem Platz; die Zeit war stehen geblieben.

ความเงียบสงบเริ่มเข้ามาแทนที่ ทุกสิ่งอยู่ในที่ของมัน เวลาหยุดนิ่งไป

Sogar die kalte Luft zwischen ihnen gefror für einen letzten Moment.

แม้แต่ลมเย็นระหว่างพวกเขาก็ยังแข็งตัวเป็นวินาทีสุดท้าย

Nur Spitz bewegte sich und versuchte, sein bitteres Ende abzuwenden.

มีเพียงสปิทซ์เท่านั้นที่เคลื่อนไหว
เพื่อพยายามระงับอารมณ์ที่ขมขื่นของเขาเอาไว้

Der Kreis der Hunde schloss sich um ihn, und das war sein Schicksal.

วงสุนัขกำลังปิดล้อมเขาเช่นเดียวกับชะตากรรมของเขา

Er war jetzt verzweifelt, da er wusste, was passieren würde.

ตอนนี้เขาหมดหวังแล้ว เพราะรู้ว่ากำลังจะเกิดอะไรขึ้น

Buck sprang hinein, Schulter an Schulter traf ein letztes Mal.

บัคกระโจนเข้ามา ไหล่ชนไหล่เป็นครั้งสุดท้าย

Die Hunde drängten vorwärts und deckten Spitz in der verschneiten Dunkelheit.

สุนัขวิ่งไปข้างหน้า ปกคลุมสปิทซ์ด้วยความมืดมิดที่เต็มไปด้วยหิมะ

Buck sah zu, aufrecht stehend; der Sieger in einer wilden Welt.

บัคเฝ้าดูอย่างยืนหยัดอย่างสง่า เขาเป็นผู้ชนะในโลกที่โหดร้าย

Das dominante Urtier hatte seine Beute gemacht, und es war gut.

สัตว์ดึกดำบรรพ์ที่มีอำนาจเหนือกว่าได้สังหารมันแล้ว

และมันก็เป็นเรื่องดี

Wer die Meisterschaft erlangt hat
ผู้ที่ได้ชัยชนะสู่ความเป็นเจ้านาย

„Wie? Was habe ich gesagt? Ich sage die Wahrheit, wenn ich sage, dass Buck ein Teufel ist."

"เอ๊ะ ฉันพูดอะไรนะ ฉันพูดจริงนะที่บอกว่าบัคเป็นปีศาจ"

François sagte dies am nächsten Morgen, nachdem er festgestellt hatte, dass Spitz verschwunden war.

ฟรานซัวส์พูดเช่นนี้ในเช้าวันรุ่งขึ้นหลังจากพบว่าสปิทซ์หายไป

Buck stand da, übersät mit Wunden aus dem erbitterten Kampf.

บัคยืนอยู่ที่นั่น ร่างกายเต็มไปด้วยบาดแผลจากการต่อสู้อันโหดร้าย

François zog Buck zum Feuer und zeigte auf die Verletzungen.

ฟรานซัวส์ดึงบั๊กเข้ามาใกล้กองไฟแล้วชี้ไปที่บาดแผล

„Dieser Spitz hat gekämpft wie der Devik", sagte Perrault und beäugte die tiefen Schnittwunden.

"สปิทซ์ตัวนั้นต่อสู้เหมือนกับเดวิค"

เพอร์โรลต์กล่าวขณะจ้องมองบาดแผลลึก

„Und dieser Buck hat wie zwei Teufel gekämpft", antwortete François sofort.

"และบัคก็ต่อสู้ราวกับเป็นปีศาจสองตัว" ฟรานซัวส์ตอบทันที

„Jetzt kommen wir gut voran; kein Spitz mehr, kein Ärger mehr."

"ตอนนี้เราจะใช้เวลาให้คุ้มค่า ไม่มี Spitz อีกต่อไป ไม่มีปัญหาอีกต่อไป"

Perrault packte die Ausrüstung und belud den Schlitten sorgfältig.

เพอร์โรลต์กำลังบรรจุอุปกรณ์และบรรทุกเลื่อนอย่างระมัดระวัง

François spannte die Hunde für den Lauf des Tages an.

ฟรานซัวส์เตรียมสุนัขให้พร้อมสำหรับการวิ่งในแต่ละวัน

Buck trabte direkt an die Führungsposition, die einst Spitz innehatte.

บัควิ่งตรงไปสู่ตำแหน่งผู้นำที่เคยครองโดยสปิทซ์

Doch François bemerkte es nicht und führte Solleks nach vorne.

แต่ฟรานซัวส์ไม่ทันสังเกต เขาก็พาโซเลกส์ไปข้างหน้า

Nach François' Einschätzung war Solleks nun der beste Leithund.

ในความเห็นของ François Solleks เป็นสุนัขนำทางที่ดีที่สุด ในขณะนี้

Buck stürzte sich wütend auf Solleks und trieb ihn aus Protest zurück.

บัคกระโจนเข้าหาโซเลกส์ด้วยความโกรธและขับไล่เขากลับไปเพื่อประท้วง

Er stand dort, wo einst Spitz gestanden hatte, und beanspruchte die Führungsposition.

เขายืนอยู่ที่เดิมที่สปิทซ์เคยยืน โดยอ้างตำแหน่งผู้นำ

„Wie? Wie?", rief François und schlug sich amüsiert auf die Schenkel.

"เอ๊ะ? เอ๊ะ?" ฟรานซัวส์ร้องขึ้นพร้อมตบต้นขาตัวเองด้วยความขบขัน

„Sehen Sie sich Buck an – er hat Spitz umgebracht und jetzt will er ihm den Job wegnehmen!"

"ดูบัคสิ เขาฆ่าสปิตซ์ ตอนนี้เขาอยากจะรับงานนี้!"

„Geh weg, Chook!", schrie er und versuchte, Buck zu vertreiben.

"ไปให้พ้นนะ นก!" เขาตะโกนพยายามไล่บั๊กออกไป

Aber Buck weigerte sich, sich zu bewegen und blieb fest im Schnee stehen.

แต่บัคปฏิเสธที่จะเคลื่อนไหวและยืนหยัดมั่นคงท่ามกลางหิมะ

François packte Buck am Genick und zog ihn beiseite.

ฟรานซัวส์คว้าคอของบัคแล้วลากเขาออกไป

Buck knurrte leise und drohend, griff aber nicht an.

บัคคำรามต่ำและคุกคามแต่ไม่ได้โจมตี

François brachte Solleks wieder in Führung und versuchte, den Streit zu schlichten

ฟรานซัวส์พาโซลเลกส์กลับมาเป็นผู้นำอีกครั้งและพยายามยุติข้อพิพาท

Der alte Hund zeigte Angst vor Buck und wollte nicht bleiben.

สุนัขแก่ตัวนี้แสดงอาการกลัวบัคและไม่อยากอยู่ต่อ

Als François ihm den Rücken zuwandte, verjagte Buck
Solleks wieder.

เมื่อฟรานซัวส์หันหลัง บัคก็ไล่โซเลคส์ออกไปอีกครั้ง

Solleks leistete keinen Widerstand und trat erneut leise zur
Seite.

โซลเลกส์ไม่ได้ต่อต้านและก้าวถอยไปอย่างเงียบๆ อีกครั้ง

François wurde wütend und schrie: „Bei Gott, ich werde
dich heilen!"

ฟรานซัวส์โกรธมากและตะโกนว่า "ด้วยพระเจ้า ฉันจะรักษาคุณ!"

Er kam mit einer schweren Keule in der Hand auf Buck zu.

เขาเดินเข้ามาหาบัคโดยถือไม้กระบองหนักๆ ไว้ในมือ

Buck erinnerte sich gut an den Mann im roten Pullover.

บัคจำชายผู้สวมเสื้อกันหนาวสีแดงได้ดี

Er zog sich langsam zurück, beobachtete François, knurrte
jedoch tief.

เขาถอยกลับอย่างช้าๆ พลางมองฟรานซัวส์ แต่คำรามอย่างหนักแน่น

Er eilte nicht zurück, auch nicht, als Solleks an seiner Stelle
stand.

เขาไม่รีบกลับแม้ว่าโซเลคส์จะยืนอยู่ในตำแหน่งของเขาก็ตาม

Buck kreiste knapp außerhalb seiner Reichweite und
knurrte wütend und protestierend.

บั๊กเดินวนไปจนสุดระยะแล้วขู่คำรามด้วยความโกรธและประท้วง

Er behielt den Schläger im Auge und war bereit
auszuweichen, falls François warf.

เขาเฝ้าจับตาดูสโมสรเพื่อเตรียมพร้อมหลบหากฟรานซัวส์ขว้าง

Er war weise und vorsichtig geworden im Umgang mit
bewaffneten Männern.

เขาเริ่มฉลาดและระมัดระวังในวิถีทางของชายผู้ถืออาวุธ

François gab auf und rief Buck erneut an seinen alten Platz.

ฟรานซัวส์ยอมแพ้และเรียกบัคกลับไปที่เดิมของเขาอีกครั้ง

Aber Buck trat vorsichtig zurück und weigerte sich, dem
Befehl Folge zu leisten.

แต่บัคกลับก้าวถอยกลับด้วยความระมัดระวัง
ปฏิเสธที่จะปฏิบัติตามคำสั่ง

François folgte ihm, aber Buck wich nur ein paar Schritte
zurück.

ฟรานซัวส์เดินตามไป แต่บัคเพียงถอยกลับไปอีกไม่กี่ก้าว
Nach einiger Zeit warf François frustriert die Waffe hin.
หลังจากนั้นไม่นาน ฟรานซัวส์ก็โยนอาวุธลงด้วยความหงุดหงิด
Er dachte, Buck hätte Angst vor einer Tracht Prügel und
würde ruhig kommen.
เขาคิดว่าบัคกลัวโดนตีจึงจะมาอย่างเงียบๆ
Aber Buck wollte sich nicht vor einer Strafe drücken – er
kämpfte um seinen Rang.
แต่บัคไม่ได้หลบเลี่ยงการลงโทษ เขากำลังต่อสู้เพื่อยศศักดิ์
Er hatte sich den Platz als Leithund durch einen Kampf auf
Leben und Tod verdient
เขาได้รับตำแหน่งสุนัขนำทางจากการต่อสู้จนตาย
er würde sich mit nichts Geringerem zufrieden geben, als
der Anführer zu sein.
เขาจะไม่ยอมตกลงกับอะไรที่น้อยกว่าการเป็นผู้นำ

Perrault beteiligte sich an der Verfolgung, um den
rebellischen Buck zu fangen.
เพอร์โรลต์ร่วมไล่ตามเพื่อช่วยจับบัคผู้ก่อกบฏ
Gemeinsam ließen sie ihn fast eine Stunde lang durch das
Lager laufen.
พวกเขาพาเขาเดินรอบค่ายด้วยกันเกือบหนึ่งชั่วโมง
Sie warfen Knüppel nach ihm, aber Buck wich jedem Schlag
geschickt aus.
พวกมันขว้างกระบองใส่เขา แต่บัคก็หลบแต่ละกระบองได้อย่างชำนาญ
Sie verfluchten ihn, seine Vorfahren, seine Nachkommen
und jedes Haar an ihm.
พวกเขาสาปแช่งเขา บรรพบุรุษของเขา ลูกหลานของเขา
และผมทุกเส้นบนตัวเขา
Aber Buck knurrte nur zurück und blieb gerade außerhalb
ihrer Reichweite.
แต่บัคกลับขู่คำรามและอยู่ให้พ้นจากการเอื้อมถึงของพวกเขา
Er versuchte nie wegzulaufen, sondern umkreiste das Lager
absichtlich.
เขาไม่เคยพยายามที่จะวิ่งหนีแต่เดินวนรอบค่ายอย่างจงใจ

Er machte klar, dass er gehorchen würde, sobald sie ihm gäben, was er wollte.

เขาชี้แจงให้ชัดเจนว่าเขาจะเชื่อฟังเมื่อพวกเขาให้สิ่งที่เขาต้องการ

Schließlich setzte sich François hin und kratzte sich frustriert am Kopf.

ในที่สุดฟรานซัวส์ก็นั่งลงและเกาหัวด้วยความหงุดหงิด

Perrault sah auf seine Uhr, fluchte und murmelte etwas über die verlorene Zeit.

เพอร์โรลต์ตรวจสอบนาฬิกาของเขา สาบาน
และบ่นพึมพำถึงเวลาที่หายไป

Obwohl sie eigentlich auf der Spur sein sollten, war bereits eine Stunde vergangen.

เวลาผ่านไปหนึ่งชั่วโมงแล้วเมื่อพวกเขาควรออกเดินตามเส้นทาง

François zuckte verlegen mit den Achseln, als der Kurier resigniert seufzte.

ฟรานซัวส์ยักไหล่อย่างเขินอาย ให้กับคนส่งสารที่ถอนหายใจด้วยความ
พ่ายแพ้

Dann ging François zu Solleks und rief Buck noch einmal.

จากนั้น ฟรานซัวส์ก็เดินไปหาโซเลกส์และเรียกบัคอีกครั้ง

Buck lachte wie ein Hund, wahrte jedoch vorsichtig seine Distanz.

บัคหัวเราะเหมือนสุนัข แต่ยังคงรักษาระยะห่างอย่างระมัดระวัง

François nahm Solleks das Geschirr ab und brachte ihn an seinen Platz zurück.

ฟรานซัวส์ถอดสายรัดของโซเลกส์และนำเขากลับไปไว้ที่เดิม

Das Schlittenteam stand voll angespannt da, nur ein Platz war unbesetzt.

ทีมรถเลื่อนยืนโดยมีสายรัดครบ เหลือที่ว่างเพียงจุดเดียว

Die Führungsposition blieb leer und war eindeutig nur für Buck bestimmt.

ตำแหน่งผู้นำยังคงว่างอยู่ ชัดเจนว่าเป็นของบัคเพียงคนเดียว

François rief erneut, und wieder lachte Buck und blieb standhaft.

ฟรานซัวส์เรียกอีกครั้ง และบัคก็หัวเราะและยืนหยัดต่อไปอีกครั้ง

„Wirf die Keule weg", befahl Perrault ohne zu zögern.

"โยนไม้กระบองลง" เปอร์โรลต์สั่งโดยไม่ลังเล

François gehorchte und Buck trabte sofort stolz vorwärts.

ฟรานซัวส์เชื่อฟัง และบัคก็เดินเร็วไปข้างหน้าด้วยความภาคภูมิใจทันที

Er lachte triumphierend und übernahm die Führungsposition.

เขาหัวเราะอย่างชัยชนะและก้าวขึ้นเป็นผู้นำ

François befestigte seine Leinen und der Schlitten wurde losgerissen.

ฟรานซัวส์รักษาร่องรอยของเขาไว้ และเลื่อนก็หลุดออก

Beide Männer liefen neben dem Team her, als es auf den Flusspfad rannte.

ชายทั้งสองวิ่งไปพร้อม ๆ
กันในขณะที่ทีมกำลังแข่งขันกันบนเส้นทางริมแม่น้ำ

François hatte Bucks „zwei Teufel" sehr geschätzt,

ฟรานซัวส์มีความคิดเห็นที่ดีเกี่ยวกับ "ปีศาจสองตน" ของบัค

aber er merkte bald, dass er den Hund tatsächlich unterschätzt hatte.

แต่ไม่นานเขาก็ตระหนักได้ว่าที่จริงแล้วเขาประเมินสุนัขตัวนี้ต่ำไป

Buck übernahm schnell die Führung und erbrachte hervorragende Leistungen.

บัครับตำแหน่งผู้นำอย่างรวดเร็วและมีผลงานที่ยอดเยี่ยม

In puncto Urteilsvermögen, schnelles Denken und schnelles Handeln übertraf Buck Spitz.

ในเรื่องของการตัดสินใจ การคิดอย่างรวดเร็ว และการกระทำที่รวดเร็ว
บัคก็แซงหน้าสปิตซ์ไป

François hatte noch nie einen Hund gesehen, der dem von Buck gleichkam.

ฟรานซัวส์ไม่เคยเห็นสุนัขที่ทัดเทียมกับสิ่งที่บัคแสดงให้เห็นตอนนี้มาก่อน

Aber Buck war wirklich herausragend darin, für Ordnung zu sorgen und Respekt zu erlangen.

แต่บัคมีความโดดเด่นในด้านการรักษาความสงบเรียบร้อยและการสั่งให้คนอื่นเคารพ

Dave und Solleks akzeptierten die Änderung ohne Bedenken oder Protest.

เดฟและโซเลกส์ยอมรับการเปลี่ยนแปลงโดยปราศจากความกังวลหรือ
การประท้วง

Sie konzentrierten sich nur auf die Arbeit und zogen kräftig die Zügel an.

พวกเขาเน้นแต่เรื่องการทำงานและการดึงบังเหียนอย่างหนัก

Es war ihnen egal, wer führte, solange der Schlitten in Bewegung blieb.

พวกเขาไม่สนใจว่าใครจะเป็นผู้นำตราบใดที่รถเลื่อนยังคงเคลื่อนที่ต่อไป

Billee, der Fröhliche, hätte, soweit es sie interessierte, die Führung übernehmen können.

บิลลี่ผู้ร่าเริงสามารถนำได้เท่าที่พวกเขาสนใจ

Was ihnen wichtig war, waren Frieden und Ordnung in den Reihen.

สิ่งที่สำคัญสำหรับพวกเขาคือสันติภาพและความสงบเรียบร้อยในหมู่ทหาร

Der Rest des Teams war während Spitz' Niedergang unbändig geworden.

ส่วนที่เหลือของทีมเติบโตขึ้นอย่างไม่เป็นระเบียบในช่วงที่ Spitz เสื่อมถอย

Sie waren schockiert, als Buck sie sofort zur Ordnung rief.

พวกเขาตกตะลึงเมื่อบัคนำพวกมันมาสั่งทันที

Pike war immer faul gewesen und hatte Buck hinterhergehangen.

ไพค์เป็นคนขี้เกียจและชอบลากเท้าตามหลังบัคอยู่เสมอ

Doch nun wurde er von der neuen Führung scharf diszipliniert.

แต่ตอนนี้ได้รับการฝึกฝนอย่างเข้มงวดจากผู้นำคนใหม่

Und er lernte schnell, seinen Teil zum Team beizutragen.

และเขาเรียนรู้ที่จะดึงน้ำหนักของเขาในทีมได้อย่างรวดเร็ว

Am Ende des Tages hatte Pike härter gearbeitet als je zuvor.

เมื่อสิ้นสุดวัน ไพค์ก็ทำงานหนักมากกว่าที่เคย

In dieser Nacht im Lager wurde Joe, der mürrische Hund, endlich beruhigt.

คืนนั้นในค่าย โจ เจ้าหมาเปรี้ยว ได้ถูกปราบลงในที่สุด

Spitz hatte es nicht geschafft, ihn zu disziplinieren, aber Buck versagte nicht.

สปิตซ์ล้มเหลวในการลงโทษเขา แต่บัคไม่ล้มเหลว

Durch die Nutzung seines größeren Gewichts überwältigte Buck Joe in Sekundenschnelle.

บัคใช้พลังน้ำหนักที่มากขึ้นเอาชนะโจได้ภายในไม่กี่วินาที

Er biss und schlug Joe, bis dieser wimmerte und aufhörte, sich zu wehren.

เขาขบและทุบตีโจจนกระทั่งเขาครางและหยุดต่อต้าน

Von diesem Moment an verbesserte sich das gesamte Team.

ทั้งทีมได้รับการปรับปรุงนับตั้งแต่วินาทีนั้นเป็นต้นมา

Die Hunde erlangten ihre alte Einheit und Disziplin zurück.

สุนัขกลับมามีความสามัคคีและมีวินัยเหมือนเช่นเคย

In Rink Rapids kamen zwei neue einheimische Huskies hinzu, Teek und Koona.

ที่ Rink Rapids สุนัขฮัสกี้พื้นเมือง 2 ตัวใหม่ชื่อ Teek และ Koona ได้เข้าร่วมด้วย

Bucks schnelle Ausbildung erstaunte sogar François.

การฝึกอย่างรวดเร็วของบัคทำให้แม้แต่ฟรานซัวส์ก็ประหลาดใจ

„So einen Hund wie diesen Buck hat es noch nie gegeben!", rief er erstaunt.

"ไม่เคยมีหมาตัวไหนเหมือนบัคตัวนั้นเลย!"

เขาร้องด้วยความประหลาดใจ

„Nein, niemals! Er ist tausend Dollar wert, bei Gott!"

"ไม่หรอก ไม่มีวัน! เขามีค่าหนึ่งพันเหรียญแน่ พระเจ้า!"

„Wie? Was sagst du dazu, Perrault?", fragte er stolz.

"เอ๊ะ คุณว่ายังไงบ้าง เปอร์โรลต์" เขาถามด้วยความภาคภูมิใจ

Perrault nickte zustimmend und überprüfte seine Notizen.

เพอร์โรลต์พยักหน้าเห็นด้วยและตรวจสอบบันทึกของเขา

Wir liegen bereits vor dem Zeitplan und kommen täglich weiter voran.

เราก้าวหน้ากว่ากำหนดแล้วและได้รับมากขึ้นทุกวัน

Der Weg war festgestampft und glatt, es lag kein Neuschnee.

เส้นทางเป็นพื้นแข็งและเรียบ ไม่มีหิมะตกใหม่

Es war konstant kalt und lag die ganze Zeit bei minus fünfzig Grad.

อากาศหนาวเย็นคงที่ อยู่ที่ประมาณ 50 องศาต่ำกว่าศูนย์ตลอด

Die Männer ritten und rannten abwechselnd, um sich warm zu halten und Zeit zu gewinnen.

ผู้ชายขี่และวิ่งสลับกันเพื่อให้ร่างกายอบอุ่นและเพื่อประหยัดเวลา

Die Hunde rannten schnell, mit wenigen Pausen, immer vorwärts.

สุนัขวิ่งเร็วมากโดยมีการหยุดเพียงไม่กี่ครั้ง
และพยายามวิ่งไปข้างหน้าเสมอ

Der Thirty Mile River war größtenteils zugefroren und leicht zu überqueren.

แม่น้ำเธิร์ตี้ไมล์ส่วนใหญ่เป็นน้ำแข็งและสามารถสัญจรข้ามได้ง่าย

Was zehn Tage gedauert hatte, wurde an einem Tag verschickt.

พวกเขาออกไปภายในหนึ่งวัน แต่ใช้เวลาเดินทางถึงสิบวัน

Sie legten einen sechsundneunzig Kilometer langen Sprint vom Lake Le Barge nach White Horse zurück.

พวกเขาวิ่งระยะทาง 60 ไมล์จากทะเลสาบเลอบาร์จไปยังไวท์ฮอร์ส

Sie bewegten sich unglaublich schnell über die Seen Marsh, Tagish und Bennett.

เมื่อข้ามทะเลสาบ Marsh, Tagish และ Bennett พวกมันก็เคลื่อนที่เร็วมาก

Der laufende Mann wird an einem Seil hinter dem Schlitten hergezogen.

ชายที่กำลังวิ่งอยู่ถูกดึงไปด้านหลังรถเลื่อนด้วยเชือก

In der letzten Nacht der zweiten Woche erreichten sie ihr Ziel.

ในคืนสุดท้ายของสัปดาห์ที่สองพวกเขาก็มาถึงจุดหมายปลายทาง

Sie hatten gemeinsam die Spitze des White Pass erreicht.

พวกเขามาถึงยอดไวท์พาสพร้อมกัน

Sie sanken auf Meereshöhe hinab, mit den Lichtern von Skaguay unter ihnen.

พวกเขาดำดิ่งลงสู่ระดับน้ำทะเล โดยมีแสงไฟ Skaguay อยู่ด้านล่าง

Es war ein Rekordlauf durch kilometerlange kalte Wildnis.

เป็นการวิ่งที่สร้างสถิติใหม่ผ่านป่าดงดิบอันหนาวเหน็บเป็นระยะทางหล
ายไมล์

An vierzehn aufeinanderfolgenden Tagen legten sie im Durchschnitt satte vierundsechzig Kilometer zurück.

พวกเขาวิ่งได้เฉลี่ยระยะทาง 40 ไมล์ติดต่อกันเป็นเวลา 14 วัน

In Skaguay transportierten Perrault und François Fracht durch die Stadt.

ในเมืองสเกกวัย เปอร์โรลต์และฟรานซัวส์ขนส่งสินค้าผ่านเมือง

Die bewundernde Menge jubelte ihnen zu und bot ihnen viele Getränke an.

พวกเขาได้รับเสียงเชียร์และเสนอเครื่องดื่มมากมายจากฝูงชนที่ชื่นชม

Hundefänger und Arbeiter versammelten sich um das berühmte Hundegespann.

บรรดาผู้ปราบปรามสุนัขและคนงานมารวมตัวกันรอบ ๆ ทีมสุนัขชื่อดัง

Dann kamen Gesetzlose aus dem Westen in die Stadt und erlitten eine brutale Niederlage.

จากนั้นพวกนอกกฎหมายชาวตะวันตกก็เข้ามาในเมืองและพบกับควา
มพ่ายแพ้อย่างรุนแรง

Die Leute vergaßen bald das Team und konzentrierten sich auf neue Dramen.

ผู้คนลืมทีมงานไปในไม่ช้าและหันไปสนใจละครใหม่

Dann kamen die neuen Befehle, die alles auf einen Schlag veränderten.

จากนั้นก็มาถึงคำสั่งใหม่ที่เข้ามาเปลี่ยนแปลงทุกสิ่งทุกอย่างทันที

François rief Buck zu sich und umarmte ihn mit tränenreichem Stolz.

ฟรานซัวส์เรียกบัคมาหาเขาและกอดเขาด้วยน้ำตาแห่งความภูมิใจ

In diesem Moment sah Buck François zum letzten Mal wieder.

ช่วงเวลานั้นเป็นครั้งสุดท้ายที่บัคได้พบกับฟรานซัวส์อีกครั้ง

Wie viele Männer zuvor waren sowohl François als auch Perrault nicht mehr da.

เช่นเดียวกับผู้ชายหลายคนก่อนหน้านี้
ทั้งฟรานซัวส์และแปร์โรลต์ต่างก็จากไป

Ein schottischer Mischling übernahm das Kommando über Buck und seine Schlittenhunde-Kollegen.

สุนัขพันธุ์ผสมสก็อตรับหน้าที่ดูแลบัคและเพื่อนร่วมทีมสุนัขลากเลื่อนของเขา

Mit einem Dutzend anderer Hundegespanne kehrten sie auf dem Weg nach Dawson zurück.

พวกมันพร้อมสุนัขอีกหลายฝูงเดินทางกลับมาตามเส้นทางสู่เมืองดอร์สัน

Es war kein Schnelllauf mehr, sondern harte Arbeit mit einer schweren Last jeden Tag.

ตอนนี้มันไม่ได้เป็นการวิ่งเร็วอีกต่อไป
แต่เป็นเพียงงานหนักที่ต้องแบกรับภาระมากมายในแต่ละวัน

Dies war der Postzug, der den Goldsuchern in der Nähe des Pols Nachrichten brachte.

นี่คือรถไฟไปรษณีย์ที่นำข่าวไปยังนักล่าทองคำใกล้ขั้วโลก

Buck mochte die Arbeit nicht, ertrug sie jedoch gut und war stolz auf seine Leistung.

บัคไม่ชอบงานชิ้นนี้แต่ก็ทนมันได้ดี และภูมิใจในความพยายามของเขา

Wie Dave und Solleks zeigte Buck Hingabe bei jeder täglichen Aufgabe.

เช่นเดียวกับเดฟและโซเลกส์
บัคแสดงให้เห็นถึงความทุ่มเทในการทำงานแต่ละวัน

Er stellte sicher, dass jeder seiner Teamkollegen seinen Teil beitrug.

เขาทำให้แน่ใจว่าเพื่อนร่วมทีมของเขาแต่ละคนดึงน้ำหนักที่ยุติธรรมของพวกเขา

Das Leben auf dem Trail wurde langweilig und wiederholte sich mit der Präzision einer Maschine.

ชีวิตบนเส้นทางนั้นน่าเบื่อหน่าย
ซ้ำแล้วซ้ำเล่าด้วยความแม่นยำเหมือนเครื่องจักร

Jeder Tag fühlte sich gleich an, ein Morgen ging in den nächsten über.

แต่ละวันรู้สึกเหมือนกัน เช้าวันหนึ่งค่อยๆ กลายเป็นเช้าวันใหม่

Zur gleichen Stunde standen die Köche auf, um Feuer zu machen und Essen zuzubereiten.

ในเวลาเดียวกัน พ่อครัวก็ลุกขึ้นก่อไฟและปรุงอาหาร

Nach dem Frühstück verließen einige das Lager, während andere die Hunde anspannten.

หลังจากรับประทานอาหารเช้าแล้ว บางคนก็ออกจากค่าย
ในขณะที่บางคนก็จูงสุนัข

**Sie machten sich auf den Weg, bevor die schwache
Morgendämmerung den Himmel berührte.**

พวกเขาออกเดินทางก่อนที่เสียงเตือนรุ่งอรุณจะดังขึ้นบนท้องฟ้า

**Nachts hielten sie an, um ihr Lager aufzuschlagen, wobei
jeder Mann eine festgelegte Aufgabe hatte.**

เมื่อถึงกลางคืนพวกเขาก็หยุดพักเพื่อตั้งค่าย
โดยแต่ละคนมีหน้าที่ที่แตกต่างกันออกไป

**Einige stellten die Zelte auf, andere hackten Feuerholz und
sammelten Kiefernzweige.**

บางคนก็กางเต็นท์ บางคนก็ตัดฟืนและเก็บกิ่งสน

**Zum Abendessen wurde den Köchen Wasser oder Eis
mitgebracht.**

น้ำและน้ำแข็งถูกนำกลับไปให้พ่อครัวเพื่อรับประทานมื้อเย็น

**Die Hunde wurden gefüttert und das war für sie der
schönste Teil des Tages.**

สุนัขได้กินอาหารแล้ว และนี่คือช่วงเวลาที่ดีที่สุดของวันสำหรับพวกมัน

**Nachdem sie Fisch gegessen hatten, entspannten sich die
Hunde und machten es sich in der Nähe des Feuers
gemütlich.**

หลังจากกินปลาแล้ว สุนัขก็พักผ่อนและนอนเล่นใกล้กองไฟ

**Im Konvoi waren noch hundert andere Hunde, unter die
man sich mischen konnte.**

มีสุนัขอีกนับร้อยตัวในขบวนที่ต้องเข้าร่วมด้วย

**Viele dieser Hunde waren wild und kämpften ohne
Vorwarnung.**

สุนัขหลายตัวเหล่านี้ดุร้ายและต่อสู้อย่างรวดเร็วโดยไม่ทันตั้งตัว

**Doch nach drei Siegen war Buck selbst den härtesten
Kämpfern überlegen.**

แต่หลังจากได้รับชัยชนะสามครั้ง
บัคก็สามารถเอาชนะแม้แต่ผู้ต่อสู้ที่ดุร้ายที่สุดได้

**Als Buck nun knurrte und die Zähne fletschte, traten sie zur
Seite.**

เมื่อบัคขู่และแสดงฟัน พวกมันก็ถอยไปข้างๆ

Und das Beste war vielleicht, dass Buck es liebte, neben dem flackernden Lagerfeuer zu liegen.

สิ่งที่ดีที่สุดก็คือ บัคชอบนอนใกล้กองไฟที่กำลังสั่นไหว

Er hockte mit angezogenen Hinterbeinen und nach vorne gestreckten Vorderbeinen.

เขานอนหมอบโดยพับขาหลังไว้และเหยียดขาหน้าไปข้างหน้า

Er hatte den Kopf erhoben und blinzelte sanft in die glühenden Flammen.

ศีรษะของเขาเงยขึ้นขณะที่เขากระพริบตาเบาๆ ไปที่เปลวไฟที่เรืองแสง

Manchmal musste er an Richter Millers großes Haus in Santa Clara denken.

บางครั้งเขาก็นึกถึงบ้านหลังใหญ่ของผู้พิพากษามิลเลอร์ในซานตาคลารา

Er dachte an den Zementpool, an Ysabel und den Mops namens Toots.

เขาคิดถึงสระซีเมนต์ของอิซาเบลและสุนัขพันธุ์ปั๊กที่ชื่อทูทส์

Aber häufiger musste er an die Keule des Mannes mit dem roten Pullover denken.

แต่บ่อยครั้งที่เขาจำสโมสรของชายที่สวมเสื้อสเวตเตอร์สีแดงได้มากกว่า

Er erinnerte sich an Curlys Tod und seinen erbitterten Kampf mit Spitz.

เขาจดจำการตายของเคอร์ลี่และการต่อสู้อันดุเดือดของเขากับสปิทซ์ได้

Er erinnerte sich auch an das gute Essen, das er gegessen hatte oder von dem er immer noch träumte.

เขายังนึกถึงอาหารดีๆ ที่เขาเคยกินหรือยังคงฝันถึงอีกด้วย

Buck hatte kein Heimweh – das warme Tal war weit weg und unwirklich.

บัคไม่ได้คิดถึงบ้าน—หุบเขาอันอบอุ่นอยู่ห่างไกลและไม่จริง

Die Erinnerungen an Kalifornien hatten keine große Anziehungskraft mehr auf ihn.

ความทรงจำเกี่ยวกับแคลิฟอร์เนียไม่ได้ดึงดูดเขาอีกต่อไป

Stärker als die Erinnerung waren die tief in seinem Blut verwurzelten Instinkte.

แข็งแกร่งยิ่งกว่าความทรงจำคือสัญชาตญาณที่ฝังลึกอยู่ในสายเลือดของเขา

Einst verlorene Gewohnheiten waren zurückgekehrt und durch den Weg und die Wildnis wiederbelebt worden.

นิสัยที่เคยหายไปก็กลับคืนมา

โดยได้รับการฟื้นคืนมาจากเส้นทางและความเป็นธรรมชาติ

Während Buck das Feuerlicht betrachtete, veränderte sich seine Wahrnehmung manchmal.

เมื่อบัคมองดูแสงไฟ บางครั้งก็กลายเป็นสิ่งอื่น

Er sah im Feuerschein ein anderes Feuer, älter und tiefer als das gegenwärtige.

เขาเห็นไฟอีกดวงหนึ่งในแสงไฟ ซึ่งเก่ากว่าและเข้มกว่าดวงปัจจุบัน

Neben dem anderen Feuer hockte ein Mann, der anders aussah als der Mischlingskoch.

ข้างๆ ไฟอีกกองหนึ่งมีชายคนหนึ่งหมอบอยู่ ไม่เหมือนพ่อครัวลูกครึ่ง

Diese Figur hatte kurze Beine, lange Arme und harte, verknotete Muskeln.

รูปร่างนี้มีขาที่สั้น แขนยาว และกล้ามเนื้อที่แข็งเป็นปม

Sein Haar war lang und verfilzt und fiel von den Augen nach hinten ab.

ผมของเขายาวและยุ่งเหยิงลาดลงมาด้านหลังจากดวงตา

Er gab seltsame Geräusche von sich und starrte voller Angst in die Dunkelheit.

เขาส่งเสียงแปลกๆ และจ้องมองออกไปด้วยความกลัวในความมืด

Er hielt eine Steinkeule tief in seiner langen, rauen Hand fest.

เขาถือกระบองหินไว้ต่ำโดยกำไว้แน่นด้วยมือที่ยาวและหยาบของเขา

Der Mann trug wenig, nur eine verkohlte Haut, die ihm den Rücken hinunterhing.

ชายผู้นั้นสวมเสื้อผ้าเพียงน้อยชิ้น

มีเพียงผิวหนังที่ไหม้เกรียมห้อยลงมาตามหลังของเขา

Sein Körper war an Armen, Brust und Oberschenkeln mit dichtem Haar bedeckt.

ร่างกายของเขาปกคลุมไปด้วยขนหนาตามแขน หน้าอก และต้นขา

Einige Teile des Haares waren zu rauen Fellbüscheln verfilzt.

เส้นผมบางส่วนพันกันเป็นปื้นๆ เหมือนขนหยาบๆ

Er stand nicht gerade, sondern war von der Hüfte bis zu den Knien nach vorne gebeugt.

เขาไม่ได้ยืนตัวตรง แต่โน้มตัวไปข้างหน้าตั้งแต่สะโพกถึงเข่า

Seine Schritte waren federnd und katzenartig, als wäre er immer zum Sprung bereit.

ก้าวเดินของเขามีความยืดหยุ่นเหมือนแมว

ราวกับว่าเขาพร้อมที่จะกระโดดอยู่เสมอ

Er war in höchster Wachsamkeit, als lebte er in ständiger Angst.

มีอารมณ์ตื่นตัวอย่างรุนแรง

เหมือนกับว่าเขามีชีวิตอยู่ด้วยความหวาดกลัวตลอดเวลา

Dieser alte Mann schien mit Gefahr zu rechnen, ob er die Gefahr nun sah oder nicht.

ชายในสมัยก่อนผู้นี้ดูเหมือนจะคาดหวังถึงอันตราย

ไม่ว่าจะมองเห็นอันตรายนั้นหรือไม่ก็ตาม

Manchmal schlief der haarige Mann am Feuer, den Kopf zwischen die Beine gesteckt.

บางครั้งชายที่มีขนดกจะนอนหลับอยู่ข้างกองไฟ

โดยเอาหัวซุกไว้ระหว่างขา

Seine Ellbogen ruhten auf seinen Knien, die Hände waren über seinem Kopf gefaltet.

ข้อศอกของเขาวางอยู่บนเข่าและมือของเขาประสานกันไว้เหนือศีรษะ

Wie ein Hund benutzte er seine haarigen Arme, um den fallenden Regen abzuschütteln.

เขาใช้แขนที่มีขนดกปัดน้ำฝนออกไปเหมือนกับสุนัข

Hinter dem Feuerschein sah Buck zwei Kohlen im Dunkeln glühen.

เหนือแสงไฟ บัคมองเห็นถ่านแฝดเรืองแสงในความมืด

Immer zu zweit, waren sie die Augen der sich anpirschenden Raubtiere.

พวกมันเป็นดวงตาของสัตว์ร้ายที่กำลังล่าเหยื่ออยู่เสมอ

โดยจ้องมาที่สองต่อสองเสมอ

Er hörte, wie Körper durchs Unterholz krachten und Geräusche in der Nacht.

เขาได้ยินเสียงร่างกายกระแทกเข้ากับพุ่มไม้และเสียงดังที่เกิดขึ้นในยามค่ำคืน

Buck lag blinzelnd am Ufer des Yukon und träumte am Feuer.

บัคนอนอยู่ริมฝั่งแม่น้ำยูคอน กระพริบตาและฝันถึงกองไฟ

Die Anblicke und Geräusche dieser wilden Welt ließen ihm die Haare zu Berge stehen.

ภาพและเสียงของโลกอันดุร้ายนั้นทำเอาผมของเขาลุกตั้งขึ้น

Das Fell stand ihm über den Rücken, die Schultern und den Hals hinauf.

ขนลุกไปตามหลัง ไหล่ และคอของเขา

Er wimmerte leise oder gab ein tiefes Knurren aus der Brust von sich.

เขาครางเบาๆ หรือส่งเสียงคำรามลึกๆ ลงในอกของเขา

Dann rief der Mischlingskoch: „Hey, du Buck, wach auf!"

จากนั้นพ่อครัวลูกครึ่งก็ตะโกนว่า "เฮ้ คุณบัค ตื่นได้แล้ว!"

Die Traumwelt verschwand und das wirkliche Leben kehrte in Bucks Augen zurück.

โลกแห่งความฝันหายไป และชีวิตจริงกลับคืนสู่ดวงตาของบัคอีกครั้ง

Er wollte aufstehen, sich strecken und gähnen, als wäre er aus einem Nickerchen erwacht.

เขาจะลุกขึ้น ยืดตัว และหาว เหมือนกับตื่นจากการงีบหลับ

Die Reise war anstrengend, da sie den Postschlitten hinter sich herziehen mussten.

การเดินทางเป็นเรื่องยาก
เพราะมีรถเลื่อนไปรษณีย์ลากตามหลังมาด้วย

Schwere Lasten und harte Arbeit zermürbten die Hunde jeden langen Tag.

การทำงานหนักและการทำงานหนักทำให้สุนัขเหนื่อยล้าในแต่ละวัน

Sie kamen dünn und müde in Dawson an und brauchten über eine Woche Ruhe.

พวกเขามาถึงเมืองดอว์สันในสภาพที่ผอมแห้ง เหนื่อยล้า
และต้องการพักผ่อนนานกว่าหนึ่งสัปดาห์

Doch nur zwei Tage später machten sie sich erneut auf den Weg den Yukon hinunter.

แต่เพียงสองวันต่อมาพวกเขาก็ออกเดินทางตามแม่น้ำยูคอนอีกครั้ง

Sie waren mit weiteren Briefen beladen, die für die
Außenwelt bestimmt waren.
พวกเขาบรรจุจดหมายอีกมากมายซึ่งมุ่งหน้าไปยังโลกภายนอก
Die Hunde waren erschöpft und die Männer beschwerten
sich ständig.
สุนัขเหนื่อยมาก และผู้ชายก็บ่นอยู่ตลอดเวลา
Jeden Tag fiel Schnee, der den Weg weicher machte und die
Schlitten verlangsamte.
หิมะตกทุกวัน
ทำให้เส้นทางนุ่มนวลขึ้นและรถเลื่อนหิมะเคลื่อนที่ได้ช้าลง
Dies führte zu einem stärkeren Ziehen und einem größeren
Widerstand der Läufer.
ทำให้การดึงยากขึ้นและแรงต้านต่อผู้วิ่งมากขึ้น
Trotzdem waren die Fahrer fair und kümmerten sich um
ihre Teams.
แม้จะเป็นเช่นนั้น แต่คนขับก็ยังคงยุติธรรมและใส่ใจทีมของพวกเขา
Jeden Abend wurden die Hunde gefüttert, bevor die Männer
etwas zu essen bekamen.
ในแต่ละคืน สุนัขจะได้รับอาหารก่อนที่ผู้ชายจะได้กินอาหาร
Kein Mann geht schlafen, ohne vorher die Pfoten seines
eigenen Hundes zu kontrollieren.
ไม่มีใครนอนหลับโดยไม่ตรวจดูเท้าสุนัขของตัวเอง
Dennoch wurden die Hunde mit jeder zurückgelegten
Strecke schwächer.
อย่างไรก็ตาม
สุนัขกลับอ่อนแอลงเมื่อร่างกายของพวกมันต้องทำงานหนักขึ้น
Sie waren den ganzen Winter über zweitausendachthundert
Kilometer gereist.
พวกเขาเดินทางได้หนึ่งพันแปดร้อยไมล์ในช่วงฤดูหนาว
Sie zogen Schlitten über jede Meile dieser brutalen Distanz.
พวกเขาลากเลื่อนข้ามทุกไมล์ในระยะทางอันโหดร้ายนั้น
Selbst die härtesten Schlittenhunde spüren nach so vielen
Kilometern die Belastung.
แม้แต่สุนัขลากเลื่อนที่แข็งแกร่งที่สุดก็ยังรู้สึกถึงความเครียดหลังจากเ
ดินทางเป็นระยะทางหลายไมล์

Buck hielt durch, sorgte für die Weiterarbeit seines Teams und sorgte für die nötige Disziplin.

บัคยึดมั่นทำให้ทีมของเขาทำงานและรักษาวินัยไว้

Aber Buck war müde, genau wie die anderen auf der langen Reise.

แต่บัคก็เหนื่อยเช่นเดียวกับคนอื่นๆ ในการเดินทางอันยาวไกล

Billee wimmerte und weinte jede Nacht ohne Ausnahme im Schlaf.

บิลลี่คร่ำครวญและร้องไห้ในขณะหลับทุกคืนโดยไม่พลาด

Joe wurde noch verbitterter und Solleks blieb kalt und distanziert.

โจยิ่งรู้สึกขมขื่นมากขึ้น และโซเลกส์ก็ยังคงเย็นชาและห่างเหิน

Doch Dave war derjenige des gesamten Teams, der am meisten darunter litt.

แต่เดฟคือคนที่ต้องทนทุกข์ทรมานมากที่สุดในทีม

Irgendetwas in seinem Inneren war schiefgelaufen, doch niemand wusste, was.

มีบางสิ่งบางอย่างผิดปกติภายในตัวเขา
แม้จะไม่มีใครรู้ว่าคืออะไรก็ตาม

Er wurde launischer und fuhr andere mit wachsender Wut an.

เขาเริ่มอารมณ์แปรปรวนมากขึ้น และโกรธคนอื่นมากขึ้น

Jede Nacht ging er direkt zu seinem Nest und wartete darauf, gefüttert zu werden.

ในแต่ละคืนมันจะตรงไปยังรังของมันเพื่อรอรับอาหาร

Als Dave einmal unten war, stand er bis zum Morgen nicht mehr auf.

เมื่อเขาลงมาแล้ว เดฟก็ไม่ลุกขึ้นอีกเลยจนกระทั่งเช้า

Plötzliche Rucke oder Anlaufe an den Zügeln ließen ihn vor Schmerzen aufschreien.

เมื่อบังคับม้าให้กระตุกหรือเริ่มกระทันหัน
เขาจะร้องออกมาด้วยความเจ็บปวด

Sein Fahrer suchte nach der Ursache, konnte jedoch keine Verletzungen feststellen.

คนขับรถของเขาพยายามค้นหาสาเหตุ แต่ไม่พบผู้ได้รับบาดเจ็บ

Alle Fahrer beobachteten Dave und besprachen seinen Fall.

คนขับรถทุกคนเริ่มมองดูเดฟและพูดคุยเกี่ยวกับกรณีของเขา

Sie unterhielten sich beim Essen und während ihrer letzten Zigarette des Tages.

พวกเขาคุยกันระหว่างมื้ออาหารและระหว่างสูบบุหรี่ครั้งสุดท้ายของวัน

Eines Nachts hielten sie eine Versammlung ab und brachten Dave zum Feuer.

คืนหนึ่งพวกเขาประชุมกันและพาเดฟไปที่กองไฟ

Sie drückten und untersuchten seinen Körper und er schrie oft.

พวกเขาพยายามบีบบังคับและตรวจค้นร่างกายของเขาจนเขาต้องร้องตะโกนบ่อยครั้ง

Offensichtlich stimmte etwas nicht, auch wenn keine Knochen gebrochen zu sein schienen.

เห็นได้ชัดว่ามีบางอย่างผิดปกติ
แม้ว่าจะไม่มีกระดูกใดที่ดูเหมือนจะหักก็ตาม

Als sie Cassiar Bar erreichten, war Dave am Umfallen.

ตอนที่พวกเขาไปถึงคาสเซียร์ บาร์ เดฟก็ล้มลงแล้ว

Der schottische Mischling machte Schluss und nahm Dave aus dem Team.

ลูกครึ่งสก็อตแลนด์สั่งหยุดและไล่เดฟออกจากทีม

Er befestigte Solleks an Daves Stelle, ganz vorne am Schlitten.

เขายึด Solleks ไว้แทน Dave ซึ่งอยู่ใกล้กับด้านหน้าของรถเลื่อนมากที่สุด

Er wollte Dave ausruhen und ihm die Freiheit geben, hinter dem fahrenden Schlitten herzulaufen.

เขาตั้งใจจะปล่อยให้เดฟได้พักผ่อนและวิ่งเล่นตามเลื่อนที่กำลังเคลื่อนที่

Doch selbst als er krank war, hasste Dave es, von seinem Job geholt zu werden.

แต่ถึงแม้จะป่วย เดฟก็ยังเกลียดที่จะถูกหักออกจากงานที่เขาเคยทำ

Er knurrte und wimmerte, als ihm die Zügel aus dem Körper gerissen wurden.

เขาขู่และครางครวญขณะที่สายบังเหียนถูกดึงออกจากตัวของเขา

Als er Solleks an seiner Stelle sah, weinte er vor gebrochenem Herzen.

เมื่อเห็นโซเลคส์อยู่ในสถานที่ของเขา
เขาก็ร้องไห้ด้วยความเจ็บปวดใจสลาย
Dave war noch immer stolz auf seine Arbeit auf dem Weg,
selbst als der Tod nahte.
ความภาคภูมิใจในการทำงานเส้นทางยังคงอยู่ในตัวเดฟ
แม้ว่าความตายจะใกล้เข้ามา
Während der Schlitten fuhr, kämpfte sich Dave durch den
weichen Schnee in der Nähe des Pfades.
ขณะที่รถเลื่อนเคลื่อนที่ เดฟก็ดิ้นรนไปในหิมะที่อ่อนนุ่มใกล้เส้นทาง
Er griff Solleks an, biss ihn und stieß ihn von der Seite des
Schlittens.
เขาโจมตีโซเลกส์โดยกัดและผลักเขาจากด้านข้างของรถเลื่อน
Dave versuchte, in das Geschirr zu springen und seinen
Arbeitsplatz zurückzuerobern.
เดฟพยายามกระโดดเข้าไปในสายรัดและกลับมายืนที่เดิมเพื่อทำงาน
Er schrie, jammerte und weinte, hin- und hergerissen
zwischen Schmerz und Stolz auf die Wehen.
เขาส่งเสียงร้องโหยหวน คร่ำครวญ และร้องไห้
สับสนระหว่างความเจ็บปวดและความภาคภูมิใจในการทำงานหนัก
Der Mischling versuchte, Dave mit seiner Peitsche vom
Team zu vertreiben.
ลูกครึ่งใช้แส้ของเขาเพื่อพยายามไล่เดฟออกไปจากทีม
Doch Dave ignorierte den Hieb und der Mann konnte nicht
härter zuschlagen.
แต่เดฟไม่สนใจการเฆี่ยนตี
และชายคนนั้นก็ไม่สามารถตีเขาได้แรงกว่านี้
Dave lehnte den einfacheren Weg hinter dem Schlitten ab,
wo der Schnee festgefahren war.
เดฟปฏิเสธเส้นทางที่ง่ายกว่าด้านหลังรถเลื่อนซึ่งมีหิมะปกคลุมอยู่
Stattdessen kämpfte er sich elend durch den tiefen Schnee
neben dem Weg.
แต่เขาต้องดิ้นรนต่อสู้ในหิมะลึกข้างเส้นทางอย่างทุกข์ทรมาน
Schließlich brach Dave zusammen, blieb im Schnee liegen
und schrie vor Schmerzen.
ในที่สุด เดฟก็ล้มลง นอนอยู่บนหิมะ และร้องโหยหวนด้วยความเจ็บปวด

Er schrie auf, als die lange Schlittenkette einer nach dem anderen an ihm vorbeifuhr.

เขาร้องตะโกนในขณะที่ขบวนรถเลื่อนยาววิ่งผ่านเขาไปทีละคัน

Dennoch stand er mit der ihm verbleibenden Kraft auf und stolperte ihnen hinterher.

แม้ว่าเขาจะยังมีพละกำลังเหลืออยู่

แต่เขาก็ยังคงลุกขึ้นและเดินตามพวกเขาไป

Als der Zug wieder anhielt, holte er ihn ein und fand seinen alten Schlitten.

เขาตามทันเมื่อรถไฟหยุดอีกครั้งและพบเลื่อนเก่าของเขา

Er kämpfte sich an den anderen Teams vorbei und stand wieder neben Solleks.

เขาดิ้นรนแซงทีมอื่นๆ ไปและมายืนอยู่ข้างโซเลกส์อีกครั้ง

Als der Fahrer anhielt, um seine Pfeife anzuzünden, nutzte Dave seine letzte Chance.

ในขณะที่คนขับหยุดเพื่อจุดไปป์ เดฟก็คว้าโอกาสสุดท้ายของเขา

Als der Fahrer zurückkam und schrie, bewegte sich das Team nicht weiter.

เมื่อคนขับรถกลับมาและตะโกน ทีมก็ไม่ยอมเดินหน้าต่อ

Die Hunde hatten ihre Köpfe gedreht, verwirrt durch den plötzlichen Stopp.

สุนัขหันหัวไปมาเพราะสับสนจากการหยุดกะทันหัน

Auch der Fahrer war schockiert – der Schlitten hatte sich keinen Zentimeter vorwärts bewegt.

คนขับก็ตกใจเช่นกัน เพราะรถเลื่อนไม่ได้ขยับไปข้างหน้าแม้แต่น้อย

Er rief den anderen zu, sie sollten kommen und nachsehen, was passiert sei.

เขาเรียกคนอื่นๆ ให้มาดูว่าเกิดอะไรขึ้น

Dave hatte Solleks' Zügel durchgekaut und beide auseinandergerissen.

เดฟได้กัดสายบังเหียนของโซเลกส์จนขาดทั้งสองข้าง

Nun stand er vor dem Schlitten, wieder an seinem rechtmäßigen Platz.

ตอนนี้เขายืนอยู่ข้างหน้ารถเลื่อน กลับสู่ตำแหน่งที่ถูกต้องของเขา

Dave blickte zum Fahrer auf und flehte ihn stumm an, in der Spur zu bleiben.

เดฟเงยหน้าขึ้นมองคนขับ พร้อมกับอ้อนวอนอย่างเงียบๆ
ว่าอย่าให้ต้องจอดตาม

Der Fahrer war verwirrt und wusste nicht, was er für den zappelnden Hund tun sollte.

คนขับรู้สึกงุนงง ไม่รู้ว่าจะต้องทำอย่างไรกับสุนัขที่กำลังดิ้นรนอยู่

Die anderen Männer sprachen von Hunden, die beim Rausbringen gestorben waren.

ผู้ชายคนอื่นๆ พูดถึงสุนัขที่ตายจากการถูกพาออกไป

Sie erzählten von alten oder verletzten Hunden, denen es das Herz brach, als sie zurückgelassen wurden.

พวกเขาเล่าถึงสุนัขแก่หรือสุนัขที่ได้รับบาดเจ็บที่หัวใจจะแตกสลายเมื่อ
ถูกทิ้งไว้ข้างหลัง

Sie waren sich einig, dass es Gnade wäre, Dave sterben zu lassen, während er noch im Geschirr steckte.

พวกเขาตกลงกันว่าเป็นความเมตตาที่จะปล่อยให้เดฟตายในขณะที่ยัง
อยู่ภายใต้การควบคุมของเขา

Er wurde wieder auf dem Schlitten festgeschnallt und Dave zog voller Stolz.

เขาถูกมัดกลับเข้ากับรถเลื่อน และเดฟก็ดึงรถด้วยความภาคภูมิใจ

Obwohl er manchmal schrie, arbeitete er, als könne man den Schmerz ignorieren.

แม้ว่าบางครั้งเขาจะร้องไห้
แต่เขาก็ทำเหมือนกับว่าความเจ็บปวดนั้นไม่สามารถถูกละเลยได้

Mehr als einmal fiel er und wurde mitgeschleift, bevor er wieder aufstand.

มีหลายครั้งที่เขาล้มและถูกฉุดดึงก่อนจะลุกขึ้นมาอีกครั้ง

Einmal wurde er vom Schlitten überrollt und von diesem Moment an humpelte er.

ครั้งหนึ่ง รถเลื่อนกลิ้งทับเขา และเขาก็เดินกะเผลกตั้งแต่นั้นเป็นต้นมา

Trotzdem arbeitete er, bis das Lager erreicht war, und legte sich dann ans Feuer.

อย่างไรก็ตามเขายังคงทำงานจนกระทั่งถึงค่าย
แล้วจึงนอนอยู่ใกล้กองไฟ

Am Morgen war Dave zu schwach, um zu reisen oder auch nur aufrecht zu stehen.

เมื่อถึงเช้า เดฟก็อ่อนแรงเกินกว่าจะเดินทางหรือแม้แต่จะยืนตรงได้

Als es Zeit war, das Geschirr anzulegen, versuchte er mit zitternder Anstrengung, seinen Fahrer zu erreichen.

เมื่อถึงเวลารัดเข็มขัดนิรภัย
เขาพยายามจะเอื้อมถึงคนขับด้วยแรงอันสั่นเทา

Er rappelte sich auf, taumelte und brach auf dem schneebedeckten Boden zusammen.

เขาฝืนตัวเองลุกขึ้น เซ และล้มลงบนพื้นที่เต็มไปด้วยหิมะ

Mithilfe seiner Vorderbeine zog er seinen Körper in Richtung des Angeschirrs.

เขาใช้ขาหน้าลากร่างไปยังบริเวณสายรัด

Zentimeter für Zentimeter schob er sich auf die Arbeitshunde zu.

เขาค่อย ๆ ขยับตัวไปข้างหน้าทีละน้อยเพื่อเข้าหาสุนัขทำงาน

Er verließ die Kraft, aber er machte mit seinem letzten verzweifelten Vorstoß weiter.

กำลังของเขาหมดลง
แต่เขายังคงเดินหน้าต่อไปในการผลักดันครั้งสุดท้ายอย่างสิ้นหวัง

Seine Teamkollegen sahen ihn im Schnee nach Luft schnappen und sich immer noch danach sehnen, zu ihnen zu kommen.

เพื่อนร่วมทีมของเขาเห็นเขาหายใจแรงในหิมะ
และยังคงปรารถนาที่จะเข้าร่วมกับพวกเขา

Sie hörten ihn vor Kummer schreien, als sie das Lager hinter sich ließen.

พวกเขาได้ยินเขาคร่ำครวญด้วยความเศร้าโศกขณะที่พวกเขาออกจากค่าย

Als das Team zwischen den Bäumen verschwand, hallte Daves Schrei hinter ihnen wider.

ในขณะที่ทีมหายลับเข้าไปในป่า
เสียงร้องของเดฟก็ดังสะท้อนอยู่ข้างหลังพวกเขา

Der Schlittenzug hielt kurz an, nachdem er einen Abschnitt des Flusswalds überquert hatte.

รถไฟเลื่อนหยุดชั่วครู่หลังจากข้ามท่อนไม้ริมแม่น้ำ

Der schottische Mischling ging langsam zurück zum Lager dahinter.

ลูกครึ่งสก็อตเดินช้าๆ กลับไปที่ค่ายด้านหลัง

Die Männer verstummten, als sie ihn den Schlittenzug verlassen sahen.

คนเหล่านั้นหยุดพูดคุยกันเมื่อเห็นเขาออกจากรถไฟเลื่อน

Dann ertönte ein einzelner Schuss klar und scharf über den Weg.

จากนั้นก็มีเสียงปืนดังขึ้นชัดเจนและคมชัดข้ามเส้นทาง

Der Mann kam schnell zurück und nahm wortlos seinen Platz ein.

ชายผู้นั้นกลับมาอย่างรวดเร็วและไปยืนในตำแหน่งของเขาโดยไม่พูดอะไรสักคำ

Peitschen knallten, Glöckchen bimmelten und die Schlitten rollten durch den Schnee.

เสียงแส้สะบัดดัง ระฆังดังกริ๊ง และรถเลื่อนแล่นไปบนหิมะ

Aber Buck wusste, was passiert war – und alle anderen Hunde auch.

แต่บัครู้ว่าเกิดอะไรขึ้น และสุนัขตัวอื่นๆ ก็รู้เช่นกัน

Die Mühen der Zügel und des Trails
ความเหน็ดเหนื่อยของบังเหียนและเส้นทาง

Dreißig Tage nach dem Verlassen von Dawson erreichte die Salt Water Mail Skaguay.

สามสิบวันหลังจากออกจาก Dawson จดหมาย Salt Water Mail ก็มาถึง Skaguay

Buck und seine Teamkollegen gingen in Führung, kamen aber in einem erbärmlichen Zustand an.

บั๊กและเพื่อนร่วมทีมขึ้นนำ แต่มาในสภาพที่น่าสมเพช

Buck hatte von hundertvierzig auf hundertfünfzehn Pfund abgenommen.

น้ำหนักบั๊กลดลงจากหนึ่งร้อยสี่สิบปอนด์เหลือหนึ่งร้อยสิบห้าปอนด์

Die anderen Hunde hatten, obwohl kleiner, noch mehr Körpergewicht verloren.

สุนัขตัวอื่นๆ แม้จะมีขนาดเล็กกว่า แต่ก็สูญเสียน้ำหนักตัวมากกว่า

Pike, einst ein vorgetäuschter Hinker, schleppte nun ein wirklich verletztes Bein hinter sich her.

ไพค์ที่เคยเป็นขาพิการปลอมๆ ตอนนี้ต้องลากขาที่บาดเจ็บจริงๆ ไว้ข้างหลัง

Solleks humpelte stark und Dub hatte ein verrenktes Schulterblatt.

โซลเลกส์เดินกะเผลกอย่างหนัก
และดับก็มีกระดูกสะบักที่ได้รับบาดเจ็บ

Die Füße aller Hunde im Team waren von den Wochen auf dem gefrorenen Pfad wund.

สุนัขในทีมทุกตัวมีแผลที่เท้าจากการเดินบนเส้นทางที่เป็นน้ำแข็งมาเป็นเวลาหลายสัปดาห์

Ihre Schritte waren völlig federnd und bewegten sich nur langsam und schleppend.

พวกเขาไม่มีแรงเดินเหลืออยู่เลย มีเพียงการเคลื่อนไหวช้าๆ และลากยาว

Ihre Füße treffen den Weg hart und jeder Schritt belastet ihren Körper stärker.

เท้าของพวกเขาเหยียบลงบนเส้นทางอย่างแรง
โดยแต่ละก้าวก็ยิ่งทำให้ร่างกายต้องรับแรงกดดันมากขึ้น

Sie waren nicht krank, sondern nur so erschöpft, dass sie sich auf natürliche Weise nicht mehr erholen konnten.

พวกเขาไม่ได้ป่วย
เพียงแค่หมดเรี่ยวแรงจนไม่สามารถรักษาตัวเองได้อีกต่อไป

Dies war nicht die Müdigkeit eines harten Tages, die durch eine Nachtruhe geheilt werden konnte.

นี่ไม่ใช่ความเหนื่อยล้าจากการทำงานหนักเพียงวันเดียว
แต่ก็หายได้ด้วยการพักผ่อนเพียงคืนเดียว

Es war eine Erschöpfung, die sich durch monatelange, zermürbende Anstrengungen langsam aufgebaut hatte.

มันเป็นความเหนื่อยล้าที่ค่อยๆ
สะสมจากความพยายามอย่างหนักเป็นเวลานานหลายเดือน

Es waren keine Kraftreserven mehr vorhanden, sie hatten alles aufgebraucht, was sie hatten.

ไม่มีกำลังสำรองเหลืออยู่เลย พวกเขาใช้ไปหมดทุกหน่วยที่มีแล้ว

Jeder Muskel, jede Faser und jede Zelle ihres Körpers war erschöpft und abgenutzt.

กล้ามเนื้อ เส้นใย และเซลล์ทุกเซลล์ในร่างกายล้วนถูกใช้และสึกหรอไป

Und das hatte seinen Grund: Sie hatten zweitausendfünfhundert Meilen zurückgelegt.

และมีเหตุผล—พวกเขาได้เดินทางมาแล้วกว่าสองพันห้าร้อยไมล์

Auf den letzten zweitausendachthundert Kilometern hatten sie sich nur fünf Tage ausgeruht.

พวกเขาได้พักผ่อนเพียงห้าวันเท่านั้นในช่วงหนึ่งพันแปดร้อยไมล์ที่ฝ่า
นมา

Als sie Skaguay erreichten, sahen sie aus, als könnten sie kaum aufrecht stehen.

เมื่อพวกเขามาถึงสเกกวัย พวกเขาแทบจะยืนตัวตรงไม่ได้เลย

Sie hatten Mühe, die Zügel straff zu halten und vor dem Schlitten zu bleiben.

พวกเขาพยายามดิ้นรนที่จะบังคับสายบังเหียนให้แน่นและอยู่ข้างหน้าร
ถเลื่อน

Auf abschüssigen Hängen konnten sie nur noch vermeiden, überfahren zu werden.

บนทางลาดลงพวกเขาทำได้เพียงหลีกเลี่ยงการถูกชนเท่านั้น

„Weiter, ihr armen, wunden Füße", sagte der Fahrer,
während sie weiterhumpelten.

"เดินต่อไปเถอะ เท้าที่เจ็บ"

คนขับรถพูดขณะที่พวกเขาเดินกะเผลกไปเรื่อยๆ

„Das ist die letzte Strecke, danach bekommen wir alle auf
jeden Fall noch eine lange Pause."

"นี่คือช่วงสุดท้ายแล้ว จากนั้นเราทุกคนจะได้พักผ่อนยาวๆ
อย่างแน่นอน"

„Eine richtig lange Pause", versprach er und sah ihnen nach,
wie sie weiter taumelten.

"การพักผ่อนอันยาวนานจริงๆ"

เขาสัญญาขณะมองดูพวกเขาเดินโซเซไปข้างหน้า

Die Fahrer rechneten damit, dass sie nun eine lange,
notwendige Pause bekommen würden.

ผู้ขับขี่คาดหวังว่าพวกเขาจะได้พักเป็นเวลานานตามที่จำเป็น

Sie hatten zweitausend Meilen zurückgelegt und nur zwei
Tage Pause gemacht.

พวกเขาเดินทางไปไกลถึงหนึ่งพันสองร้อยไมล์โดยมีเวลาพักผ่อนเพียง
สองวัน

Sie waren der Meinung, dass sie sich die Zeit zum
Entspannen verdient hätten, und das aus fairen und
vernünftigen Gründen.

ด้วยความยุติธรรมและเหตุผล

พวกเขารู้สึกว่าตนสมควรได้รับเวลาพักผ่อน

Aber zu viele waren zum Klondike gekommen und zu
wenige waren zu Hause geblieben.

แต่มีคนจำนวนมากเกินไปที่ไปที่คลอนไดค์ และมีเพียงไม่กี่คนที่อยู่บ้าน

Es gingen unzählige Briefe von Familien ein, die zu Bergen
verspäteter Post führten.

จดหมายจากครอบครัวต่างๆ หลั่งไหลเข้ามา

ทำให้เกิดจดหมายล่าช้าเป็นกอง

Offizielle Anweisungen trafen ein – neue Hudson Bay-
Hunde würden die Nachfolge antreten.

คำสั่งอย่างเป็นทางการมาถึงแล้ว—

สุนัขฮัดสันเบย์ตัวใหม่กำลังจะเข้ามารับหน้าที่แทน

Die erschöpften Hunde, die nun als wertlos galten, sollten entsorgt werden.

สุนัขที่เหนื่อยล้าซึ่งปัจจุบันเรียกว่าไร้ค่าจะต้องถูกกำจัดทิ้ง

Da Geld wichtiger war als Hunde, sollten sie billig verkauft werden.

เนื่องจากเงินสำคัญกว่าสุนัข จึงขายได้ในราคาถูก

Drei weitere Tage vergingen, bevor die Hunde spürten, wie schwach sie waren.

ผ่านไปอีกสามวันก่อนที่สุนัขจะรู้สึกว่ามันอ่อนแอแค่ไหน

Am vierten Morgen kauften zwei Männer aus den Staaten das gesamte Team.

เช้าวันที่สี่ ผู้ชายสองคนจากอเมริกาซื้อทีมทั้งหมด

Der Verkauf umfasste alle Hunde sowie ihre abgenutzte Geschirrausrüstung.

การขายนี้รวมสุนัขทุกตัวพร้อมทั้งอุปกรณ์รัดตัวที่สึกหรอของสุนัขด้วย

Die Männer nannten sich gegenseitig „Hal" und „Charles", als sie den Deal abschlossen.

ชายทั้งสองเรียกกันว่า "ฮาล" และ "ชาร์ลส์"
ในขณะที่พวกเขาทำข้อตกลงเสร็จสิ้น

Charles war mittleren Alters, blass, hatte schlaffe Lippen und wilde Schnurrbartspitzen.

ชาร์ลส์เป็นคนวัยกลางคน ผิวซีด
มีริมฝีปากเหี่ยวและมีหนวดที่แหลมคม

Hal war ein junger Mann, vielleicht neunzehn, der einen Patronengürtel trug.

ฮาลเป็นชายหนุ่มอายุน่าจะประมาณสิบเก้าปีที่สวมเข็มขัดที่ยัดด้วยกระสุนปืน

Am Gürtel befanden sich ein großer Revolver und ein Jagdmesser, beide unbenutzt.

เข็มขัดมีปืนลูกโม่ขนาดใหญ่และมีดล่าสัตว์ซึ่งไม่ได้ใช้งานอยู่

Es zeigte, wie unerfahren und ungeeignet er für das Leben im Norden war.

มันแสดงให้เห็นว่าเขาขาดประสบการณ์และไม่เหมาะกับชีวิตในภาคเหนือ

Keiner der beiden Männer gehörte in die Wildnis; ihre Anwesenheit widersprach jeder Vernunft.

ทั้งสองมนุษย์ไม่ควรอยู่ในป่า การมีอยู่ของพวกเขาขัดต่อเหตุผลใดๆ
ทั้งสิ้น

Buck beobachtete, wie das Geld zwischen Käufer und
Makler den Besitzer wechselte.

บั๊กเฝ้าดูขณะที่เงินถูกแลกเปลี่ยนระหว่างผู้ซื้อและตัวแทน

Er wusste, dass die Postzugführer sein Leben wie alle
anderen verlassen würden.

เขารู้ว่าพนักงานขับรถไฟไปรษณีย์กำลังจะทิ้งชีวิตเขาไปเช่นเดียวกับ
คนอื่นๆ

Sie folgten Perrault und François, die nun
unwiederbringlich verschwunden waren.

พวกเขาติดตาม Perrault และ François จนไม่มีใครจำได้อีกต่อไปแล้ว

Buck und das Team wurden in das schlampige Lager ihrer
neuen Besitzer geführt.

บั๊กและทีมถูกนำไปยังค่ายทรุดโทรมของเจ้าของใหม่

Das Zelt hing durch, das Geschirr war schmutzig und alles
lag in Unordnung.

เต็นท์ทรุดโทรม จานชามสกปรก และทุกสิ่งทุกอย่างไม่เป็นระเบียบ

Buck bemerkte dort auch eine Frau – Mercedes, Charles'
Frau und Hals Schwester.

บัคสังเกตเห็นผู้หญิงคนหนึ่งตรงนั้นด้วย—เมอร์เซเดส
ภรรยาของชาร์ลส์ และน้องสาวของฮาล

Sie bildeten eine vollständige Familie, obwohl sie alles
andere als für den Wanderpfad geeignet waren.

พวกเขาสร้างครอบครัวที่สมบูรณ์แบบ
ถึงแม้จะไม่เหมาะกับเส้นทางก็ตาม

Buck beobachtete nervös, wie das Trio begann, die Vorräte
einzupacken.

บัคเฝ้าดูอย่างกังวลขณะที่ทั้งสามคนเริ่มเก็บสิ่งของ

Sie arbeiteten hart, aber ohne Ordnung – nur Aufhebens
und vergeudete Mühe.

พวกเขาทำงานหนักแต่ไม่มีระเบียบ
มีแต่เรื่องวุ่นวายและความพยายามที่สูญเปล่า

Das Zelt war zu einer sperrigen Form zusammengerollt und
viel zu groß für den Schlitten.

เต็นท์ถูกม้วนเป็นรูปร่างใหญ่เทอะทะ ใหญ่เกินกว่าที่จะบรรทุกเลื่อนได้

Schmutziges Geschirr wurde eingepackt, ohne dass es gespült oder getrocknet worden wäre.

จานสกปรกถูกบรรจุโดยไม่ได้ทำความสะอาดหรือทำให้แห้งเลย

Mercedes flatterte herum, redete, korrigierte und mischte sich ständig ein.

เมอร์เซเดสกระพือปีกอยู่ตลอดเวลา พูดคุย แก้ไข และแทรกแซงอยู่ตลอดเวลา

Als ein Sack vorne platziert wurde, bestand sie darauf, dass er hinten drankam.

เมื่อวางกระสอบไว้ด้านหน้า เธอก็ยืนกรานให้วางไว้ด้านหลัง

Sie packte den Sack ganz unten rein und im nächsten Moment brauchte sie ihn.

เธอบรรจุกระสอบไว้ที่ด้านล่างและวินาทีถัดไปเธอก็ต้องการมัน

Also wurde der Schlitten erneut ausgepackt, um an die eine bestimmte Tasche zu gelangen.

จากนั้นจึงนำเลื่อนออกมาอีกครั้งเพื่อไปหยิบถุงใบหนึ่งที่ต้องการ

In der Nähe standen drei Männer vor einem Zelt und beobachteten die Szene.

ใกล้ๆ กัน มีชายสามคนยืนอยู่หน้าเต็นท์ มองดูเหตุการณ์ที่เกิดขึ้น

Sie lächelten, zwinkerten und grinsten über die offensichtliche Verwirrung der Neuankömmlinge.

พวกเขายิ้ม กระพริบตา และยิ้มกริ่มให้กับความสับสนที่ชัดเจนของผู้มาใหม่

„Sie haben schon eine ziemlich schwere Last", sagte einer der Männer.

"คุณมีน้ำหนักมากจริงๆ นะ" ชายคนหนึ่งกล่าว

„Ich glaube nicht, dass Sie das Zelt tragen sollten, aber es ist Ihre Entscheidung."

"ฉันไม่คิดว่าคุณควรจะถือเต็นท์นั้นไป แต่เป็นทางเลือกของคุณ"

„Unvorstellbar!", rief Mercedes und warf verzweifelt die Hände in die Luft.

"ไม่ฝันเลย!" เมอร์เซเดสร้องออกมาพร้อมยกมือขึ้นด้วยความสิ้นหวัง

„Wie könnte ich ohne Zelt reisen, unter dem ich übernachten kann?"

"ฉันจะเดินทางได้อย่างไรหากไม่มีเต็นท์ให้พักใต้หลังคา?"

„Es ist Frühling – Sie werden kein kaltes Wetter mehr erleben", antwortete der Mann.

"ตอนนี้เป็นฤดูใบไม้ผลิแล้ว คุณจะไม่เห็นอากาศหนาวเย็นอีกแล้ว" ชายคนนั้นตอบ

Aber sie schüttelte den Kopf und sie stapelten weiterhin Gegenstände auf den Schlitten.

แต่เธอส่ายหัว และพวกเขาก็ยังคงวางสิ่งของต่างๆ ไว้บนเลื่อน

Als sie die letzten Dinge hinzufügten, türmte sich die Ladung gefährlich hoch auf.

โหลดสูงจนเป็นอันตรายเมื่อพวกเขาเพิ่มสิ่งสุดท้ายเข้าไป

„Glauben Sie, der Schlitten fährt?", fragte einer der Männer mit skeptischem Blick.

"คิดว่ารถเลื่อนจะขี่ได้เหรอ?" ชายคนหนึ่งถามด้วยท่าทางไม่เชื่อ

„Warum sollte es nicht?", blaffte Charles mit scharfer Verärgerung zurück.

"ทำไมจะไม่ได้ล่ะ" ชาร์ลสสวนกลับด้วยความรำคาญอย่างรุนแรง

„Oh, das ist schon in Ordnung", sagte der Mann schnell und wich seiner Beleidigung aus.

"โอ้ ไม่เป็นไร" ชายคนนั้นพูดอย่างรวดเร็ว

และถอยห่างจากสิ่งที่กำลังทำอยู่

„Ich habe mich nur gewundert – es sah für mich einfach ein bisschen zu kopflastig aus."

"ฉันแค่สงสัยว่ามันดูหนักไปนิดสำหรับฉัน"

Charles drehte sich um und band die Ladung so gut fest, wie er konnte.

ชาร์ลส์หันกลับไปและผูกภาระให้ดีที่สุดเท่าที่จะทำได้

Allerdings waren die Zurrgurte locker und die Verpackung insgesamt schlecht ausgeführt.

แต่การผูกนั้นหลวมและการบรรจุโดยรวมก็ทำได้ไม่ดี

„Klar, die Hunde machen das den ganzen Tag", sagte ein anderer Mann sarkastisch.

"แน่นอน สุนัขจะทำแบบนั้นตลอดทั้งวัน"

ชายอีกคนพูดอย่างประชดประชัน

„Natürlich", antwortete Hal kalt und packte die lange
Lenkstange des Schlittens.

"แน่นอน" ฮาลตอบอย่างเย็นชาขณะคว้าเสาค้ำที่ยาวของรถเลื่อน

Mit einer Hand an der Stange schwang er mit der anderen
die Peitsche.

เขาใช้มือข้างหนึ่งจับเสา และใช้มืออีกข้างฟาดแส้

„Los geht's!", rief er. „Bewegt euch!", und trieb die Hunde
zum Aufbruch an.

"ไปกันเถอะ!" เขาร้องตะโกน "ขยับตัวหน่อย!" เร่งเร้าให้สุนัขเริ่ม

Die Hunde lehnten sich in das Geschirr und spannten sich
einige Augenblicke lang an.

สุนัขเอนตัวเข้าไปในสายรัดและเกร็งอยู่ครู่หนึ่ง

Dann blieben sie stehen, da sie den überladenen Schlitten
keinen Zentimeter bewegen konnten.

แล้วพวกเขาก็หยุดลง
โดยไม่สามารถขยับเลื่อนที่บรรทุกของเกินขนาดได้แม้แต่น้อย

„Diese faulen Bestien!", schrie Hal und hob die Peitsche, um
sie zu schlagen.

"พวกสัตว์ขี้เกียจ!" ฮาลตะโกนพร้อมกับยกแส้ขึ้นเพื่อโจมตีพวกมัน

Doch Mercedes stürzte herein und riss Hal die Peitsche aus
der Hand.

แต่เมอร์เซเดสรีบเข้ามาและคว้าแส้จากมือของฮาล

„Oh, Hal, wage es ja nicht, ihnen wehzutun", rief sie
alarmiert.

"โอ้ ฮาล อย่าได้กล้าทำร้ายพวกเขานะ" เธอร้องด้วยความตื่นตระหนก

„Versprich mir, dass du nett zu ihnen bist, sonst gehe ich
keinen Schritt weiter."

"สัญญากับฉันสิว่าคุณจะใจดีกับพวกเขา ไม่งั้นฉันจะไม่ก้าวไปอีกขั้น"

„Du weißt nichts über Hunde", fuhr Hal seine Schwester an.

"เธอไม่รู้เรื่องสุนัขเลย" ฮาลตะคอกใส่พี่สาวของเขา

„Sie sind faul, und die einzige Möglichkeit, sie zu bewegen,
besteht darin, sie zu peitschen."

"พวกมันขี้เกียจ
และวิธีเดียวที่จะเคลื่อนย้ายพวกมันได้คือการเฆี่ยนตีพวกมัน"

„Fragen Sie irgendjemanden – fragen Sie einen dieser Männer dort drüben, wenn Sie mir nicht glauben."

"ถามใครก็ได้—ถามผู้ชายคนใดคนหนึ่งที่นั่นถ้าคุณสงสัยฉัน"

Mercedes sah die Zuschauer mit flehenden, tränennassen Augen an.

เมอร์เซเดสมองดูผู้คนด้วยดวงตาที่วิงวอนและมีน้ำตาคลอเบ้า

Ihr Gesicht zeigte, wie sehr sie den Anblick jeglichen Schmerzes hasste.

ใบหน้าของเธอแสดงให้เห็นว่าเธอเกลียดการเห็นความเจ็บปวดมากแค่ไหน

„Sie sind schwach, das ist alles", sagte ein Mann. „Sie sind erschöpft."

ชายคนหนึ่งกล่าวว่า "พวกเขาอ่อนแอมาก พวกมันเหนื่อยล้า"

„Sie brauchen Ruhe – sie haben zu lange ohne Pause gearbeitet."

"พวกเขาต้องการพักผ่อน—

พวกเขาทำงานมานานเกินไปโดยไม่ได้พักผ่อนเลย"

„Der Rest sei verflucht", murmelte Hal mit verzogenen Lippen.

"ขอให้คำสาปจงหมดไป" ฮาลพึมพำพร้อมกับยกริมฝีปากขึ้น

Mercedes schnappte nach Luft, sein grobes Wort schmerzte sie sichtlich.

เมอร์เซเดสหายใจไม่ออก

แสดงความเจ็บปวดอย่างเห็นได้ชัดจากคำพูดหยาบคายของเขา

Dennoch blieb sie loyal und verteidigte ihren Bruder sofort.

อย่างไรก็ตามเธอยังคงภักดีและปกป้องพี่ชายของเธอทันที

„Kümmere dich nicht um den Mann", sagte sie zu Hal. „Das sind unsere Hunde."

"อย่าไปสนใจผู้ชายคนนั้นเลย" เธอกล่าวกับฮาล

"พวกมันเป็นหมาของเรา"

„Fahren Sie sie, wie Sie es für richtig halten – tun Sie, was Sie für richtig halten."

"คุณขับมันตามที่คุณเห็นว่าเหมาะสม—ทำในสิ่งที่คุณคิดว่าถูกต้อง"

Hal hob die Peitsche und schlug die Hunde erneut gnadenlos.

ฮาลยกแส้ขึ้นและฟาดสุนัขอีกครั้งอย่างไม่ปรานี

Sie stürzten sich nach vorne, die Körper tief gebeugt, die Füße in den Schnee gedrückt.

พวกเขาพุ่งตัวไปข้างหน้า ร่างกายต่ำลง และเท้าเหยียบไปในหิมะ

Sie gaben sich alle Mühe, den Schlitten zu ziehen, aber er bewegte sich nicht.

พวกเขาใช้พลังทั้งหมดไปกับการดึง แต่รถเลื่อนกลับไม่เคลื่อนที่

Der Schlitten blieb wie ein im Schnee festgefrorener Anker stecken.

รถเลื่อนยังคงติดอยู่เหมือนกับสมอที่ถูกแช่แข็งในหิมะที่อัดแน่น

Nach einem zweiten Versuch blieben die Hunde wieder stehen und keuchten schwer.

หลังจากพยายามครั้งที่สอง สุนัขก็หยุดอีกครั้ง
และหายใจหอบอย่างหนัก

Hal hob die Peitsche noch einmal, gerade als Mercedes erneut eingriff.

ฮาลยกแส้ขึ้นอีกครั้ง ในขณะที่เมอร์เซเดสเข้ามาขัดขวางอีกครั้ง

Sie fiel vor Buck auf die Knie und umarmte seinen Hals.

เธอคุกเข่าลงตรงหน้าบัคและกอดคอเขา

Tränen traten ihr in die Augen, als sie den erschöpften Hund anflehte.

น้ำตาคลอเบ้าขณะที่เธอวิงวอนสุนัขที่เหนื่อยล้า

„Ihr Armen", sagte sie, „warum zieht ihr nicht einfach stärker?"

"พวกคุณน่าสงสารจัง" เธอกล่าว "ทำไมคุณไม่ดึงแรงกว่านี้ล่ะ?"

„Wenn du ziehst, wirst du nicht so ausgepeitscht."

"ถ้าดึงก็จะไม่ได้โดนตีแบบนี้"

Buck mochte Mercedes nicht, aber er war zu müde, um ihr jetzt zu widerstehen.

บัคไม่ชอบเมอร์เซเดส แต่เขาเหนื่อยเกินกว่าจะต่อต้านเธอตอนนี้

Er akzeptierte ihre Tränen als einen weiteren Teil dieses elenden Tages.

เขารับน้ำตาของเธอว่าเป็นเพียงส่วนหนึ่งของวันอันน่าเศร้าเท่านั้น

Einer der zuschauenden Männer ergriff schließlich das Wort, nachdem er seinen Ärger unterdrückt hatte.

ในที่สุดชายคนหนึ่งที่เฝ้าดูก็พูดขึ้นหลังจากพยายามระงับความโกรธไว้
รู้

„Es ist mir egal, was mit euch passiert, Leute, aber diese
Hunde sind wichtig."

"ฉันไม่สนใจว่าจะเกิดอะไรขึ้นกับพวกคุณ แต่สุนัขพวกนั้นสำคัญ"

„Wenn du helfen willst, mach den Schlitten los – er ist am
Schnee festgefroren."

"ถ้าคุณอยากช่วย ก็ช่วยดึงเลื่อนนั้นออกซะ
เพราะมันแข็งตัวจนติดหิมะแล้ว"

„Drücken Sie fest auf die Gee-Stange, rechts und links, und
brechen Sie die Eisversiegelung."

"กดเสาค้ำแรงๆ ทั้งขวาและซ้าย เพื่อทำลายผนึกน้ำแข็ง"

Ein dritter Versuch wurde unternommen, diesmal auf
Vorschlag des Mannes.

ความพยายามครั้งที่สามเกิดขึ้นคราวนี้ตามคำแนะนำของชายคนนี้

Hal schaukelte den Schlitten von einer Seite auf die andere
und löste so die Kufen.

ฮาลโยกเลื่อนไปมา ทำให้ผู้วิ่งหลุดออกไป

Obwohl der Schlitten überladen und unhandlich war,
machte er schließlich einen Satz nach vorne.

แม้ว่ารถเลื่อนจะบรรทุกเกินขนาดและดูไม่คล่องตัว
แต่ในที่สุดก็สามารถเคลื่อนตัวไปข้างหน้าได้

Buck und die anderen zogen wild, angetrieben von einem
Sturm aus Schleudertraumen.

บั๊กและคนอื่นๆ ดึงอย่างแรงจนเกิดการเหวี่ยงอย่างรุนแรง

Hundert Meter weiter machte der Weg eine Biegung und
führte in die Straße hinein.

เมื่อเดินไปข้างหน้าอีกร้อยหลา เส้นทางก็โค้งและลาดลงไปบนถนน

Um den Schlitten aufrecht zu halten, hätte es eines
erfahrenen Fahrers bedurft.

จำเป็นต้องมีคนขับที่มีทักษะจึงจะสามารถรักษาให้รถเลื่อนตั้งตรงได้

Hal war nicht geschickt und der Schlitten kippte, als er um
die Kurve schwang.

ฮาลไม่ชำนาญ และรถเลื่อนก็เอียงขณะแกว่งไปรอบๆ โค้ง

Lose Zurrgurte gaben nach und die Hälfte der Ladung ergoss sich auf den Schnee.

เชือกที่ผูกไว้หลวมๆ ทำให้หลุดออก และครึ่งหนึ่งของน้ำหนักก็หกลงบนหิมะ

Die Hunde hielten nicht an; der leichtere Schlitten flog auf der Seite weiter.

สุนัขไม่ได้หยุด แต่รถเลื่อนที่เบากว่าก็บินไปด้านข้าง

Wütend über die Beschimpfungen und die schwere Last rannten die Hunde noch schneller.

เนื่องจากความโกรธจากการถูกทารุณและภาระที่หนัก จึงทำให้สุนัขวิ่งเร็วขึ้น

Buck rannte wütend los und das Team folgte ihm.

บัคโกรธมากและวิ่งออกไปโดยมีเพื่อนร่วมทีมวิ่งตามหลัง

Hal rief „Whoa! Whoa!", aber das Team beachtete ihn nicht.

ฮาลตะโกนว่า "ว้าว! ว้าว!" แต่ทีมงานไม่ได้สนใจเขาเลย

Er stolperte, fiel und wurde am Geschirr über den Boden geschleift.

เขาสะดุดล้มและถูกสายรัดดึงไปกับพื้น

Der umgekippte Schlitten wurde über ihn geworfen, als die Hunde weiterrasten.

รถเลื่อนที่พลิกคว่ำกระแทกเข้าใส่เขา ขณะที่สุนัขวิ่งแซงหน้าเขาไป

Die restlichen Vorräte verteilten sich über die belebte Straße von Skaguay.

เสบียงที่เหลือกระจายอยู่ทั่วถนนสายหลักที่พลุกพล่านของเมืองสกาเกวย์

Gutherzige Menschen eilten herbei, um die Hunde anzuhalten und die Ausrüstung einzusammeln.

คนใจดีต่างวิ่งไปหยุดสุนัขและเก็บอุปกรณ์ต่างๆ

Sie gaben den neuen Reisenden auch direkte und praktische Ratschläge.

พวกเขายังให้คำแนะนำที่ตรงไปตรงมาและปฏิบัติได้จริงแก่ผู้เดินทางมืออใหม่อีกด้วย

„Wenn Sie Dawson erreichen wollen, nehmen Sie die halbe Ladung und die doppelte Anzahl an Hunden mit."

"หากคุณต้องการเข้าถึง Dawson จงเอาของไปครึ่งหนึ่ง
และเพิ่มสุนัขเป็นสองเท่า"

Hal, Charles und Mercedes hörten zu, wenn auch nicht mit
Begeisterung.

ฮาล ชาร์ลส์ และเมอร์เซเดสฟัง แม้จะไม่ได้ด้วยความกระตือรือร้นก็ตาม

Sie bauten ihr Zelt auf und begannen, ihre Vorräte zu
sortieren.

พวกเขากางเต็นท์และเริ่มคัดแยกสิ่งของของตน

Heraus kamen Konserven, die die Zuschauer laut lachen
ließen.

อาหารกระป๋องก็ถูกวางออกมาทำเอาผู้ที่เห็นเหตุการณ์หัวเราะออกมา
ดังๆ

„Konserven auf dem Weg? Bevor die schmelzen, verhungern
Sie", sagte einer.

"ของกระป๋องบนเส้นทาง คุณจะอดตายก่อนที่มันจะละลาย"
คนหนึ่งกล่าว

„Hoteldecken? Die wirfst du am besten alle weg."

"ผ้าห่มโรงแรมเหรอ? โยนทิ้งไปเลยดีกว่า"

„Schmeißen Sie auch das Zelt weg, und hier spült niemand
mehr Geschirr."

"รื้อเต็นท์ออกซะ แล้วที่นี่ก็ไม่มีใครล้างจาน"

„Sie glauben, Sie fahren in einem Pullman-Zug mit
Bediensteten an Bord?"

"คุณคิดว่าคุณกำลังนั่งรถไฟพูลแมนพร้อมคนรับใช้บนเครื่องเหรอ?"

Der Prozess begann – jeder nutzlose Gegenstand wurde
beiseite geworfen.

กระบวนการเริ่มต้นขึ้น—สิ่งของไร้ประโยชน์ทุกชิ้นถูกโยนทิ้งไป

Mercedes weinte, als ihre Taschen auf den schneebedeckten
Boden geleert wurden.

เมอร์เซเดสร้องไห้ขณะที่กระเป๋าของเธอถูกเทลงบนพื้นที่เต็มไปด้วยหิ
มะ

Sie schluchzte ohne Pause über jeden einzelnen
hinausgeworfenen Gegenstand.

เธอสะอื้นให้กับสิ่งของทุกชิ้นที่ถูกโยนออกไป ทีละชิ้นโดยไม่หยุดพัก

Sie schwor, keinen Schritt weiterzugehen – nicht einmal für zehn Charleses.

นางปฏิญาณว่าจะไม่ก้าวไปอีกก้าวเดียว
แม้กระทั่งถึงชาร์ลส์สิบคนก็ตาม

Sie flehte alle Menschen in ihrer Nähe an, ihr ihre wertvollen Sachen zu überlassen.

เธอขอร้องทุกคนที่อยู่ใกล้เคียงให้ยอมเก็บของมีค่าของเธอไว้ให้

Schließlich wischte sie sich die Augen und begann, auch die wichtigsten Kleidungsstücke wegzuwerfen.

ในที่สุดเธอก็เช็ดตาและเริ่มโยนแม้กระทั่งเสื้อผ้าที่สำคัญออกไป

Als sie mit ihrem eigenen fertig war, begann sie, die Vorräte der Männer auszuräumen.

เมื่อจัดการของตัวเองเสร็จแล้ว เธอก็เริ่มขนของของผู้ชายออกไป

Wie ein Wirbelwind verwüstete sie die Habseligkeiten von Charles und Hal.

เธอฉีกข้าวของของชาร์ลส์และฮาลออกไปอย่างวุ่นวาย

Obwohl die Ladung halbiert wurde, war sie immer noch viel schwerer als nötig.

แม้ว่าภาระจะลดลงครึ่งหนึ่ง แต่ก็ยังหนักกว่าที่จำเป็นมาก

In dieser Nacht gingen Charles und Hal los und kauften sechs neue Hunde.

คืนนั้น ชาร์ลสกับฮาลออกไปซื้อสุนัขใหม่มาหกตัว

Diese neuen Hunde gesellten sich zu den ursprünglichen sechs, plus Teek und Koona.

สุนัขตัวใหม่เหล่านี้จะมาร่วมตัวกับสุนัขตัวเดิมทั้งหกตัว พร้อมด้วย Teek และ Koona

Zusammen bildeten sie ein Gespann aus vierzehn Hunden, die vor den Schlitten gespannt wurden.

พวกเขารวมทีมสุนัขสิบสี่ตัวเข้ากับรถลากเลื่อน

Doch die neuen Hunde waren für die Schlittenarbeit ungeeignet und schlecht ausgebildet.

แต่สุนัขใหม่ไม่เหมาะสมและได้รับการฝึกฝนในการลากเลื่อนไม่ดี

Drei der Hunde waren kurzhaarige Vorstehhunde und einer war ein Neufundländer.

สุนัขสามตัวเป็นสุนัขพันธุ์พอยน์เตอร์ขนสั้น
และหนึ่งตัวเป็นพันธุ์นิวฟันด์แลนด์

Bei den letzten beiden Hunden handelte es sich um
Mischlinge ohne eindeutige Rasse oder Zweckbestimmung.

สุนัขสองตัวสุดท้ายเป็นสุนัขจรจัดที่ไม่มีสายพันธุ์หรือวัตถุประสงค์ที่ชัด
เจนใดๆ เลย

Sie haben den Weg nicht verstanden und ihn nicht schnell
gelernt.

พวกเขาไม่เข้าใจเส้นทางและไม่สามารถเรียนรู้ได้อย่างรวดเร็ว

Buck und seine Kameraden beobachteten sie mit
Verachtung und tiefer Verärgerung.

บั๊กและเพื่อนๆ
ของเขามองดูพวกเขาด้วยความดูถูกและหงุดหงิดอย่างมาก

Obwohl Buck ihnen beibrachte, was sie nicht tun sollten,
konnte er ihnen keine Pflicht beibringen.

แม้ว่าบัคจะสอนพวกเขาว่าอะไรไม่ควรทำ
แต่เขาไม่สามารถสอนหน้าที่ได้

Sie kamen mit dem Leben auf dem Wanderpfad und dem
Ziehen von Zügeln und Schlitten nicht gut zurecht.

พวกเขาไม่ยอมรับการใช้ชีวิตแบบตามรอยหรือการดึงสายบังคับและเลื่
อน

Nur die Mischlinge versuchten, sich anzupassen, und selbst
ihnen fehlte der Kampfgeist.

มีเพียงพวกลูกผสมเท่านั้นที่พยายามปรับตัว
และแม้แต่พวกมันก็ขาดจิตวิญญาณนักสู้

Die anderen Hunde waren durch ihr neues Leben verwirrt,
geschwächt und gebrochen.

สุนัขตัวอื่นๆ รู้สึกสับสน อ่อนแอ และเสียใจกับชีวิตใหม่ของพวกมัน

Da die neuen Hunde ahnungslos und die alten erschöpft
waren, gab es kaum Hoffnung.

เมื่อสุนัขตัวใหม่ยังไม่รู้เรื่อง และสุนัขตัวเก่าก็หมดแรง
ความหวังก็เริ่มริบหรี่

Bucks Team hatte zweitausendfünfhundert Meilen eines
rauen Pfades zurückgelegt.

ทีมของบัคต้องเดินทางผ่านเส้นทางที่ยากลำบากกว่า 2,500 ไมล์

Dennoch waren die beiden Männer fröhlich und stolz auf
ihr großes Hundegespann.

อย่างไรก็ตาม
ชายทั้งสองก็ยังคงร่าเริงและภูมิใจกับสุนัขตัวใหญ่ของพวกเขา

Sie dachten, sie würden mit Stil reisen, mit vierzehn
Hunden an der Leine.

พวกเขาคิดว่าพวกเขาเดินทางอย่างมีสไตล์โดยมีสุนัขสิบสี่ตัวร่วมเดิน
ทางด้วย

Sie hatten gesehen, wie Schlitten nach Dawson aufbrachen
und andere von dort ankamen.

พวกเขาเห็นรถเลื่อนออกเดินทางไปยังเมืองดอว์สัน
และมีรถเลื่อนคันอื่นๆ ตามมาด้วย

Aber noch nie hatten sie eins gesehen, das von bis zu
vierzehn Hunden gezogen wurde.

แต่ไม่เคยเห็นใครลากด้วยสุนัขมากถึงสิบสี่ตัวเลย

Es gab einen Grund, warum solche Teams in der arktischen
Wildnis selten waren.

มีเหตุผลว่าทำไมทีมดังกล่าวจึงหายากในถิ่นทุรกันดารอาร์กติก

Kein Schlitten konnte genug Futter transportieren, um
vierzehn Hunde für die Reise zu versorgen.

รถเลื่อนไม่มีทางบรรทุกอาหารพอเลี้ยงสุนัขได้ถึง 14
ตัวตลอดการเดินทาง

Aber Charles und Hal wussten das nicht – sie hatten
nachgerechnet.

แต่ชาร์ลส์และฮาลไม่รู้เรื่องนี้—พวกเขาคิดเลขไปแล้ว

Sie haben das Futter berechnet: so viel pro Hund, so viele
Tage, fertig.

พวกเขาเขียนรายละเอียดอาหารไว้หมดแล้ว: มากมายต่อสุนัขหนึ่งตัว
หลายวัน เสร็จเรียบร้อย

Mercedes betrachtete ihre Zahlen und nickte, als ob es Sinn
machte.

เมอร์เซเดสมองดูตัวเลขของพวกเขาและพยักหน้าราวกับว่ามันสมเหตุ
สมผล

Zumindest auf dem Papier erschien ihr alles sehr einfach.

สำหรับเธอแล้วทุกอย่างดูเรียบง่ายมาก อย่างน้อยก็บนกระดาษ

Am nächsten Morgen führte Buck das Team langsam die verschneite Straße hinauf.

เช้าวันรุ่งขึ้น บัคนำทีมเดินขึ้นถนนที่เต็มไปด้วยหิมะอย่างช้าๆ

Weder er noch die Hunde hinter ihm hatten Energie oder Tatendrang.

ไม่มีพลังงานหรือจิตวิญญาณในตัวเขาหรือสุนัขที่อยู่ข้างหลังเขาเลย

Sie waren von Anfang an todmüde, es waren keine Reserven mehr vorhanden.

พวกเขาเหนื่อยล้ามาตั้งแต่เริ่มต้น ไม่มีพลังสำรองเหลืออยู่เลย

Buck hatte bereits vier Fahrten zwischen Salt Water und Dawson unternommen.

บัคได้เดินทางระหว่างซอลท์วอเตอร์และดอว์สันไปแล้ว 4 ครั้ง

Als er nun erneut vor derselben Spur stand, empfand er nichts als Bitterkeit.

คราวนี้เมื่อต้องเผชิญกับเส้นทางเดิมอีกครั้ง
เขาไม่รู้สึกถึงสิ่งใดเลยนอกจากความขมขื่น

Er war nicht mit dem Herzen dabei und die anderen Hunde auch nicht.

หัวใจของเขาไม่ได้อยู่ในนั้น และหัวใจของสุนัขตัวอื่นก็เช่นกัน

Die neuen Hunde waren schüchtern und den Huskys fehlte jegliches Vertrauen.

สุนัขตัวใหม่ขี้อาย และฮัสกี้ก็ขาดความไว้วางใจ

Buck spürte, dass er sich auf diese beiden Männer oder ihre Schwester nicht verlassen konnte.

บัคสัมผัสได้ว่าเขาไม่สามารถพึ่งพาผู้ชายสองคนนี้หรือพี่สาวของพวกเขาได้

Sie wussten nichts und zeigten auf dem Weg keine Anzeichen, etwas zu lernen.

พวกเขาไม่รู้อะไรเลยและไม่มีทีท่าว่าเรียนรู้อะไรเลยบนเส้นทาง

Sie waren unorganisiert und es fehlte ihnen jeglicher Sinn für Disziplin.

พวกเขาไร้ระเบียบและขาดวินัย

Sie brauchten jedes Mal die halbe Nacht, um ein schlampiges Lager aufzubauen.

พวกเขาใช้เวลาครึ่งคืนในการตั้งแคมป์อย่างลวกๆ ทุกครั้ง

Und den halben nächsten Morgen verbrachten sie wieder damit, am Schlitten herumzufummeln.

และครึ่งเช้าของอีกวันพวกเขาก็ใช้เวลาค้นหาเลื่อนอีกครั้ง

Gegen Mittag hielten sie oft nur an, um die ungleichmäßige Beladung zu korrigieren.

พอถึงเที่ยงคนมักจะหยุดเพื่อซ่อมโหลดที่ไม่เท่ากัน

An manchen Tagen legten sie insgesamt weniger als sechzehn Kilometer zurück.

บางวันพวกเขาเดินทางได้ไม่ถึงสิบไมล์เลยด้วยซ้ำ

An anderen Tagen schafften sie es überhaupt nicht, das Lager zu verlassen.

วันอื่นๆ พวกเขาไม่สามารถออกจากค่ายได้เลย

Sie kamen nie auch nur annähernd an die geplante Nahrungsdistanz heran.

พวกเขาไม่เคยเข้าใกล้การครอบคลุมระยะทางการกินอาหารตามแผนเลย

Wie erwartet ging das Futter für die Hunde sehr schnell aus.

ตามที่คาดไว้ อาหารสำหรับสุนัขของพวกเขาหมดลงอย่างรวดเร็ว

Sie haben die Sache noch schlimmer gemacht, indem sie in den ersten Tagen zu viel gefüttert haben.

พวกเขาทำให้เรื่องแย่ลงโดยการให้อาหารมากเกินไปในช่วงแรกๆ

Mit jeder unvorsichtigen Ration rückte der Hungertod näher.

ส่งผลให้ความอดอยากใกล้เข้ามาทุกทีเมื่อได้รับอาหารอย่างไม่ระมัดระวัง

Die neuen Hunde hatten nicht gelernt, mit sehr wenig zu überleben.

สุนัขตัวใหม่ยังไม่เรียนรู้ที่จะเอาชีวิตรอดด้วยสิ่งเล็กๆ น้อยๆ

Sie aßen hungrig, ihr Appetit war zu groß für den Weg.

พวกเขากินอย่างหิวโหย

ความอยากอาหารสูงเกินกว่าจะเดินตามเส้นทางได้

Als Hal sah, wie die Hunde schwächer wurden, glaubte er, dass das Futter nicht ausreichte.

เมื่อเห็นว่าสุนัขเริ่มอ่อนแรง ฮาลเชื่อว่าอาหารไม่เพียงพอ

Er verdoppelte die Rationen und verschlimmerte damit den Fehler noch.

เขาเพิ่มปริมาณอาหารเป็นสองเท่า ทำให้ความผิดพลาดยิ่งแย่ลง

Mercedes verschärfte das Problem mit Tränen und leisem Flehen.

เมอร์เซเดสยังเพิ่มปัญหาด้วยน้ำตาและการวิงวอนอย่างอ่อนโยน

Als sie Hal nicht überzeugen konnte, fütterte sie die Hunde heimlich.

เมื่อเธอไม่สามารถโน้มน้าวฮาลได้ เธอจึงให้อาหารสุนัขอย่างลับๆ

Sie stahl den Fisch aus den Säcken und gab ihn ihnen hinter seinem Rücken.

นางขโมยกระสอบปลาแล้วส่งให้พวกเขาข้างหลังเขา

Doch was die Hunde wirklich brauchten, war nicht mehr Futter, sondern Ruhe.

แต่สิ่งที่สุนัขต้องการจริงๆ ไม่ใช่อาหาร แต่เป็นการพักผ่อน

Sie kamen nur langsam voran, aber der schwere Schlitten schleppte sich trotzdem weiter.

แม้ว่าพวกเขาจะทำเวลาได้ไม่ดีนัก แต่รถเลื่อนหนักๆ ก็ยังคงลากต่อไป

Allein dieses Gewicht zehrte jeden Tag an ihrer verbleibenden Kraft.

น้ำหนักเพียงเท่านี้ก็ทำให้พลังที่เหลือของพวกเขาหมดไปในแต่ละวัน

Dann kam es zur Phase der Unterernährung, da die Vorräte zur Neige gingen.

จากนั้นก็มาถึงช่วงของการให้อาหารไม่เพียงพอเนื่องจากเสบียงใกล้จะหมด

Eines Morgens stellte Hal fest, dass die Hälfte des Hundefutters bereits weg war.

เช้าวันหนึ่งฮาลตระหนักได้ว่าอาหารสุนัขครึ่งหนึ่งหายไปแล้ว

Sie hatten nur ein Viertel der gesamten Wegstrecke zurückgelegt.

พวกเขาเดินทางได้เพียงหนึ่งในสี่ของระยะทางเส้นทางทั้งหมด

Es konnten keine Lebensmittel mehr gekauft werden, egal zu welchem Preis.

ไม่สามารถซื้ออาหารได้อีกต่อไป ไม่ว่าจะเสนอราคามาเท่าใดก็ตาม

Er reduzierte die Portionen der Hunde unter die normale Tagesration.

เขาลดปริมาณอาหารที่สุนัขได้รับลงต่ำกว่าปริมาณมาตรฐานต่อวัน

Gleichzeitig forderte er längere Reisemöglichkeiten, um die Verluste auszugleichen.

ในขณะเดียวกันเขายังเรียกร้องการเดินทางที่นานขึ้นเพื่อชดเชยความสูญเสีย

Mercedes und Charles unterstützten diesen Plan, scheiterten jedoch bei der Umsetzung.

เมอร์เซเดสและชาร์ลส์สนับสนุนแผนนี้ แต่ล้มเหลวในการดำเนินการ

Ihr schwerer Schlitten und ihre mangelnden Fähigkeiten machten ein Vorankommen nahezu unmöglich.

รถเลื่อนที่หนักและทักษะที่ไม่เพียงพอทำให้แทบจะเคลื่อนที่ไม่ได้เลย

Es war einfach, weniger Futter zu geben, aber unmöglich, mehr Anstrengung zu erzwingen.

การให้ปริมาณอาหารน้อยลงเป็นเรื่องง่าย

แต่การพยายามให้มากขึ้นนั้นเป็นไปไม่ได้

Sie konnten weder früher anfangen, noch konnten sie Überstunden machen.

พวกเขาไม่สามารถเริ่มต้นได้เช้าตรู่

และไม่สามารถเดินทางนอกเวลาได้

Sie wussten nicht, wie sie mit den Hunden und überhaupt mit sich selbst arbeiten sollten.

พวกเขาไม่รู้ว่าจะต้องฝึกสุนัขอย่างไร หรือแม้แต่ฝึกตัวเองด้วยซ้ำ

Der erste Hund, der starb, war Dub, der unglückliche, aber fleißige Dieb.

สุนัขตัวแรกที่ตายคือ ดับ เจ้าหัวขโมยผู้โชคร้ายแต่ขยันทำงาน

Obwohl Dub oft bestraft wurde, leistete er ohne zu klagen seinen Beitrag.

แม้ว่าจะถูกทำโทษบ่อยครั้ง ดับก็ยังคงทำหน้าที่ของตนโดยไม่บ่น

Seine Schulterverletzung verschlimmerte sich ohne Pflege und nötige Ruhe.

ไหล่ที่บาดเจ็บของเขาแย่ลงโดยไม่ได้รับการดูแลหรือพักผ่อน

Schließlich beendete Hal mit dem Revolver Dubs Leiden.

ในที่สุดฮาลก็ใช้ปืนพกเพื่อยุติความทุกข์ทรมานของดับ

Ein gängiges Sprichwort besagt, dass normale Hunde an der Husky-Ration sterben.

มีคำพูดทั่วไปที่กล่าวว่า

สุนัขปกติจะตายเมื่อกินอาหารของสุนัขไซบีเรียนฮัสกี้

Bucks sechs neue Gefährten bekamen nur die Hälfte des
Futteranteils des Huskys.

เพื่อนใหม่ทั้งหกตัวของบัคมีส่วนแบ่งอาหารเพียงครึ่งเดียวของฮัสกี้

Zuerst starb der Neufundländer, dann die drei kurzhaarigen
Vorstehhunde.

นิวฟันด์แลนด์ตายก่อน

จากนั้นก็ตายพร้อมกับสุนัขพันธุ์ขนสั้นอีกสามตัว

Die beiden Mischlinge hielten länger durch, kamen aber
schließlich wie die anderen um.

ลูกครึ่งทั้งสองตัวยืนหยัดได้นานกว่าแต่สุดท้ายก็ตายไปเช่นเดียวกับตัว
อื่นๆ

Zu diesem Zeitpunkt waren alle Annehmlichkeiten und die
Sanftheit des Südens verschwunden.

เมื่อถึงเวลานี้

สิ่งอำนวยความสะดวกและความอ่อนโยนทั้งหมดของดินแดนทางใต้ก็ห
ายไป

Die drei Menschen hatten die letzten Spuren ihrer
zivilisierten Erziehung abgelegt.

คนทั้งสามได้ทิ้งร่องรอยสุดท้ายของการเลี้ยงดูแบบมีอารยธรรมของตน
ไปแล้ว

Ohne Glamour und Romantik wurde das Reisen in die
Arktis zur brutalen Realität.

การเดินทางในอาร์กติกที่ปราศจากความหรูหราและความโรแมนติก
กลับกลายเป็นเรื่องจริงอย่างโหดร้าย

Es war eine Realität, die zu hart für ihr Männlichkeits- und
Weiblichkeitsgefühl war.

มันเป็นความจริงที่โหดร้ายเกินไปสำหรับความรู้สึกถึงความเป็นชายแล
ะความเป็นหญิงของพวกเขา

Mercedes weinte nicht mehr um die Hunde, sondern nur
noch um sich selbst.

เมอร์เซเดสไม่ร้องไห้เพื่อสุนัขอีกต่อไป

แต่เขากลับร้องไห้เพื่อตัวเองเท่านั้น

Sie verbrachte ihre Zeit damit, zu weinen und mit Hal und Charles zu streiten.

เธอใช้เวลาในการร้องไห้และทะเลาะกับฮาลและชาร์ลส์

Streiten war das Einzige, wozu sie nie zu müde waren.

การทะเลาะกันเป็นสิ่งเดียวที่พวกเขาไม่เคยเหนื่อยเกินไปที่จะทำ

Ihre Gereiztheit rührte vom Elend her, wuchs mit ihm und übertraf es.

ความหงุดหงิดของพวกเขาเกิดจากความทุกข์ เติบโตมาพร้อมกับมัน และเอาชนะมันไปได้

Die Geduld des Weges, die diejenigen kennen, die sich abmühen und freundlich leiden, kam nie.

ความอดทนในเส้นทางที่ผู้ที่ทำงานหนักและทนทุกข์ด้วยความเมตตาคุ้นเคยไม่เคยมาถึง

Diese Geduld, die die Sprache trotz Schmerzen süß hält, war ihnen unbekannt.

ความอดทนที่ทำให้คำพูดยังคงหวานชื่นแม้จะต้องทนทุกข์ไม่ใช่สิ่งที่พวกเขารู้จัก

Sie besaßen nicht die geringste Spur von Geduld und schöpften keine Kraft aus dem anmutigen Leiden.

พวกเขาไม่มีทีท่าว่าจะมีความอดทน
ไม่มีกำลังที่ได้รับจากการทนทุกข์อย่างสง่างาม

Sie waren steif vor Schmerz – ihre Muskeln, Knochen und ihr Herz schmerzten.

พวกเขาปวดร้าวไปทั้งตัว ปวดตามกล้ามเนื้อ กระดูก และหัวใจ

Aus diesem Grund bekamen sie eine scharfe Zunge und waren schnell im Umgang mit harten Worten.

เพราะเหตุนี้พวกเขาจึงพูดจาหยาบคายและพูดจารุนแรง

Jeder Tag begann und endete mit wütenden Stimmen und bitteren Klagen.

แต่ละวันเริ่มต้นและสิ้นสุดด้วยเสียงโกรธเคืองและการบ่นอันขมขื่น

Charles und Hal stritten sich, wann immer Mercedes ihnen eine Chance gab.

ชาร์ลส์และฮาลทะเลาะกันทุกครั้งที่เมอร์เซเดสให้โอกาสพวกเขา

Jeder Mann glaubte, dass er mehr als seinen gerechten Anteil an der Arbeit geleistet hatte.

แต่ละคนเชื่อว่าตนทำงานเกินส่วนที่ตนควรจะทำ

Keiner von beiden ließ es sich je entgehen, dies immer wieder zu sagen.

และไม่เคยพลาดโอกาสที่จะพูดแบบนั้นซ้ำแล้วซ้ำเล่า

Manchmal stand Mercedes auf der Seite von Charles, manchmal auf der Seite von Hal.

บางครั้งเมอร์เซเดสก็เข้าข้างชาร์ลส์ บางครั้งก็เข้าข้างฮาล

Dies führte zu einem großen und endlosen Streit zwischen den dreien.

ทำให้เกิดการทะเลาะวิวาทกันอย่างใหญ่หลวงไม่สิ้นสุดระหว่างทั้งสามคน

Ein Streit darüber, wer Brennholz hacken sollte, geriet außer Kontrolle.

การโต้เถียงว่าใครควรสับฟืนเริ่มไม่สามารถควบคุมได้

Bald wurden Väter, Mütter, Cousins und verstorbene Verwandte genannt.

ในไม่ช้า พ่อ แม่ ลูกพี่ลูกน้อง และญาติที่เสียชีวิตก็ได้รับการระบุชื่อ

Hal's Ansichten über Kunst oder die Theaterstücke seines Onkels wurden Teil des Kampfes.

ทัศนคติของฮาลเกี่ยวกับศิลปะหรือบทละครของลุงของเขากลายมาเป็นส่วนหนึ่งของการต่อสู้

Auch Charles' politische Überzeugungen wurden in die Debatte einbezogen.

ความเชื่อทางการเมืองของชาร์ลส์ยังเข้ามามีส่วนร่วมในการอภิปรายด้วย

Für Mercedes schienen sogar die Gerüchte über die Schwester ihres Mannes relevant zu sein.

สำหรับเมอร์เซเดส
แม้แต่เรื่องนินทาของน้องสาวสามีของเธอก็ดูเหมือนจะมีความสำคัญ

Sie äußerte ihre Meinung dazu und zu vielen Fehlern in Charles' Familie.

เธอแสดงความคิดเห็นเกี่ยวกับเรื่องนั้นและข้อบกพร่องหลายประการของครอบครัวชาร์ลส์

Während sie stritten, blieb das Feuer aus und das Lager war halb fertig.

ระหว่างที่พวกเขายังโต้เถียงกัน
ไฟก็ยังคงไม่ติดและค่ายก็ตั้งได้ครึ่งหนึ่ง

In der Zwischenzeit waren die Hunde unterkühlt und hatten nichts zu fressen.

ระหว่างนั้นสุนัขก็ยังคงหนาวและไม่มีอาหารกิน

Mercedes hegte einen Groll, den sie als zutiefst persönlich betrachtete.

เมอร์เซเดสเก็บความคับข้องใจที่เธอถือเป็นเรื่องส่วนตัวอย่างมาก

Sie fühlte sich als Frau misshandelt und fühlte sich ihrer Privilegien beraubt.

เธอรู้สึกว่าตนเองถูกปฏิบัติอย่างไม่เป็นธรรมในฐานะผู้หญิง
และถูกปฏิเสธสิทธิพิเศษต่างๆ ของเธอ

Sie war hübsch und sanft und pflegte ihr ganzes Leben lang ritterliche Gesten.

เธอสวยและอ่อนโยน และปฏิบัติตนเป็นสุภาพบุรุษมาตลอดชีวิต

Doch ihr Mann und ihr Bruder begegneten ihr nun mit Ungeduld.

แต่ตอนนี้สามีและพี่ชายของเธอกลับปฏิบัติต่อเธอด้วยความหุนหัน

Sie hatte die Angewohnheit, sich hilflos zu verhalten, und sie begannen, sich zu beschweren.

เธอเคยมีนิสัยชอบทำตัวไร้ทางสู้ และพวกเขาก็เริ่มบ่น

Sie war davon beleidigt und machte ihnen das Leben noch schwerer.

เธอรู้สึกไม่พอใจกับเรื่องนี้
และทำให้ชีวิตของพวกเขาลำบากมากยิ่งขึ้น

Sie ignorierte die Hunde und bestand darauf, den Schlitten selbst zu fahren.

เธอไม่สนใจสุนัขและยืนกรานที่จะขี่เลื่อนเอง

Obwohl sie von leichter Gestalt war, wog sie fünfundvierzig Kilo.

แม้ว่าเธอจะดูตัวเล็ก แต่เธอก็มีน้ำหนักถึงหนึ่งร้อยยี่สิบปอนด์

Diese zusätzliche Belastung war zu viel für die hungernden, schwachen Hunde.

ภาระที่เพิ่มขึ้นนั้นมากเกินไปสำหรับสุนัขที่อดอาหารและอ่อนแอ

Trotzdem ritt sie tagelang, bis die Hunde in den Zügeln zusammenbrachen.

เธอยังคงขี่ม้าต่อไปหลายวัน จนกระทั่งสุนัขล้มลงในบังเหียน

Der Schlitten stand still und Charles und Hal baten sie, zu laufen.

รถเลื่อนหยุดนิ่ง และชาร์ลส์กับฮาลก็ขอร้องให้เธอเดิน

Sie flehten und flehten, aber sie weinte und nannte sie grausam.

พวกเขาได้ร้องขอและวิงวอน
แต่เธอกลับร้องไห้และเรียกพวกเขาว่าโหดร้าย

Einmal zogen sie sie mit purer Kraft und Wut vom Schlitten.

ครั้งหนึ่งพวกเขาได้ดึงเธอลงจากรถเลื่อนด้วยพลังและความโกรธอย่างเต็มที่

Nach dem, was damals passiert ist, haben sie es nie wieder versucht.

พวกเขาไม่เคยลองอีกเลยหลังจากเหตุการณ์ที่เกิดขึ้นครั้งนั้น

Sie wurde schlaff wie ein verwöhntes Kind und setzte sich in den Schnee.

เธอเดินอ่อนปวกเปียกเหมือนเด็กที่ถูกตามใจและนั่งลงบนหิมะ

Sie gingen weiter, aber sie weigerte sich aufzustehen oder ihnen zu folgen.

พวกเขาเดินต่อไป แต่เธอกลับปฏิเสธที่จะลุกขึ้นหรือเดินตามหลัง

Nach drei Meilen hielten sie an, kehrten um und trugen sie zurück.

เมื่อผ่านไปสามไมล์ พวกเขาก็หยุด กลับมา และพาเธอกลับไป

Sie luden sie wieder auf den Schlitten, wobei sie erneut rohe Gewalt anwandten.

พวกเขาจึงโหลดเธอขึ้นมาบนเลื่อนอีกครั้ง โดยใช้กำลังแรงมาก

In ihrem tiefen Elend zeigten sie gegenüber dem Leid der Hunde keine Skrupel.

ในความทุกข์ยากแสนสาหัสของพวกเขา
พวกเขากลับไม่รู้สึกรู้สาต่อความทุกข์ทรมานของสุนัขเลย

Hal glaubte, man müsse sich abhärten und zwang anderen diesen Glauben auf.

ฮาลเชื่อว่าคนเราจะต้องเข้มแข็งขึ้นและบังคับให้ผู้อื่นเชื่อแบบนั้น

Er versuchte zunächst, seiner Schwester seine Philosophie zu predigen

เขาพยายามเทศนาปรัชญาของเขาให้พี่สาวของเขาฟังก่อน

und dann predigte er erfolglos seinem Schwager.

แล้วเขาเทศนาสั่งสอนพี่เขยของเขาแต่ก็ไม่ประสบผลสำเร็จ

Bei den Hunden hatte er mehr Erfolg, aber nur, weil er ihnen weh tat.

เขาประสบความสำเร็จกับสุนัขมากขึ้น

แต่ก็เป็นเพราะเขาทำร้ายพวกมันเท่านั้น

Bei Five Fingers ist das Hundefutter komplett ausgegangen.

ที่ร้าน Five Fingers อาหารสุนัขหมดเกลี้ยงเลย

Eine zahnlose alte Squaw verkaufte ein paar Pfund gefrorenes Pferdeleder

หญิงชราไร้ฟันขายหนังม้าแช่แข็งจำนวนไม่กี่ปอนด์

Hal tauschte seinen Revolver gegen das getrocknete Pferdefell.

ฮาลนำปืนพกของเขาไปแลกกับหนังม้าแห้ง

Das Fleisch stammte von den Pferden der Viehzüchter, die Monate zuvor verhungert waren.

เนื้อเหล่านั้นมาจากม้าหรือคนเลี้ยงวัวที่อดอาหารมาหลายเดือนแล้ว

Gefroren war die Haut wie verzinktes Eisen: zäh und ungenießbar.

หนังที่ถูกแช่แข็งนั้นมีลักษณะเหมือนเหล็กอาบสังกะสี

เหนียวและไม่สามารถกินได้

Die Hunde mussten endlos auf dem Fell herumkauen, um es zu fressen.

สุนัขต้องเคี้ยวหนังอย่างไม่หยุดยั้งเพื่อจะกินมัน

Doch die ledrigen Fäden und das kurze Haar waren kaum Nahrung.

แต่สายหนังและขนสั้น ๆ นั้นแทบจะไม่มีประโยชน์เลย

Das Fell war größtenteils irritierend und kein echtes Nahrungsmittel.

ส่วนใหญ่แล้วหนังจะระคายเคือง และไม่ใช่อาหารแต่อย่างใด

Und während all dem taumelte Buck vorne herum, wie in einem Albtraum.

และตลอดเวลาที่ผ่านมา บัคเซไปข้างหน้าราวกับอยู่ในฝันร้าย

Er zog, wenn er dazu in der Lage war; wenn nicht, blieb er liegen, bis er mit einer Peitsche oder einem Knüppel hochgehoben wurde.

เขาดึงเมื่อสามารถ เมื่อทำไม่ได้

เขาจะนอนลงจนกว่าจะยกแส้หรือกระบองขึ้น

Sein feines, glänzendes Fell hatte jegliche Steifheit und jeglichen Glanz verloren, den es einst hatte.

ขนที่เงางามของเขาสูญเสียความแข็งกระด้างและความมันเงาที่เคยมีอยู่จนหมดสิ้น

Sein Haar hing schlaff herunter, war zerzaust und mit getrocknetem Blut von den Schlägen verklebt.

ผมของเขาห้อยย้อย ลากยาว และเต็มไปด้วยเลือดแห้งจากการถูกโจมตี

Seine Muskeln schrumpften zu Sehnen und seine Fleischpolster waren völlig abgenutzt.

กล้ามเนื้อของเขาหดตัวเหลือเพียงเส้นเชือก และเนื้อหนังก็สึกกร่อนไปหมด

Jede Rippe, jeder Knochen war deutlich durch die Falten der runzligen Haut zu sehen.

ซี่โครงแต่ละซี่และกระดูกแต่ละชิ้นปรากฏชัดเจนผ่านรอยพับของผิวหนังที่เหี่ยวเฉา

Es war herzzerreißend, doch Bucks Herz konnte nicht brechen.

มันเป็นเรื่องที่น่าเศร้าใจ แต่หัวใจของบัคกลับไม่อาจแตกสลายได้

Der Mann im roten Pullover hatte das getestet und vor langer Zeit bewiesen.

ชายผู้สวมเสื้อสเวตเตอร์สีแดงได้ทดสอบและพิสูจน์มาแล้วเมื่อนานมาแล้ว

So wie es bei Buck war, war es auch bei allen seinen übrigen Teamkollegen.

เช่นเดียวกับบัค และเพื่อนร่วมทีมที่เหลือของเขาทุกคนก็เป็นเช่นนั้น

Insgesamt waren es sieben, jeder einzelne ein wandelndes Skelett des Elends.

มีทั้งหมดเจ็ดคน โดยแต่ละคนเป็นโครงกระดูกเดินได้แห่งความทุกข์ยาก

Sie waren gegenüber den Peitschenhieben taub geworden und spürten nur noch entfernten Schmerz.

พวกเขาชาจนไม่อาจตีได้ แต่กลับรู้สึกเพียงความเจ็บปวดที่ห่างไกล

Sogar Bild und Ton erreichten sie nur schwach, wie durch dichten Nebel.

แม้แต่การมองเห็นและการได้ยินก็มาถึงพวกเขาอย่างรางๆ ราวกับผ่านหมอกหนา

Sie waren nicht halb lebendig – es waren Knochen mit schwachen Funken darin.

พวกมันยังไม่ตายไปครึ่งตัว—
พวกมันเป็นเพียงกระดูกที่มีประกายไฟริบหรี่อยู่ข้างใน

Als sie angehalten wurden, brachen sie wie Leichen zusammen, ihre Funken waren fast erloschen.

เมื่อหยุดลงพวกมันก็ล้มลงเหมือนศพ
ประกายไฟของพวกมันแทบจะหายไป

Und als die Peitsche oder der Knüppel erneut zuschlug, sprühten schwache Funken.

และเมื่อแส้หรือกระบองตีอีกครั้ง ประกายไฟก็กระพือเบาๆ

Dann erhoben sie sich, taumelten vorwärts und schleiften ihre Gliedmaßen vor sich her.

แล้วพวกมันก็ลุกขึ้น เซไปข้างหน้า และลากแขนขาไปข้างหน้า

Eines Tages stürzte der nette Billee und konnte überhaupt nicht mehr aufstehen.

วันหนึ่งบิลลี่ผู้ใจดีล้มลง และไม่สามารถลุกขึ้นมาได้อีก

Hal hatte seinen Revolver eingetauscht und benutzte stattdessen eine Axt, um Billee zu töten.

ฮาลได้แลกปืนพกของเขาไปแล้ว ดังนั้นเขาจึงใช้ขวานฆ่าบิลลี่แทน

Er schlug ihm auf den Kopf, schnitt dann seinen Körper los und schleifte ihn weg.

เขาตีศีรษะของเขาแล้วตัดร่างของเขาออกแล้วลากมันออกไป

Buck sah dies und die anderen auch; sie wussten, dass der Tod nahe war.

บั๊กเห็นเช่นนี้ และคนอื่นๆ ก็เห็นเช่นกัน
พวกเขารู้ว่าความตายกำลังใกล้เข้ามา

Am nächsten Tag ging Koona und ließ nur fünf Hunde im hungernden Team zurück.

วันรุ่งขึ้น คูน่าก็จากไป โดยทิ้งสุนัขในทีมที่อดอยากเพียงห้าตัวเท่านั้น

Joe war nicht länger gemein, sondern zu weit weg, um überhaupt noch viel mitzubekommen.

โจไม่ใจร้ายอีกต่อไปแล้ว

และเขาก็ไปไกลเกินกว่าจะตระหนักถึงสิ่งใดมากนัก

Pike täuschte seine Verletzung nicht länger vor und war
kaum bei Bewusstsein.

ไพค์ไม่แกล้งบาดเจ็บอีกต่อไป และแทบจะไม่มีสติอยู่เลย

Solleks, der immer noch treu war, beklagte, dass er nicht
mehr die Kraft hatte, etwas zu geben.

โซลเลกส์ยังคงซื่อสัตย์และโศกเศร้าว่าเขาไม่มีกำลังที่จะให้ได้

Teek wurde am häufigsten geschlagen, weil er frischer war,
aber schnell nachließ.

ทีคโดนตีมากที่สุดเพราะว่าเขาสดกว่า แต่ฟอร์มตกเร็วมาก

Und Buck, der immer noch in Führung lag, sorgte nicht
länger für Ordnung und setzte sie auch nicht durch.

และบัคยังคงเป็นผู้นำ

แต่เขาไม่สามารถรักษาคำสั่งหรือบังคับใช้คำสั่งนั้นอีกต่อไป

Halb blind vor Schwäche folgte Buck der Spur nur nach
Gefühl.

ด้วยความอ่อนแอและตาบอดครึ่งหนึ่ง

บัคจึงเดินตามรอยไปโดยรู้สึกเพียงลำพัง

Es war schönes Frühlingswetter, aber keiner von ihnen
bemerkte es.

เป็นอากาศฤดูใบไม้ผลิที่สวยงาม แต่ไม่มีใครสังเกตเห็น

Jeden Tag ging die Sonne früher auf und später unter als
zuvor.

ในแต่ละวันดวงอาทิตย์จะขึ้นเร็วกว่าและตกช้ากว่าก่อนหน้านี้

Um drei Uhr morgens dämmerte es, die Dämmerung dauerte
bis neun Uhr.

เมื่อถึงตีสามก็รุ่งเช้า และยังมีแสงพลบค่ำอยู่จนถึงเก้าโมง

Die langen Tage waren erfüllt von der vollen Strahlkraft des
Frühlingssonnenscheins.

วันอันยาวนานเต็มไปด้วยแสงแดดอันส่องสว่างของฤดูใบไม้ผลิ

Die gespenstische Stille des Winters hatte sich in ein
warmes Murmeln verwandelt.

ความเงียบสงบที่น่าขนลุกของฤดูหนาวได้เปลี่ยนไปเป็นเสียงพึมพำอัน
อบอุ่น

Das ganze Land erwachte und war erfüllt von der Freude am Leben.

แผ่นดินทั้งมวลตื่นขึ้นและเต็มไปด้วยความชื่นบานของสรรพชีวิต

Das Geräusch kam von etwas, das den Winter über tot und reglos dagelegen hatte.

เสียงนั้นมาจากสิ่งที่นอนตายและนิ่งอยู่ตลอดฤดูหนาว

Jetzt bewegten sich diese Dinger wieder und schüttelten den langen Frostschlaf ab.

บัดนี้ สิ่งเหล่านั้นก็เคลื่อนไหวอีกครั้ง
สลัดการนอนหลับอันหนาวเหนีบอันยาวนานออกไป

Saft stieg durch die dunklen Stämme der wartenden Kiefern.

น้ำเลี้ยงกำลังไหลขึ้นมาจากลำต้นอันมืดมิดของต้นสนที่รอคอยอยู่

An jedem Zweig von Weiden und Espen treiben leuchtende junge Knospen aus.

ต้นหลิวและต้นแอสเพนผลิดอกตูมสดใสบนกิ่งแต่ละกิ่ง

Sträucher und Weinreben erstrahlten in frischem Grün, als der Wald zum Leben erwachte.

ไม้พุ่มและเถาวัลย์เริ่มมีสีเขียวสดชื่นเมื่อป่าไม้กลับมามีชีวิตชีวา

Nachts zirpten Grillen und in der Sonne krabbelten Käfer.

จิ้งหรีดส่งเสียงร้องในเวลากลางคืน
และแมลงคลานอยู่ใต้แสงแดดตอนกลางวัน

Rebhühner dröhnten und Spechte klopften tief in den Bäumen.

นกกระทาส่งเสียงร้องดัง และนกหัวขวานก็บินว่อนไปทั่วบริเวณต้นไม้

Eichhörnchen schnatterten, Vögel sangen und Gänse schnatterten über den Hunden.

กระรอกส่งเสียงจ๊อกแจ้ นกร้องเพลง และห่านส่งเสียงร้องเหนือสุนัข

Das Wildgeflügel kam in scharfen Keilen und flog aus dem Süden heran.

นกป่าบินมาเป็นลิ่มแหลมขึ้นมาจากทางทิศใต้

Von jedem Hügel ertönte die Musik verborgener, rauschender Bäche.

จากเนินเขาทุกแห่งมีเสียงดนตรีของสายน้ำที่ไหลเชี่ยวที่ซ่อนอยู่ดังออกมา

Alles taute auf, brach, bog sich und geriet wieder in Bewegung.

ทุกสิ่งทุกอย่างละลายและแตกหัก
งอและระเบิดกลับขึ้นมาเคลื่อนไหวอีกครั้ง

Der Yukon bemühte sich, die Kälteketten des gefrorenen Eises zu durchbrechen.

ยูคอนพยายามอย่างหนักเพื่อทำลายโซ่ความหนาวเย็นของน้ำแข็งที่แข็งตัว

Das Eis schmolz von unten, während die Sonne es von oben zum Schmelzen brachte.

น้ำแข็งละลายจากด้านล่าง
ในขณะที่ดวงอาทิตย์ทำให้มันละลายจากด้านบน

Luftlöcher öffneten sich, Risse breiteten sich aus und Brocken fielen in den Fluss.

ช่องระบายอากาศเปิดออก รอยแตกร้าวแพร่กระจาย และชิ้นส่วนต่างๆ ตกลงไปในแม่น้ำ

Inmitten dieses pulsierenden und lodernden Lebens taumelten die Reisenden.

ท่ามกลางชีวิตที่วุ่นวายและลุกโชนนี้ นักเดินทางต่างก็เซไปมา

Zwei Männer, eine Frau und ein Rudel Huskys liefen wie die Toten.

ชายสองคน หญิงหนึ่งคน
และสุนัขไซบีเรียนฮัสกี้ฝูงหนึ่งเดินเหมือนคนตาย

Die Hunde fielen, Mercedes weinte, fuhr aber immer noch Schlitten.

สุนัขล้มลง เมอร์เซเดสร้องไห้แต่ยังคงขี่เลื่อนต่อไป

Hal fluchte schwach und Charles blinzelte mit tränenden Augen.

ฮาลสาปแช่งอย่างอ่อนแรง
และชาร์ลส์ก็กระพริบตาผ่านดวงตาที่คลอไปด้วยน้ำตา

Sie stolperten in John Thorntons Lager an der Mündung des White River.

พวกเขาบังเอิญไปเจอค่ายของจอห์น ธอร์นตันที่ปากแม่น้ำไวท์

Als sie anhielten, fielen die Hunde flach um, als wären sie alle tot.

เมื่อพวกมันหยุดลง สุนัขก็ล้มลงราบราวกับว่าพวกมันตายหมด

Mercedes wischte sich die Tränen ab und sah zu John Thornton hinüber.

เมอร์เซเดสเช็ดน้ำตาแล้วมองไปที่จอห์น ธอร์นตัน

Charles saß langsam und steif auf einem Baumstamm, mit Schmerzen vom Weg.

ชาร์ลส์นั่งลงบนท่อนไม้อย่างช้าๆ และเกร็ง
เพราะรู้สึกปวดเมื่อยจากเส้นทาง

Hal redete, während Thornton das Ende eines Axtstiels schnitzte.

ฮาลพูดในขณะที่ธอร์นตันแกะสลักส่วนปลายของด้ามขวาน

Er schnitzte Birkenholz und antwortete mit kurzen, bestimmten Antworten.

เขาเหลาไม้เบิร์ชแล้วตอบสั้นๆ และแน่วแน่

Wenn man ihn fragte, gab er Ratschläge, war sich jedoch sicher, dass diese nicht befolgt würden.

เมื่อถูกถาม เขาก็ให้คำแนะนำ เพราะแน่ใจว่าจะไม่มีใครปฏิบัติตาม

Hal erklärte: „Sie sagten uns, dass das Eis auf dem Weg schmelzen würde."

ฮาลอธิบายว่า "พวกเขาบอกเราว่าน้ำแข็งบนเส้นทางกำลังจะละลาย"

„Sie sagten, wir sollten bleiben, wo wir waren – aber wir haben es bis nach White River geschafft."

"พวกเขาบอกให้เราอยู่นิ่งๆ แต่เราก็ไปถึงไวท์ริเวอร์ได้"

Er schloss mit höhnischem Ton, als wolle er einen Sieg in der Not für sich beanspruchen.

เขาจบด้วยน้ำเสียงเยาะเย้ย
ราวกับจะอ้างชัยชนะแม้ต้องเจอความยากลำบาก

„Und sie haben dir die Wahrheit gesagt", antwortete John Thornton Hal ruhig.

"และพวกเขาก็บอกคุณความจริง" จอห์น ธอร์นตันตอบฮาลอย่างเงียบๆ

„Das Eis kann jeden Moment nachgeben – es ist kurz davor, abzufallen."

"น้ำแข็งอาจแตกออกได้ทุกเมื่อ—มันพร้อมที่จะหลุดออกมา"

„Nur durch blindes Glück und ein paar Narren wäre es möglich gewesen, lebend so weit zu kommen."

"มีเพียงโชคช่วยและคนโง่เท่านั้นที่ทำให้มีชีวิตมาถึงจุดนี้ได้"

„Ich sage es Ihnen ganz offen: Ich würde mein Leben nicht für alles Gold Alaskas riskieren."

"ฉันบอกคุณตรงๆ เลยว่า

ฉันจะไม่เสี่ยงชีวิตเพื่อทองคำทั้งหมดในอลาสก้า"

„Das liegt wohl daran, dass Sie kein Narr sind", antwortete Hal.

"นั่นก็เพราะว่าคุณไม่ได้เป็นคนโง่ ฉันคิดว่าอย่างนั้น" ฮาลตอบ

„Trotzdem fahren wir weiter nach Dawson." Er rollte seine Peitsche ab.

"ยังไงก็ตาม เราจะไปหา Dawson" เขาคลายแส้ของเขาออก

„Komm rauf, Buck! Hallo! Steh auf! Los!", rief er barsch.

"ลุกขึ้นมาสิ บัค สวัสดี ลุกขึ้น มาเลย!" เขาตะโกนเสียงแข็ง

Thornton schnitzte weiter, wohl wissend, dass Narren nicht auf Vernunft hören.

ธอร์นตันยังคงแกะสลักต่อไป โดยรู้ว่าคนโง่จะไม่ได้ยินเหตุผล

Einen Narren aufzuhalten war sinnlos – und zwei oder drei Narren änderten nichts.

การหยุดคนโง่เป็นเรื่องไร้ประโยชน์

และการถูกหลอกสองหรือสามครั้งก็ไม่ได้ทำให้อะไรดีขึ้นเลย

Doch als das Team Hal's Befehl hörte, bewegte es sich nicht.

แต่ทีมไม่ได้เคลื่อนไหวเมื่อได้ยินเสียงสั่งของฮาล

Jetzt konnten sie nur noch durch Schläge wieder auf die Beine kommen und weiterkommen.

บัดนี้

มีเพียงการโจมตีเท่านั้นที่จะทำให้พวกเขาลุกขึ้นและดึงไปข้างหน้าได้

Immer wieder knallte die Peitsche über die geschwächten Hunde.

แส้ฟาดซ้ำแล้วซ้ำเล่าไปที่สุนัขที่อ่อนแอ

John Thornton presste die Lippen fest zusammen und sah schweigend zu.

จอห์น ธอร์นตันเม้มริมฝีปากแน่นและเฝ้าดูอย่างเงียบงัน

Solleks war der Erste, der unter der Peitsche auf die Beine kam.

โซลเลกส์เป็นคนแรกที่คลานขึ้นมายืนใต้เชือก

Dann folgte Teek zitternd. Joe schrie auf, als er stolperte.

ทีคเดินตามไปด้วยความสั่นเทา โจร้องลั่นขณะที่เขาสะดุดล้ม

Pike versuchte aufzustehen, scheiterte zweimal und stand schließlich unsicher da.

ไพค์พยายามจะลุกขึ้น แต่ก็ล้มเหลวถึงสองครั้ง และสุดท้ายก็ลุกขึ้นไม่ได้

Aber Buck blieb liegen, wo er hingefallen war, und bewegte sich dieses Mal überhaupt nicht.

แต่บัคยังคงนอนอยู่ที่เดิมและไม่ขยับตัวเลย

Die Peitsche schlug immer wieder auf ihn ein, aber er gab keinen Laut von sich.

แส้ฟาดเขาซ้ำแล้วซ้ำเล่าแต่เขาไม่ส่งเสียงใด ๆ

Er zuckte nicht zusammen und wehrte sich nicht, sondern blieb einfach still und ruhig.

เขาไม่ได้สะดุ้งหรือต่อต้าน เพียงยังคงนิ่งและเงียบ

Thornton rührte sich mehr als einmal, als wolle er etwas sagen, tat es aber nicht.

ธอร์นตันขยับตัวมากกว่าหนึ่งครั้ง ราวกับจะพูด แต่ก็ไม่ได้พูด

Seine Augen wurden feucht und immer noch knallte die Peitsche gegen Buck.

ดวงตาของเขามีน้ำตาคลอ แต่แส้ยังคงฟาดไปที่บั๊ก

Schließlich begann Thornton langsam auf und ab zu gehen, unsicher, was er tun sollte.

ในที่สุด ธอร์นตันก็เริ่มเดินไปมาอย่างช้าๆ โดยไม่แน่ใจว่าจะทำอย่างไร

Es war das erste Mal, dass Buck versagt hatte, und Hal wurde wütend.

นั่นเป็นครั้งแรกที่บัคล้มเหลว และฮาลก็โกรธมาก

Er warf die Peitsche weg und nahm stattdessen die schwere Keule.

เขาโยนแส้ลงแล้วหยิบไม้หนักขึ้นมาแทน

Der Holzknüppel schlug hart auf, aber Buck stand immer noch nicht auf, um sich zu bewegen.

กระบองไม้ฟาดลงมาอย่างแรง แต่บัคก็ยังไม่ยอมลุกขึ้นเพื่อขยับตัว

Wie seine Teamkollegen war er zu schwach – aber mehr als das.

เช่นเดียวกับเพื่อนร่วมทีมของเขา เขาอ่อนแอเกินไป—แต่ก็มากกว่านั้น

Buck hatte beschlossen, sich nicht zu bewegen, egal was als Nächstes passieren würde.

บัคตัดสินใจที่จะไม่ย้ายไม่ว่าอะไรจะเกิดขึ้นต่อจากนี้

Er spürte, wie etwas Dunkles und Bestimmtes direkt vor ihm schwebte.

เขารู้สึกถึงบางอย่างมืดมิดและแน่นอนลอยอยู่ข้างหน้า

Diese Angst hatte ihn ergriffen, sobald er das Flussufer erreicht hatte.

ความกลัวนั้นเข้าครอบงำเขาทันทีที่เขาไปถึงริมฝั่งแม่น้ำ

Dieses Gefühl hatte ihn nicht verlassen, seit er das Eis unter seinen Pfoten dünner werden fühlte.

ความรู้สึกนั้นยังคงอยู่กับเขาต่อไปอีกนับตั้งแต่เขาสัมผัสได้ถึงน้ำแข็งบางๆ ใต้อุ้งเท้าของเขา

Etwas Schreckliches wartete – er spürte es gleich weiter unten auf dem Weg.

มีเรื่องเลวร้ายบางอย่างกำลังรออยู่—

เขาสัมผัสได้ถึงมันที่จุดปลายเส้นทาง

Er würde nicht auf das Schreckliche vor ihm zugehen

เขาจะไม่เดินไปหาสิ่งเลวร้ายที่อยู่ข้างหน้า

Er würde keinem Befehl gehorchen, der ihn zu diesem Ding führte.

เขาจะไม่เชื่อฟังคำสั่งใด ๆ ที่พาเขาไปยังสิ่งนั้น

Der Schmerz der Schläge war für ihn kaum noch spürbar, er war zu weit weg.

ความเจ็บปวดจากการถูกโจมตีแทบไม่สามารถแตะต้องเขาได้เลยตอนนี้—เขาก้าวไปไกลเกินไปแล้ว

Der Funke des Lebens flackerte schwach und erlosch unter jedem grausamen Schlag.

ประกายแห่งชีวิตสั่นไหวต่ำลง

และหรี่ลงใต้การโจมตีอันโหดร้ายแต่ละครั้ง

Seine Glieder fühlten sich fremd an, sein ganzer Körper schien einem anderen zu gehören.

แขนขาของเขารู้สึกเหมือนอยู่ห่างไกล

และร่างกายทั้งหมดของเขาเหมือนเป็นของอีกคนหนึ่ง

Er spürte eine seltsame Taubheit, als der Schmerz vollständig nachließ.

เขาเริ่มรู้สึกชาแปลกๆ ขณะที่ความเจ็บปวดหายไปหมด

Aus der Ferne spürte er, dass er geschlagen wurde, aber er wusste es kaum.

แต่ไกล เขาสัมผัสได้ว่าตัวเองกำลังถูกตี แต่แทบไม่รู้เลย

Er konnte die Schläge schwach hören, aber sie taten nicht mehr wirklich weh.

เขาได้ยินเสียงกระแทกเบา ๆ แต่ตอนนี้ไม่เจ็บแล้ว

Die Schläge trafen, aber sein Körper schien nicht mehr sein eigener zu sein.

หมัดนั้นถูกโจมตี แต่ร่างกายของเขาดูไม่ใช่ของเขาอีกต่อไป

Dann stieß John Thornton plötzlich und ohne Vorwarnung einen wilden Schrei aus.

แล้วจู่ๆ จอห์น ธอร์นตันก็ร้องโวยวายอย่างบ้าคลั่งโดยไม่ได้เตือนล่วงหน้า

Es war unartikuliert, eher der Schrei eines Tieres als eines Menschen.

มันเป็นเสียงที่ไม่ชัดเจน
เหมือนเสียงร้องของสัตว์มากกว่าเสียงร้องของมนุษย์

Er sprang mit der Keule auf den Mann zu und stieß Hal nach hinten.

เขากระโจนเข้าหาชายที่ถือไม้กระบองแล้วผลักฮาลถอยหลัง

Hal flog, als wäre er von einem Baum getroffen worden, und landete hart auf dem Boden.

ฮาลบินราวกับว่าโดนต้นไม้ชน และลงจอดอย่างแรงที่พื้นดิน

Mercedes schrie laut vor Panik und umklammerte ihr Gesicht.

เมอร์เซเดสกรีดร้องออกมาด้วยความตื่นตระหนกและจับที่ใบหน้าของเธอ

Charles sah nur zu, wischte sich die Augen und blieb sitzen.

ชาร์ลส์เพียงแต่มองดู เช็ดตา และนั่งอยู่

Sein Körper war vor Schmerzen zu steif, um aufzustehen oder beim Kampf mitzuhelfen.

ร่างกายของเขาแข็งทื่อด้วยความเจ็บปวดจนไม่อาจลุกขึ้นหรือช่วยในการต่อสู้ได้

Thornton stand über Buck, zitterte vor Wut und konnte nicht sprechen.

ธอร์นตันยืนอยู่เหนือบัค ตัวสั่นด้วยความโกรธ จนพูดอะไรไม่ออก

Er zitterte vor Wut und kämpfte darum, trotz allem seine Stimme wiederzufinden.

เขาสั่นด้วยความโกรธและต่อสู้ดิ้นรนเพื่อค้นหาเสียงของตัวเองผ่านมัน

„Wenn du den Hund noch einmal schlägst, bringe ich dich um", sagte er schließlich.

"ถ้าคุณตีสุนัขตัวนั้นอีก ฉันจะฆ่าคุณ" เขากล่าวในที่สุด

Hal wischte sich das Blut aus dem Mund und kam wieder nach vorne.

ฮาลเซ็ดเลือดออกจากปากและเดินไปข้างหน้าอีกครั้ง

„Es ist mein Hund", murmelte er. „Geh mir aus dem Weg, sonst kriege ich dich wieder in Ordnung."

"นั่นหมาของฉัน" เขาบ่นพึมพำ "หลีกทางไป
ไม่งั้นฉันจะจัดการคุณเอง"

„Ich gehe nach Dawson und Sie halten mich nicht auf", fügte er hinzu.

"ผมจะไปดอว์สัน และคุณก็ไม่สามารถหยุดผมได้" เขากล่าวเสริม

Thornton stand fest zwischen Buck und dem wütenden jungen Mann.

ธอร์นตันยืนมั่นคงระหว่างบัคกับชายหนุ่มที่กำลังโกรธแค้น

Er hatte nicht die Absicht, zur Seite zu treten oder Hal vorbeizulassen.

เขาไม่มีความตั้งใจที่จะก้าวออกไปหรือปล่อยให้ฮาลผ่านไป

Hal zog sein Jagdmesser heraus, das lang und gefährlich in der Hand lag.

ฮาลดึงมีดล่าสัตว์ของเขาออกมา ซึ่งอยู่ในมือที่ยาวและอันตราย

Mercedes schrie, dann weinte sie und lachte dann in wilder Hysterie.

เมอร์เซเดสกรีดร้อง จากนั้นก็ร้องไห้ จากนั้นก็หัวเราะอย่างบ้าคลั่ง

Thornton schlug mit dem Axtstiel hart und schnell auf Hals Hand.

ธอร์นตันตีมือของฮาลด้วยด้ามขวานของเขาอย่างรุนแรงและรวดเร็ว

Das Messer wurde aus Hals Griff gerissen und flog zu
Boden.

มีดหลุดจากการจับของฮาลและหล่นลงสู่พื้น

Hal versuchte, das Messer aufzuheben, und Thornton
klopfte erneut auf seine Fingerknöchel.

ฮาลพยายามหยิบมีดขึ้นมา และธอร์นตันก็ตบข้อต่ออีกครั้ง

Dann bückte sich Thornton, griff nach dem Messer und hielt
es fest.

จากนั้น ธอร์นตันก็ก้มลง คว้ามีดและถือไว้

Mit zwei schnellen Hieben des Axtstiels zerschnitt er Bucks
Zügel.

ด้วยการฟันด้ามขวานสองครั้งอย่างรวดเร็ว
เขาก็ตัดสายบังเหียนของบัคได้

Hal hatte keine Kraft mehr, sich zu wehren, und trat von
dem Hund zurück.

ฮาลไม่มีการต่อสู้เหลืออยู่ในตัวเขาอีกแล้วและก้าวถอยห่างจากสุนัข

Außerdem brauchte Mercedes jetzt beide Arme, um aufrecht
zu bleiben.

นอกจากนี้ เมอร์เซเดสยังต้องใช้แขนทั้งสองข้างเพื่อให้เธอทรงตัวได้

Buck war dem Tod zu nahe, um noch einmal einen Schlitten
ziehen zu können.

บัคใกล้ตายมากเกินกว่าที่จะสามารถลากเลื่อนได้อีกครั้ง

Ein paar Minuten später legten sie ab und fuhren
flussabwärts.

อีกไม่กี่นาทีต่อมา พวกเขาก็ออกเดินทางมุ่งหน้าลงแม่น้ำ

Buck hob schwach den Kopf und sah ihnen nach, wie sie die
Bank verließen.

บัๆกเงยหน้าขึ้นอย่างอ่อนแรงและมองดูพวกเขาออกจากธนาคาร

Pike führte das Team an, mit Solleks am Ende des Feldes.

ไพค์เป็นผู้นำทีม โดยมีโซเลกส์อยู่ด้านหลังในตำแหน่งล้อ

Joe und Teek gingen dazwischen, beide humpelten vor
Erschöpfung.

โจและทีคเดินเข้ามาระหว่างนั้น
โดยทั้งสองเดินกะเผลกด้วยความเหนื่อยล้า

Mercedes saß auf dem Schlitten und Hal hielt die lange
Lenkstange fest.

เมอร์เซเดสนั่งอยู่บนรถเลื่อน และฮาลก็จับเสาค้ำที่ยาวไว้

Charles stolperte hinterher, seine Schritte waren unbeholfen und unsicher.

ชาร์ลส์สะดุดล้มด้านหลัง ก้าวเดินอย่างไม่คล่องแคล่วและไม่แน่ใจ

Thornton kniete neben Buck und tastete vorsichtig nach gebrochenen Knochen.

ธอร์นตันคุกเข่าอยู่ข้างบัคและคลำหากระดูกที่หักอย่างเบามือ

Seine Hände waren rau, bewegten sich aber mit Freundlichkeit und Sorgfalt.

มือของเขาแม้จะหยาบกร้านแต่ก็เคลื่อนไหวด้วยความกรุณาและเอาใจใส่

Bucks Körper wies Blutergüsse auf, wies jedoch keine bleibenden Verletzungen auf.

ร่างของบัคมีรอยฟกช้ำแต่ไม่มีอาการบาดเจ็บถาวร

Zurück blieben schrecklicher Hunger und nahezu völlige Schwäche.

สิ่งที่ยังคงเหลืออยู่คือความหิวโหยอันแสนสาหัสและความอ่อนแอเกือบทั้งหมด

Als dies klar wurde, war der Schlitten bereits weit flussabwärts gefahren.

เมื่อเห็นชัดเจนแล้ว รถเลื่อนก็ล่องไปไกลแล้ว

Mann und Hund sahen zu, wie der Schlitten langsam über das knackende Eis kroch.

ชายและสุนัขเฝ้าดูรถเลื่อนค่อยๆ คลานไปบนน้ำแข็งที่แตกร้าว

Dann sahen sie, wie der Schlitten in eine Mulde sank.

จากนั้นพวกเขาก็มองเห็นรถเลื่อนจมลงไปในแอ่งน้ำ

Die Gee-Stange flog in die Höhe, und Hal klammerte sich immer noch vergeblich daran fest.

เสาไฟลอยขึ้นไป โดยที่ฮาลยังคงเกาะมันไว้อย่างไร้ผล

Mercedes' Schrei erreichte sie über die kalte Ferne.

เสียงกรีดร้องของเมอร์เซเดสดังไปถึงพวกเขาข้ามระยะทางที่หนาวเย็น

Charles drehte sich um und trat zurück – aber er war zu spät.

ชาร์ลส์หันหลังแล้วก้าวถอยหลัง—แต่เขาก็สายเกินไปแล้ว

Eine ganze Eisdecke brach nach und sie alle fielen hindurch.

แผ่นน้ำแข็งทั้งหมดพังทลายลง และพวกมันก็ตกลงไปทั้งหมด

Hunde, Schlitten und Menschen verschwanden im
schwarzen Wasser darunter.

สุนัข รถลากเลื่อน และผู้คนหายไปในน้ำดำเบื้องล่าง

An der Stelle, an der sie vorbeigekommen waren, war nur
ein breites Loch im Eis zurückgeblieben.

เหลือเพียงหลุมกว้างในน้ำแข็งตรงที่พวกเขาฝ่านไป

Der Boden des Pfades war nach unten abgesunken – genau
wie Thornton gewarnt hatte.

พื้นทางเดินลาดลงมาตามที่ธอร์นตันเตือนไว้

Thornton und Buck sahen sich einen Moment lang
schweigend an.

ธอร์นตันและบัคมองหน้ากันโดยเงียบไปครู่หนึ่ง

„Du armer Teufel", sagte Thornton leise und Buck leckte
ihm die Hand.

"เจ้าช่างน่าสงสาร" ธอร์นตันพูดเบาๆ และบัคก็เลียมือของเขา

Aus Liebe zu einem Mann
เพื่อความรักของชายคนหนึ่ง

John Thornton erfror in der Kälte des vergangenen
Dezembers seine Füße.

จอห์น ธอร์นตัน
เท้าของเขาแข็งเพราะความหนาวเย็นของเดือนธันวาคมปีก่อน

Seine Partner machten es ihm bequem und ließen ihn allein
genesen.

คู่หูของเขาทำให้เขาสบายใจและปล่อยให้เขาฟื้นตัวคนเดียว

Sie fuhren den Fluss hinauf, um ein Floß mit Sägestämmen
für Dawson zu holen.

พวกเขาเดินขึ้นแม่น้ำเพื่อรวบรวมแพซุงสำหรับดอว์สัน

Er humpelte noch leicht, als er Buck vor dem Tod rettete.

เขายังเดินกะเผลกเล็กน้อยตอนที่ช่วยบัคจากความตาย

Aber bei anhaltend warmem Wetter verschwand sogar
dieses Hinken.

แต่ด้วยอากาศอบอุ่นที่ยังคงดำเนินต่อไป อาการขาเป๋ก็หายไปเช่นกัน

Buck ruhte sich an langen Frühlingstagen am Flussufer aus.

บัคได้พักผ่อนริมฝั่งแม่น้ำระหว่างช่วงฤดูใบไม้ผลิที่ยาวนาน

Er beobachtete das fließende Wasser und lauschte den
Vögeln und Insekten.

เขาเฝ้าดูน้ำไหลและฟังเสียงนกและแมลง

Langsam erlangte Buck unter Sonne und Himmel seine
Kraft zurück.

บัคค่อยๆ ฟื้นคืนพละกำลังภายใต้ดวงอาทิตย์และท้องฟ้า

Nach einer Reise von dreitausend Meilen war eine Pause ein
wunderbares Gefühl.

การพักผ่อนที่ยอดเยี่ยมหลังจากเดินทางมาสามพันไมล์

Buck wurde träge, als seine Wunden heilten und sein
Körper an Gewicht zunahm.

บัคเริ่มขี้เกียจเมื่อบาดแผลของเขาหายและร่างกายของเขาแข็งแรงขึ้น

Seine Muskeln wurden fester und das Fleisch bedeckte
wieder seine Knochen.

กล้ามเนื้อของเขาแข็งแรงขึ้น
และเนื้อก็กลับมาปกคลุมกระดูกของเขาอีกครั้ง

Sie ruhten sich alle aus – Buck, Thornton, Skeet und Nig.

พวกเขาทั้งหมดกำลังพักผ่อน—บัค, ธอร์นตัน, สกีต และนิค

Sie warteten auf das Floß, das sie nach Dawson bringen sollte.

พวกเขารอแพที่จะพาพวกเขาลงไปที่ดอว์สัน

Skeet war ein kleiner Irish Setter, der sich mit Buck anfreundete.

สกีตเป็นสุนัขไอริชเซตเตอร์ตัวเล็กที่เป็นเพื่อนกับบัค

Buck war zu schwach und krank, um ihr bei ihrem ersten Treffen Widerstand zu leisten.

บัคอ่อนแอและป่วยเกินกว่าจะต้านทานเธอได้ในการพบกันครั้งแรกของพวกเขา

Skeet hatte die Heilereigenschaft, die manche Hunde von Natur aus besitzen.

สกีตมีคุณสมบัติในการรักษาซึ่งสุนัขบางตัวมีอยู่แล้ว

Wie eine Katzenmutter leckte und reinigte sie Bucks offene Wunden.

เธอเลียและทำความสะอาดบาดแผลสดของบัคเหมือนกับแม่แมว

Jeden Morgen nach dem Frühstück wiederholte sie ihre sorgfältige Arbeit.

ทุกเช้าหลังรับประทานอาหารเช้า
เธอจะทำหน้าที่อย่างระมัดระวังอีกครั้ง

Buck erwartete ihre Hilfe ebenso sehr wie die von Thornton.

บัคเริ่มคาดหวังความช่วยเหลือจากเธอเท่าๆ
กับที่เขาคาดหวังความช่วยเหลือจากธอร์นตัน

Nig war auch freundlich, aber weniger offen und weniger liebevoll.

นิคก็เป็นคนเป็นมิตรเช่นกัน
แต่เปิดเผยน้อยลงและแสดงความรักน้อยลง

Nig war ein großer schwarzer Hund, halb Bluthund, halb Hirschhund.

นิคเป็นสุนัขสีดำตัวใหญ่ เป็นลูกครึ่งสุนัขบลัดฮาวด์และสุนัขล่ากวาง

Er hatte lachende Augen und eine unendlich gute Seele.

เขามีดวงตาที่ยิ้มแย้มและมีจิตใจดีอย่างไม่มีที่สิ้นสุด

Zu Bucks Überraschung zeigte keiner der Hunde Eifersucht ihm gegenüber.

บัครู้สึกประหลาดใจที่สุนัขทั้งสองตัวไม่แสดงความอิจฉาเขา

Sowohl Skeet als auch Nig erfuhren die Freundlichkeit von John Thornton.

ทั้ง Skeet และ Nig ต่างก็ได้รับความกรุณาจาก John Thornton

Als Buck stärker wurde, verleiteten sie ihn zu albernen Hundespielen.

เมื่อบั๊กแข็งแกร่งขึ้น พวกเขาก็ล่อลวงเขาให้เล่นเกมสุนัขโง่ๆ

Auch Thornton spielte oft mit ihnen und konnte ihrer Freude nicht widerstehen.

ธอร์นตันก็มักจะเล่นกับพวกมันด้วยเช่นกัน

Auf diese spielerische Weise gelang Buck der Übergang von der Krankheit in ein neues Leben.

ด้วยวิธีสนุกๆ นี้ บัคได้ก้าวจากการเจ็บป่วยไปสู่ชีวิตใหม่

Endlich hatte er Liebe gefunden – wahre, brennende und leidenschaftliche Liebe.

ความรัก—ความรักอันแท้จริง เร่าร้อน และเร่าร้อน—
กลายเป็นของเขาในที่สุด

Auf Millers Anwesen hatte er diese Art von Liebe nie erlebt.

เขาไม่เคยรู้จักความรักแบบนี้ที่คฤหาสน์ของมิลเลอร์เลย

Mit den Söhnen des Richters hatte er Arbeit und Abenteuer geteilt.

เขาและลูกชายของผู้พิพากษาได้ร่วมกันทำงานและผจญภัย

Bei den Enkeln sah er steifen und prahlerischen Stolz.

เมื่อเห็นหลานชายมีท่าทีเย่อหยิ่งและโอ้อวด

Mit Richter Miller selbst verband ihn eine respektvolle Freundschaft.

เขาและผู้พิพากษามิลเลอร์มีมิตรภาพที่ดีต่อกัน

Doch mit Thornton kam eine Liebe, die Feuer, Wahnsinn und Anbetung war.

แต่ความรักที่เป็นไฟ ความบ้าคลั่ง และการบูชาก็มาพร้อมกับธอร์นตัน

Dieser Mann hatte Bucks Leben gerettet, und das allein bedeutete sehr viel.

ชายคนนี้ช่วยชีวิตบัคไว้ และแค่นั้นก็มีความหมายมากแล้ว

Aber darüber hinaus war John Thornton der ideale Meistertyp.

แต่ยิ่งไปกว่านั้น จอห์น ธอร์นตันยังเป็นปรมาจารย์ในอุดมคติอีกด้วย

Andere Männer kümmerten sich aus Pflichtgefühl oder geschäftlicher Notwendigkeit um Hunde.

ผู้ชายคนอื่นๆ ดูแลสุนัขเพราะหน้าที่หรือมีความจำเป็นทางธุรกิจ

John Thornton kümmerte sich um seine Hunde, als wären sie seine Kinder.

จอห์น ธอร์นตันดูแลสุนัขของเขาเหมือนกับว่าพวกมันเป็นลูกของเขา

Er kümmerte sich um sie, weil er sie liebte und einfach nicht anders konnte.

เขาใส่ใจพวกเขาเพราะเขารักพวกเขาและไม่สามารถหยุดมันได้

John Thornton sah sogar weiter, als die meisten Menschen jemals sehen konnten.

จอห์น ธอร์นตันมองเห็นได้ไกลมากกว่าที่มนุษย์ส่วนใหญ่สามารถมองเห็นได้

Er vergaß nie, sie freundlich zu grüßen oder ein aufmunterndes Wort zu sagen.

พระองค์ไม่เคยลืมที่จะทักทายพวกเขาอย่างเป็นมิตรหรือพูดจาให้กำลังใจ

Er liebte es, mit den Hunden zusammenzusitzen und lange zu reden, oder, wie er sagte, „gasy".

เขาชอบนั่งคุยกับสุนัขนานๆ หรืออาจจะเรียกว่า "ผายลม" ก็ได้ตามที่เขาพูด

Er packte Bucks Kopf gern grob zwischen seinen starken Händen.

เขาชอบที่จะจับศีรษะของบัคอย่างรุนแรงระหว่างมือที่แข็งแกร่งของเขา

Dann lehnte er seinen Kopf an Bucks und schüttelte ihn sanft.

จากนั้นเขาก็เอาหัวของตัวเองพิงกับบัคและเขย่าเขาเบาๆ

Die ganze Zeit über beschimpfte er Buck mit unhöflichen Namen, die für ihn Liebe bedeuteten.

ตลอดเวลา เขาก็เรียกบัคด้วยชื่อหยาบคายที่หมายถึงความรักต่อบัค

Buck bereiteten diese grobe Umarmung und diese Worte große Freude.

สำหรับบัค การกอดที่รุนแรงและคำพูดเหล่านั้นทำให้มีความสุขอย่างมาก

Sein Herz schien bei jeder Bewegung vor Glück zu beben.

หัวใจของเขาดูเหมือนจะสั่นไหวด้วยความสุขทุกครั้งที่เคลื่อนไหว

Als er anschließend aufsprang, sah sein Mund aus, als
würde er lachen.

เมื่อเขาผุดลุกขึ้นมาอีกครั้ง ปากของเขาดูเหมือนว่าจะหัวเราะ

Seine Augen leuchteten hell und seine Kehle zitterte vor
unausgesprochener Freude.

ดวงตาของเขาเป็นประกายสดใส

และลำคอของเขาสั่นเทาด้วยความสุขที่ไม่สามารถเอ่ยออกมาได้

Sein Lächeln blieb in diesem Zustand der Ergriffenheit und
glühenden Zuneigung stehen.

รอยยิ้มของเขายังคงนิ่งอยู่ในอารมณ์และความรักอันเปี่ยมล้น

Dann rief Thornton nachdenklich aus: „Gott! Er kann fast
sprechen!"

จากนั้น ธอร์นตันก็อุทานออกมาอย่างครุ่นคิดว่า "พระเจ้า!
เขาแทบจะพูดได้เลยนะ!"

Buck hatte eine seltsame Art, Liebe auszudrücken, die
beinahe Schmerzen verursachte.

บัคมีวิธีการแสดงความรักแบบแปลกๆ ซึ่งเกือบทำให้เจ็บปวด

Er umklammerte Thorntons Hand oft sehr fest mit seinen
Zähnen.

เขามักจะกัดมือของธอร์นตันแน่นมาก

Der Biss würde tiefe Spuren hinterlassen, die noch einige
Zeit blieben.

รอยกัดนั้นจะทิ้งรอยลึกไว้ซึ่งจะคงอยู่ต่อไปอีกระยะหนึ่ง

Buck glaubte, dass diese Eide Liebe waren, und Thornton
wusste das auch.

บัคเชื่อว่าคำสาบานเหล่านั้นคือความรัก และธอร์นตันก็รู้เช่นกัน

Meistens zeigte sich Bucks Liebe in stiller, fast stummer
Verehrung.

ส่วนใหญ่แล้วความรักของบัคจะแสดงออกมาในรูปแบบของความชื่นช
มที่เงียบงันจนแทบจะเงียบสนิท

Obwohl er sich freute, wenn man ihn berührte oder
ansprach, suchte er nicht nach Aufmerksamkeit.

แม้จะตื่นเต้นเมื่อถูกสัมผัสหรือพูดคุย แต่เขาก็ไม่ได้ต้องการความสนใจ

Skeet schob ihre Nase unter Thorntons Hand, bis er sie streichelte.

สกีตเอาจมูกจิ้มใต้มือของธอร์นตันจนกระทั่งเขาลูบเธอ

Nig kam leise herbei und legte seinen großen Kopf auf Thorntons Knie.

นิคเดินขึ้นไปอย่างเงียบๆ

และวางศีรษะขนาดใหญ่ของเขาไว้บนตักของธอร์นตัน

Buck hingegen war zufrieden damit, aus respektvoller Distanz zu lieben.

ในทางตรงกันข้ามบัคพอใจที่จะรักจากระยะห่างที่เคารพกัน

Er lag stundenlang zu Thorntons Füßen, wachsam und aufmerksam beobachtend.

เขานอนอยู่แทบเท้าของธอร์นตันเป็นเวลาหลายชั่วโมงอย่างตื่นตัวและเฝ้าดูอย่างใกล้ชิด

Buck studierte jedes Detail des Gesichts seines Herrn und jede kleinste Bewegung.

บั๊กศึกษาอย่างละเอียดทุกรายละเอียดของใบหน้าและการเคลื่อนไหวแม้เพียงเล็กน้อยของเจ้านาย

Oder er blieb weiter weg liegen und betrachtete schweigend die Gestalt des Mannes.

หรือโกหกอยู่ไกลออกไปโดยศึกษารูปร่างของชายคนนั้นในความเงียบ

Buck beobachtete jede kleine Bewegung, jede Veränderung seiner Haltung oder Geste.

บั๊กเฝ้าดูการเคลื่อนไหวเล็กๆ น้อยๆ แต่ละอย่าง

การเปลี่ยนท่าทางหรือกิริยาท่าทาง

Diese Verbindung war so stark, dass sie Thorntons Blick oft auf sich zog.

ความเชื่อมโยงนี้ทรงพลังมากจนดึงดูดความสนใจของธอร์นตันอยู่เสมอ

Er begegnete Bucks Blick ohne Worte, Liebe schimmerte deutlich hindurch.

เขาสบตากับบัคโดยไม่พูดอะไร ความรักเปล่งประกายอย่างชัดเจน

Nach seiner Rettung ließ Buck Thornton lange Zeit nicht aus den Augen.

เป็นเวลานานหลังจากที่ได้รับการช่วยเหลือ

บัคไม่เคยปล่อยให้ธอร์นตันคลาดสายตาเลย

Immer wenn Thornton das Zelt verließ, folgte Buck ihm dicht auf den Fersen.

เมื่อใดก็ตามที่ธอร์นตันออกจากเต็นท์ บัคก็จะเดินตามเขาไปติดๆ ข้างนอก

All die strengen Herren im Nordland hatten Buck Angst gemacht, zu vertrauen.

เจ้านายที่โหดร้ายทั้งหมดในดินแดนเหนือทำให้บัคไม่กล้าไว้วางใจ

Er befürchtete, dass kein Mann länger als kurze Zeit sein Herr bleiben könnte.

เขาเกรงว่าจะไม่มีใครสามารถเป็นเจ้านายของเขาได้นานกว่าช่วงเวลา สั้นๆ

Er befürchtete, dass John Thornton wie Perrault und François verschwinden würde.

เขาเกรงว่าจอห์น

ธอร์นตันจะหายตัวไปเหมือนกับเปโรลต์และฟรองซัวส์

Sogar nachts quälte die Angst, ihn zu verlieren, Buck mit unruhigem Schlaf.

แม้กระทั่งในเวลากลางคืน

ความกลัวที่จะสูญเสียเขาไปยังคงหลอกหลอนการนอนหลับไม่สบายข องบัค

Als Buck aufwachte, kroch er in die Kälte hinaus und ging zum Zelt.

เมื่อบัคตื่น เขาก็คลานออกไปในที่เย็น และเดินไปที่เต็นท์

Er lauschte aufmerksam auf das leise Geräusch des Atmens in seinem Inneren.

เขาตั้งใจฟังเสียงหายใจเบาๆ ภายใน

Trotz Bucks tiefer Liebe zu John Thornton blieb die Wildnis am Leben.

แม้ว่าบัคจะรักจอห์น ธอร์นตันมาก แต่ป่าก็ยังมีชีวิตอยู่

Dieser im Norden erwachte primitive Instinkt ist nicht verschwunden.

สัญชาตญาณดั้งเดิมที่ปลุกขึ้นในภาคเหนือไม่ได้หายไป

Liebe brachte Hingabe, Treue und die warme Verbundenheit des Kaminfeuers.

ความรักนำมาซึ่งความภักดี ความภักดี

และความผูกพันที่อบอุ่นจากกองไฟ

Aber Buck behielt auch seine wilden Instinkte, scharf und stets wachsam.

แต่บัคก็ยังคงสัญชาตญาณดิบของเขาไว้อย่างเฉียบคมและตื่นตัวอยู่เสมอ

Er war nicht nur ein gezähmtes Haustier aus den sanften Ländern der Zivilisation.

เขามิใช่เพียงสัตว์เลี้ยงที่เชื่องจากดินแดนอันอ่อนนุ่มแห่งอารยธรรม

Buck war ein wildes Wesen, das hereingekommen war, um an Thorntons Feuer zu sitzen.

บัคเป็นสิ่งมีชีวิตป่าที่เข้ามาเพื่อมานั่งใกล้กองไฟของธอร์นตัน

Er sah aus wie ein Südlandhund, aber in ihm lebte Wildheit.

เขาดูเหมือนสุนัขพันธุ์เซาท์แลนด์ แต่มีความดุร้ายอยู่ในตัวเขา

Seine Liebe zu Thornton war zu groß, um zuzulassen, dass er den Mann bestohlen hätte.

ความรักที่เขามีต่อธอร์นตันมีมากเกินกว่าที่จะยอมให้เกิดการขโมยของงจากชายคนนั้นได้

Aber in jedem anderen Lager würde er dreist und ohne Pause stehlen.

แต่ในค่ายอื่นเขาจะขโมยอย่างกล้าหาญและไม่หยุดพัก

Er war beim Stehlen so geschickt, dass ihn niemand erwischen oder beschuldigen konnte.

เขามีความฉลาดในการขโมยมากจนไม่มีใครจับได้หรือกล่าวโทษเขาได้

Sein Gesicht und sein Körper waren mit Narben aus vielen vergangenen Kämpfen übersät.

ใบหน้าและร่างกายของเขาเต็มไปด้วยรอยแผลเป็นจากการต่อสู้หลายครั้งในอดีต

Buck kämpfte immer noch erbittert, aber jetzt kämpfte er mit mehr List.

บัคยังคงต่อสู้อย่างดุเดือด แต่ตอนนี้เขาสู้ด้วยไหวพริบมากขึ้น

Skeet und Nig waren zu sanft, um zu kämpfen, und sie gehörten Thornton.

สกีตและนิกอ่อนโยนเกินไปที่จะต่อสู้ และพวกเขาก็เป็นของธอร์นตัน

Aber jeder fremde Hund, egal wie stark oder mutig, wich zurück.

แต่สุนัขแปลกตัวใดก็ตาม ไม่ว่าจะแข็งแกร่งหรือกล้าหาญเพียงใด ก็ต้องหลีกทางให้

Ansonsten kämpfte der Hund gegen Buck und um sein Leben.

มิฉะนั้น สุนัขก็จะพบว่าตัวเองต้องต่อสู้กับบั๊กเพื่อต่อสู้เพื่อชีวิตของมัน

Buck kannte keine Gnade, wenn er sich entschied, gegen einen anderen Hund zu kämpfen.

บัคไม่มีความเมตตาเลยเมื่อเขาเลือกที่จะต่อสู้กับสุนัขอีกตัว

Er hatte das Gesetz der Keule und des Reißzahns im Nordland gut gelernt.

เขาเรียนรู้เรื่องกฎของชมรมและเขี้ยวในดินแดนเหนือมาเป็นอย่างดี

Er gab nie einen Vorteil auf und wich nie einer Schlacht aus.

เขาไม่เคยยอมสละข้อได้เปรียบและไม่เคยถอยหนีจากการต่อสู้

Er hatte Spitz und die wildesten Post- und Polizeihunde studiert.

เขาได้ศึกษาสุนัขพันธุ์สปิทซ์และสุนัขที่ดุร้ายที่สุดในบรรดาสุนัขไปรษณีย์และสุนัขตำรวจ

Er wusste genau, dass es im wilden Kampf keinen Mittelweg gab.

เขาตระหนักชัดเจนว่าไม่มีจุดกึ่งกลางในต่อสู้อย่างดุเดือด

Er musste herrschen oder beherrscht werden; Gnade zu zeigen, hieße, Schwäche zu zeigen.

พระองค์ต้องปกครองหรือถูกปกครอง

การแสดงความเมตตาหมายถึงการแสดงความอ่อนแอ

In der rauen und brutalen Welt des Überlebens kannte man keine Gnade.

ความเมตตาเป็นสิ่งที่ไม่สามารถพบได้ในโลกแห่งการเอาชีวิตรอดที่โหดร้ายและดิบเถื่อน

Gnade zu zeigen wurde als Angst angesehen und Angst führte schnell zum Tod.

การแสดงความเมตตาถูกมองว่าเป็นความกลัว
และความกลัวจะนำไปสู่ความตายอย่างรวดเร็ว

Das alte Gesetz war einfach: töten oder getötet werden, essen oder gefressen werden.

กฎหมายเก่านั้นเรียบง่าย: ฆ่าหรือถูกฆ่า กินหรือถูกกิน

Dieses Gesetz stammte aus längst vergangenen Zeiten und Buck befolgte es vollständig.

กฎนั้นมาจากส่วนลึกของกาลเวลา และบัคก็ปฏิบัติตามอย่างเต็มที่

Buck war älter als sein Alter und die Anzahl seiner Atemzüge.

บัคมีอายุเกินอายุและจำนวนลมหายใจที่เขาหายใจเข้า

Er verband die ferne Vergangenheit klar mit der Gegenwart.

เขาเชื่อมโยงอดีตอันยาวนานกับช่วงเวลาปัจจุบันได้อย่างชัดเจน

Die tiefen Rhythmen der Zeitalter bewegten sich durch ihn wie die Gezeiten.

จังหวะอันล้ำลึกของยุคสมัยเคลื่อนผ่านตัวเขาไปเหมือนกระแสน้ำ

Die Zeit pulsierte in seinem Blut so sicher, wie die Jahreszeiten die Erde bewegen.

เวลาไหลเวียนอยู่ในเลือดของเขาแน่นอนตามฤดูกาลที่หมุนเวียนไปบนโลก

Er saß mit starker Brust und weißen Reißzähnen an Thorntons Feuer.

เขานั่งอยู่ใกล้กองไฟของธอร์นตัน มีหน้าอกที่แข็งแรงและมีเขี้ยวสีขาว

Sein langes Fell wehte, aber hinter ihm beobachteten ihn die Geister wilder Hunde.

ขนอันยาวของเขาพลิ้วไสว
แต่เบื้องหลังของเขานั้นมีวิญญาณสุนัขป่าเฝ้าดูอยู่

Halbwölfe und Vollwölfe regten sich in seinem Herzen und seinen Sinnen.

หมาป่าครึ่งคนครึ่งหมาป่าเคลื่อนไหวอยู่ภายในใจและประสาทสัมผัสของเขา

Sie probierten sein Fleisch und tranken dasselbe Wasser wie er.

พวกเขาได้ชิมเนื้อของเขาและดื่มน้ำเดียวกับที่เขาทำ

Sie schnupperten neben ihm den Wind und lauschten dem Wald.

พวกเขาสูดกลิ่นลมไปพร้อมกับเขาและฟังเสียงป่าไม้

Sie flüsterten die Bedeutung der wilden Geräusche in der Dunkelheit.

พวกเขาได้กระซิบถึงความหมายของเสียงอันป่าเถื่อนในความมืด

Sie prägten seine Stimmungen und leiteten jede seiner stillen Reaktionen.

พวกเขาสร้างอารมณ์ของเขาและชี้นำปฏิกิริยาอันเงียบสงบของเขาแต่ละอย่าง

Sie lagen bei ihm, während er schlief, und wurden Teil seiner tiefen Träume.

พวกเขานอนกับเขาขณะที่เขาหลับและกลายเป็นส่วนหนึ่งของความฝันอันล้ำลึกของเขา

Sie träumten mit ihm, über ihn hinaus und bildeten seinen Geist.

พวกเขาฝันร่วมกับเขา เหนือเขา และสร้างจิตวิญญาณของเขาขึ้นมา

Die Geister der Wildnis riefen so stark, dass Buck sich hingezogen fühlte.

จิตวิญญาณแห่งป่าร้องเรียกอย่างแรงจนทำให้บัครู้สึกดึงดูด

Mit jedem Tag wurden die Menschheit und ihre Ansprüche in Bucks Herzen schwächer.

ทุกๆ วัน
มนุษยชาติและการเรียกร้องของพวกเขาจะอ่อนแอลงในใจของบัค

Tief im Wald würde ein seltsamer und aufregender Ruf erklingen.

ในป่าลึกมีเสียงเรียกที่แปลกและน่าตื่นเต้นดังขึ้น

Jedes Mal, wenn er den Ruf hörte, verspürte Buck einen Drang, dem er nicht widerstehen konnte.

ทุกครั้งที่ได้ยินเสียงเรียก
บัคก็จะรู้สึกอยากอะไรบางอย่างที่เขาไม่อาจต้านทานได้

Er wollte sich vom Feuer und den ausgetretenen menschlichen Pfaden abwenden.

เขาจะหันหลังให้กับไฟและจากเส้นทางมนุษย์ที่ถูกตี

Er wollte in den Wald eintauchen und weitergehen, ohne zu wissen, warum.

เขาจะพุ่งเข้าไปในป่าโดยเดินไปข้างหน้าโดยไม่รู้ว่าทำไม

Er hinterfragte diese Anziehungskraft nicht, denn der Ruf war tief und kraftvoll.

เขาไม่ตั้งคำถามถึงการดึงดูดนี้
เพราะการเรียกร้องนั้นมีความลึกซึ้งและทรงพลัง

Oft erreichte er den grünen Schatten und die weiche,
unberührte Erde
บ่อยครั้งเขาไปถึงร่มเงาสีเขียวและดินที่อ่อนนุ่มที่ไม่ถูกแตะต้อง
Doch dann zog ihn die große Liebe zu John Thornton
zurück zum Feuer.
แต่แล้วความรักอันแรงกล้าที่มีต่อจอห์น
ธอร์นตันก็ดึงเขากลับเข้าสู่กองไฟอีกครั้ง
Nur John Thornton hatte Bucks wildes Herz wirklich in
seiner Gewalt.
มีเพียงจอห์น
ธอร์นตันเท่านั้นที่สามารถกุมหัวใจอันป่าเถื่อนของบัคไว้ได้อย่างแท้จริ
ง
Der Rest der Menschheit hatte für Buck keinen bleibenden
Wert oder keine bleibende Bedeutung.
มนุษย์ที่เหลือไม่มีคุณค่าหรือความหมายที่ยั่งยืนสำหรับบัค
Fremde könnten ihn loben oder ihm mit freundlichen
Händen über das Fell streicheln.
คนแปลกหน้าอาจจะชื่นชมเขาหรือลูบขนของเขาด้วยมือที่เป็นมิตร
Buck blieb ungerührt und ging vor lauter Zuneigung davon.
บั๊กยังคงไม่ขยับเขยื้อนและเดินออกไปเนื่องจากมีความรักมากเกินไป
Hans und Pete kamen mit dem lange erwarteten Floß
ฮันส์และพีทมาถึงพร้อมกับแพที่รอคอยมานาน
Buck ignorierte sie, bis er erfuhr, dass sie sich in der Nähe
von Thornton befanden.
บั๊กไม่สนใจพวกเขาจนกระทั่งเขารู้ว่าพวกเขาใกล้ชิดกับธอร์นตัน
Danach tolerierte er sie, zeigte ihnen jedoch nie seine volle
Zuneigung.
หลังจากนั้นเขาก็อดทนกับพวกเขา
แต่ไม่เคยแสดงความอบอุ่นให้พวกเขาอย่างเต็มที่
Er nahm Essen oder Freundlichkeiten von ihnen an, als täte
er ihnen einen Gefallen.
พระองค์ทรงรับอาหารหรือความกรุณาจากพวกเขาเสมือนหนึ่งว่าทรง
ทำคุณประโยชน์แก่พวกเขา
Sie waren wie Thornton – einfach, ehrlich und klar im
Denken.

พวกเขาเป็นเหมือนธอร์นตัน—เรียบง่าย ซื่อสัตย์ และมีความคิดชัดเจน

Gemeinsam reisten sie zu Dawsons Sägewerk und dem großen Wirbel

พวกเขาทั้งหมดเดินทางไปที่โรงเลื่อยของ Dawson และน้ำวนขนาดใหญ่

Auf ihrer Reise lernten sie Bucks Wesen tiefgründig kennen.

ในระหว่างการเดินทาง
พวกเขาได้เรียนรู้ที่จะเข้าใจธรรมชาติของบัคอย่างลึกซึ้ง

Sie versuchten nicht, sich näherzukommen, wie es Skeet und Nig getan hatten.

พวกเขาไม่ได้พยายามที่จะใกล้ชิดกันเหมือนที่ Skeet และ Nig ได้ทำ

Doch Bucks Liebe zu John Thornton wurde mit der Zeit immer stärker.

แต่ความรักของบัคที่มีต่อจอห์น
ธอร์นตันก็ยิ่งลึกซึ้งมากขึ้นตามกาลเวลา

Nur Thornton könnte Buck im Sommer eine Last auf die Schultern laden.

มีเพียงธอร์นตันเท่านั้นที่สามารถวางฝูงสัตว์ไว้บนหลังบัคได้ในฤดูร้อน

Was auch immer Thornton befahl, Buck war bereit, es uneingeschränkt zu tun.

ไม่ว่าธอร์นตันจะสั่งอะไร บัคก็เต็มใจที่จะทำอย่างเต็มที่

Eines Tages, nachdem sie Dawson in Richtung der Quellgewässer des Tanana verlassen hatten,

วันหนึ่งหลังจากที่พวกเขาออกจากดอว์สันไปยังต้นน้ำของแม่น้ำทานานา

die Gruppe saß auf einer Klippe, die dreihundert Fuß bis zum nackten Fels abfiel.

กลุ่มคนเหล่านี้นั่งอยู่บนหน้าผาซึ่งสูงประมาณสามฟุตจนไปถึงชั้นหินแซึ่งที่โล่งเตียน

John Thornton saß nahe der Kante und Buck ruhte sich neben ihm aus.

จอห์น ธอร์นตันนั่งอยู่ใกล้ขอบ และบัคก็พักผ่อนข้างๆ เขา

Thornton hatte plötzlich eine Idee und rief die Männer auf sich aufmerksam.

ธอร์นตันเกิดความคิดขึ้นมาอย่างกะทันหัน
และเรียกร้องความสนใจของพวกผู้ชาย

Er deutete über den Abgrund und gab Buck einen einzigen Befehl.

เขาชี้ข้ามหุบเหวและสั่งบัคเพียงคำเดียว

„Spring, Buck!", sagte er und schwang seinen Arm über den Abgrund.

"กระโดดสิ บั๊ก!" เขากล่าวพร้อมกับเหวี่ยงแขนออกไปเหนือจุดตก

Einen Moment später musste er Buck packen, der sofort lossprang, um zu gehorchen.

ชั่วพริบตา เขาต้องคว้าบัคที่กำลังกระโจนเพื่อเชื่อฟัง

Hans und Pete eilten nach vorne und zogen beide in Sicherheit.

ฮันส์และพีทรีบวิ่งไปข้างหน้าและดึงทั้งคู่กลับมายังที่ปลอดภัย

Nachdem alles vorbei war und sie wieder zu Atem gekommen waren, ergriff Pete das Wort.

หลังจากที่ทุกอย่างจบลง และพวกเขาได้พักหายใจ พีทก็พูดขึ้น

„Die Liebe ist unheimlich", sagte er, erschüttert von der wilden Hingabe des Hundes.

"ความรักเป็นสิ่งที่น่าขนลุก"

เขากล่าวด้วยความหวั่นไหวจากความทุ่มเทอย่างแรงกล้าของสุนัข

Thornton schüttelte den Kopf und antwortete mit ruhiger Ernsthaftigkeit.

ธอร์นตันส่ายหัวและตอบด้วยความสงบจริงจัง

„Nein, die Liebe ist großartig", sagte er, „aber auch schrecklich."

"ไม่หรอก ความรักนั้นวิเศษมาก" เขากล่าว "แต่ก็เลวร้ายเช่นกัน"

„Manchmal, das muss ich zugeben, macht mir diese Art von Liebe Angst."

"บางครั้งฉันต้องยอมรับว่าความรักแบบนี้ทำให้ฉันกลัว"

Pete nickte und sagte: „Ich möchte nicht der Mann sein, der dich berührt."

พีทพยักหน้าและพูดว่า "ผมเกลียดที่จะเป็นผู้ชายที่แตะตัวคุณ"

Er sah Buck beim Sprechen ernst und voller Respekt an.

เขาจ้องดูบั๊กในขณะที่เขาพูดด้วยความจริงจังและเต็มไปด้วยความเคารพ

„Py Jingo!", sagte Hans schnell. „Ich auch nicht, nein, Sir."

"ไพ จิงโก้!" ฮันส์รีบตอบ "ฉันก็เหมือนกัน ไม่เอาหรอกท่าน"

Noch vor Jahresende wurden Petes Befürchtungen in Circle City wahr.

ก่อนปีจะสิ้นสุดลง ความกลัวของพีทก็เป็นจริงที่เซอร์เคิลซิตี้

Ein grausamer Mann namens Black Burton hat in der Bar eine Schlägerei angezettelt.

ชายโหดร้ายชื่อแบล็ค เบอร์ตัน ก่อเรื่องชกต่อยในบาร์

Er war wütend und bösartig und ging auf einen Neuling los.

เขาโกรธและมุ่งร้าย โจมตีเด็กที่เพิ่งเกิดใหม่

John Thornton schritt ein, ruhig und gutmütig wie immer.

จอห์น ธอร์นตันเข้ามาด้วยความสงบและมีน้ำใจเช่นเคย

Buck lag mit gesenktem Kopf in einer Ecke und beobachtete Thornton aufmerksam.

บัคนอนอยู่ที่มุมหนึ่ง ก้มหน้าลง คอยดูธอร์นตันอย่างใกล้ชิด

Burton schlug plötzlich zu und sein Schlag ließ Thornton herumwirbeln.

จู่ๆ เบอร์ตันก็โจมตี หมัดของเขาทำให้ธอร์นตันหมุนตัว

Nur die Stangenreling verhinderte, dass er hart auf den Boden stürzte.

มีเพียงราวเหล็กเท่านั้นที่ทำให้เขาไม่สามารถกระแทกพื้นอย่างแรงได้

Die Beobachter hörten ein Geräusch, das weder Bellen noch Jaulen war

ผู้เฝ้าดูได้ยินเสียงที่ไม่ใช่เสียงเห่าหรือร้องโหยหวน

Ein tiefes Brüllen kam von Buck, als er auf den Mann zustürzte.

บั๊กส่งเสียงคำรามอันลึกออกมาขณะที่เขาพุ่งเข้าหาชายคนนั้น

Burton riss seinen Arm hoch und rettete nur knapp sein eigenes Leben.

เบอร์ตันยกแขนขึ้นแต่แทบจะช่วยชีวิตตัวเองไม่ได้

Buck prallte gegen ihn und warf ihn flach auf den Boden.

บัคพุ่งเข้าใส่เขาจนเขาล้มลงกับพื้น

Buck biss tief in den Arm des Mannes und stürzte sich dann auf die Kehle.

บัคกัดลึกเข้าไปในแขนของชายคนนั้น จากนั้นพุ่งเข้าที่ลำคอ

Burton konnte den Angriff nur teilweise blocken und sein Hals wurde aufgerissen.

เบอร์ตันสามารถบล็อกได้เพียงบางส่วน และคอของเขาก็ถูกฉีกขาด

Männer stürmten mit erhobenen Knüppeln herein und vertrieben Buck von dem blutenden Mann.

พวกผู้ชายบุกเข้ามา ยกกระบองขึ้น
และไล่บัคออกจากร่างของชายที่กำลังเลือดออก

Ein Chirurg arbeitete schnell, um den Blutausfluss zu stoppen.

ศัลยแพทย์ทำงานอย่างรวดเร็วเพื่อหยุดเลือดไม่ให้ไหลออกมา

Buck ging auf und ab und knurrte, während er immer wieder versuchte anzugreifen.

บัคก้าวไปมาพร้อมกับคำราม พยายามที่จะโจมตีอีกครั้งแล้วครั้งเล่า

Nur schwingende Knüppel hielten ihn davon ab, Burton zu erreichen.

มีเพียงไม้กระบองเท่านั้นที่ขัดขวาง ไม่ให้เขาไปถึงเบอร์ตันได้

Eine Bergarbeiterversammlung wurde einberufen und noch vor Ort abgehalten.

มีการเรียกประชุมคนงานเหมืองและจัดขึ้นตรงนั้นทันที

Sie waren sich einig, dass Buck provoziert worden war, und stimmten für seine Freilassung.

พวกเขาเห็นพ้องกันว่าบัคถูกยั่วยุและลงมติให้ปล่อยตัวเขาเป็นอิสระ

Doch Bucks wilder Name hallte nun durch jedes Lager in Alaska.

แต่ชื่ออันดุร้ายของบัคยังคงก้องอยู่ในทุกค่ายในอลาสก้า

Später im Herbst rettete Buck Thornton erneut auf eine neue Art und Weise.

ในฤดูใบไม้ร่วงนั้น บั๊กได้ช่วยธอร์นตันอีกครั้งด้วยวิธีใหม่

Die drei Männer steuerten ein langes Boot durch wilde Stromschnellen.

ชายทั้งสามกำลังบังคับเรือยาวล่องไปตามน้ำเชี่ยวกราก

Thornton steuerte das Boot und rief Anweisungen zur Küste.

ธอร์นตันควบคุมเรือเพื่อส่งเสียงบอกทางไปยังชายฝั่ง

Hans und Pete rannten an Land und hielten sich an einem Seil fest, das sie von Baum zu Baum führte.

ฮันส์และพีทวิ่งขึ้นบกโดยถือเชือกจากต้นไม้ต้นหนึ่งไปอีกต้นหนึ่ง

Buck hielt am Ufer Schritt und behielt seinen Herrn immer im Auge.

บัคเดินไปบนฝั่งตลอดเวลาโดยคอยดูเจ้านายของเขาอยู่เสมอ

An einer ungünstigen Stelle ragten Felsen aus dem schnellen Wasser hervor.

ในสถานที่แห่งหนึ่งที่น่ารังเกียจ มีหินยื่นออกมาอยู่ใต้น้ำที่ไหลเชี่ยว

Hans ließ das Seil los und Thornton steuerte das Boot weit.

ฮันส์ปล่อยเชือก และธอร์นตันก็บังคับเรือให้กว้างออก

Hans sprintete, um das Boot an den gefährlichen Felsen vorbei wieder zu erreichen.

ฮันส์รีบวิ่งไปขึ้นเรืออีกครั้งผ่านโขดหินอันตรายไป

Das Boot passierte den Felsvorsprung, geriet jedoch in eine stärkere Strömung.

เรือเคลื่อนตัวผ่านขอบน้ำไปได้แต่ก็ไปชนกับกระแสน้ำที่แรงกว่า

Hans griff zu schnell nach dem Seil und brachte das Boot aus dem Gleichgewicht.

ฮันส์คว้าเชือกเร็วเกินไปจนทำให้เรือเสียสมดุล

Das Boot kenterte und prallte mit dem Hinterteil nach oben gegen das Ufer.

เรือพลิกคว่ำและพุ่งชนฝั่งจนจมลงไปข้างล่าง

Thornton wurde hinausgeworfen und in den wildesten Teil des Wassers geschwemmt.

ธอร์นตันถูกโยนออกไปและถูกพัดเข้าไปในส่วนที่ป่าเถื่อนที่สุดของน้ำ

Kein Schwimmer hätte in diesen tödlichen, reißenden Gewässern überleben können.

นักว่ายน้ำไม่มีทางรอดชีวิตได้ในน้ำที่เชี่ยวกรากและอันตรายเหล่านั้น

Buck sprang sofort hinein und jagte seinen Herrn den Fluss hinunter.

บัคกระโดดลงไปทันทีและไล่ตามเจ้านายของเขาลงไปตามแม่น้ำ

Nach dreihundert Metern erreichte er endlich Thornton.

หลังจากผ่านไปสามร้อยหลา เขาก็มาถึงธอร์นตันในที่สุด

Thornton packte Buck am Schwanz und Buck drehte sich zum Ufer um.

ธอร์นตันคว้าหางของบัค และบัคก็หันหลังกลับไปที่ฝั่ง

Er schwamm mit voller Kraft und kämpfte gegen den wilden Sog des Wassers an.

เขาว่ายน้ำอย่างเต็มกำลัง ต่อสู้กับแรงต้านของน้ำ

Sie bewegten sich schneller flussabwärts, als sie das Ufer erreichen konnten.

พวกเขามุ่งหน้าตามน้ำเร็วกว่าที่พวกเขาจะถึงฝั่งได้

Vor ihnen toste der Fluss immer lauter und stürzte in tödliche Stromschnellen.

ข้างหน้าแม่น้ำคำรามดังขึ้นขณะที่ตกลงสู่น้ำเชี่ยวที่รุนแรง

Felsen schnitten durch das Wasser wie die Zähne eines riesigen Kamms.

ก้อนหินถูกเฉือนผ่านน้ำเหมือนฟันของหวีขนาดใหญ่

Die Anziehungskraft des Wassers in der Nähe des Tropfens war wild und unausweichlich.

แรงดึงดูดของน้ำใกล้หยดน้ำนั้นรุนแรงและไม่อาจหลีกเลี่ยงได้

Thornton wusste, dass sie das Ufer nie rechtzeitig erreichen würden.

ธอร์นตันรู้ว่าพวกเขาไม่มีทางไปถึงฝั่งได้ทันเวลา

Er schrammte über einen Felsen, zerschmetterte einen zweiten,

เขาขูดหินก้อนหนึ่งแล้วกระแทกหินก้อนที่สอง

Und dann prallte er gegen einen dritten Felsen, den er mit beiden Händen festhielt.

แล้วเขาก็พุ่งชนหินก้อนที่สามโดยใช้มือทั้งสองข้างคว้ามันไว้

Er ließ Buck los und übertönte das Gebrüll: „Los, Buck! Los!"

เขาปล่อยบั๊กแล้วตะโกนท่ามกลางเสียงคำราม "ไป บั๊ก ไป!"

Buck konnte sich nicht über Wasser halten und wurde von der Strömung mitgerissen.

บั๊กไม่สามารถลอยน้ำได้และถูกกระแสน้ำพัดไป

Er kämpfte hart und versuchte, sich umzudrehen, kam aber überhaupt nicht voran.

เขาต่อสู้อย่างหนักเพื่อหันกลับแต่ก็ไม่สามารถทำความคืบหน้าได้เลย

Dann hörte er, wie Thornton den Befehl über das Tosen des Flusses hinweg wiederholte.

แล้วเขาก็ได้ยินธอร์นตันพูดคำสั่งซ้ำท่ามกลางเสียงคำรามของแม่น้ำ

Buck erhob sich aus dem Wasser und hob den Kopf, als wolle er einen letzten Blick werfen.

บัคผงะตัวขึ้นจากน้ำ เผยหัวขึ้นเหมือนจะมองเป็นครั้งสุดท้าย

dann drehte er sich um und gehorchte und schwamm entschlossen auf das Ufer zu.

จากนั้นก็หันกลับและทำตามโดยว่ายน้ำเข้าฝั่งอย่างมุ่งมั่น

Pete und Hans zogen ihn im letzten Moment an Land.

พีทและฮันส์ดึงเขาขึ้นฝั่งในช่วงเวลาสุดท้ายที่เป็นไปได้

Sie wussten, dass Thornton sich nur noch wenige Minuten am Felsen festklammern konnte.

พวกเขารู้ว่าธอร์นตันจะเกาะหินนั้นได้เพียงไม่กี่นาทีเท่านั้น

Sie rannten das Ufer hinauf zu einer Stelle weit oberhalb der Stelle, an der er hing.

พวกเขาวิ่งขึ้นฝั่งไปจนเจอจุดที่อยู่สูงกว่าจุดที่เขาถูกแขวนคออยู่มาก

Sie befestigten die Bootsleine sorgfältig an Bucks Hals und Schultern.

พวกเขาผูกเชือกเรือไว้กับคอและไหล่ของบัคอย่างระมัดระวัง

Das Seil saß eng, war aber locker genug zum Atmen und für Bewegung.

เชือกนั้นกระชับแต่ก็หลวมพอที่จะหายใจและเคลื่อนไหวได้

Dann warfen sie ihn erneut in den reißenden, tödlichen Fluss.

จากนั้นพวกเขาก็โยนเขาลงไปในแม่น้ำที่ไหลเชี่ยวและรุนแรงอีกครั้ง

Buck schwamm mutig, verpasste jedoch seinen Winkel in die Kraft des Stroms.

บั๊กว่ายน้ำอย่างกล้าหาญแต่ก็พลาดทิศทางที่กระแสน้ำไหล

Er sah zu spät, dass er an Thornton vorbeiziehen würde.

เขาเห็นสายเกินไปแล้วว่าเขาจะลอยผ่านธอร์นตันไป

Hans riss das Seil fest, als wäre Buck ein kenterndes Boot.

ฮันส์กระตุกเชือกให้ตึงราวกับว่าบัคเป็นเรือที่กำลังล่ม

Die Strömung zog ihn nach unten und er verschwand unter der Oberfläche.

กระแสน้ำดึงเขาลงไปใต้น้ำ แล้วเขาก็หายไปใต้ผิวน้ำ

Sein Körper schlug gegen das Ufer, bevor Hans und Pete ihn herauszogen.

ร่างของเขาพุ่งชนฝั่งก่อนที่ฮันส์และพีทจะดึงเขาออกมา

Er war halb ertrunken und sie haben das Wasser aus ihm herausgeprügelt.

เขาจมน้ำเกือบครึ่ง และพวกเขาก็ทุบน้ำออกจากตัวเขา

Buck stand auf, taumelte und brach erneut auf dem Boden zusammen.

บัคยืนขึ้น เซไป และล้มลงบนพื้นอีกครั้ง

Dann hörten sie Thorntons Stimme, die schwach vom Wind getragen wurde.

แล้วพวกเขาก็ได้ยินเสียงของธอร์นตันที่พัดมาตามลมอย่างแผ่วเบา

Obwohl die Worte undeutlich waren, wussten sie, dass er dem Tode nahe war.

แม้คำพูดจะไม่ชัดเจน แต่พวกเขารู้ว่าเขาใกล้จะตายแล้ว

Der Klang von Thorntons Stimme traf Buck wie ein elektrischer Schlag.

เสียงของธอร์นตันกระทบบัคเหมือนกับถูกไฟฟ้าช็อต

Er sprang auf, rannte das Ufer hinauf und kehrte zum Startpunkt zurück.

เขาโดดขึ้นและวิ่งขึ้นฝั่งกลับไปยังจุดปล่อยตัว

Wieder banden sie Buck das Seil fest und wieder betrat er den Bach.

พวกเขาผูกเชือกกับบั๊กอีกครั้ง และเขาก็กลับเข้าสู่ลำธารอีกครั้ง

Diesmal schwamm er direkt und entschlossen in das rauschende Wasser.

คราวนี้ เขาว่ายน้ำตรงลงไปในน้ำที่ไหลเชี่ยวอย่างมั่นคง

Hans ließ das Seil langsam los, während Pete darauf achtete, dass es sich nicht verheddertte.

ฮันส์ปล่อยเชือกออกอย่างต่อเนื่องในขณะที่พีทพยายามไม่ให้เชือกพันกัน

Buck schwamm schnell, bis er direkt über Thornton auf einer Linie lag.

บั๊กว่ายน้ำอย่างหนักจนกระทั่งเขาไปยืนเรียงแถวเหนือธอร์นตัน

Dann drehte er sich um und raste wie ein Zug mit voller Geschwindigkeit nach unten.

จากนั้นเขาก็หันตัวและพุ่งลงมาเหมือนรถไฟด้วยความเร็วสูงสุด

Thornton sah ihn kommen, machte sich bereit und schlang die Arme um seinen Hals.

ธอร์นตันเห็นเขาเข้ามา จึงตั้งตัวและล็อกแขนไว้รอบคอของเขา

Hans band das Seil fest um einen Baum, als beide unter Wasser gezogen wurden.

ฮันส์ผูกเชือกไว้แน่นรอบต้นไม้ขณะที่ทั้งสองถูกดึงลงไปใต้ต้นไม้

Sie stürzten unter Wasser und zerschellten an Felsen und Flusstrümmern.

พวกเขาตกลงไปใต้น้ำและกระแทกเข้ากับหินและเศษซากในแม่น้ำ

In einem Moment war Buck oben, im nächsten erhob sich Thornton keuchend.

ชั่วพริบตาเดียวบัคก็อยู่ด้านบน

ขณะต่อมาธอร์นตันก็ลุกขึ้นพร้อมหายใจแรง

Zerschlagen und erstickend steuerten sie auf das Ufer zu und waren in Sicherheit.

พวกเขาได้รับบาดเจ็บและหายใจไม่ออก

จึงต้องหันตัวไปที่ฝั่งที่ปลอดภัย

Thornton erlangte sein Bewusstsein wieder und lag quer über einem Treibholzbaumstamm.

ธอร์นตันฟื้นคืนสติโดยนอนทับท่อนไม้ลอยน้ำ

Hans und Pete haben hart gearbeitet, um ihm Atem und Leben zurückzugeben.

ฮันส์และพีททำงานหนักเพื่อให้เขากลับมามีลมหายใจและชีวิตอีกครั้ง

Sein erster Gedanke galt Buck, der regungslos und schlaff dalag.

ความคิดแรกของเขาคือบัคที่นอนนิ่งและหมดแรง

Nig heulte über Bucks Körper und Skeet leckte sanft sein Gesicht.

นิกส่งเสียงหอนไปทั่วร่างของบัค และสกีตก็เลียหน้าเขาเบาๆ

Thornton, wund und verletzt, untersuchte Buck mit vorsichtigen Händen.

ธอร์นตันซึ่งมีอาการเจ็บปวดและมีรอยฟกช้ำ

ตรวจบัคด้วยมืออย่างระมัดระวัง

Er stellte fest, dass der Hund drei Rippen gebrochen hatte, jedoch keine tödlichen Wunden aufwies.

เขาพบว่โครงหัก 3 ซี่ แต่ไม่มีบาดแผลสาหัสในตัวสุนัข

„Damit ist die Sache geklärt", sagte Thornton. „Wir zelten hier." Und das taten sie.

"นั่นทำให้เรื่องจบลง" ธอร์นตันกล่าว "เราตั้งแคมป์ที่นี่"
และพวกเขาก็ทำเช่นนั้น
Sie blieben, bis Bucks Rippen verheilt waren und er wieder
laufen konnte.
พวกเขาอยู่ที่นั่นจนกระทั่งซี่โครงของบัคหายดีและเขาสามารถเดินได้อี
กครั้ง

In diesem Winter vollbrachte Buck eine Leistung, die seinen
Ruhm noch weiter steigerte.
ในฤดูหนาวปีนั้น
บัคได้แสดงความสามารถที่ทำให้ชื่อเสียงของเขาโด่งดังขึ้นไปอีก
Es war weniger heroisch als Thornton zu retten, aber
genauso beeindruckend.
มันดูกล้าหาญน้อยกว่าการช่วยธอร์นตัน แต่ก็ประทับใจไม่แพ้กัน
In Dawson benötigten die Partner Vorräte für eine weite
Reise.
ที่ Dawson พันธมิตรต้องการสิ่งของที่จำเป็นสำหรับการเดินทางไกล
Sie wollten nach Osten reisen, in unberührte
Wildnisgebiete.
พวกเขาต้องการเดินทางไปทางทิศตะวันออก
สู่ดินแดนป่าดงดิบที่ยังคงความสมบูรณ์
Bucks Tat im Eldorado Saloon machte diese Reise möglich.
การกระทำของบัคใน Eldorado Saloon ทำให้การเดินทางครั้งนั้นเป็นไปได้
Es begann damit, dass Männer bei einem Drink mit ihren
Hunden prahlten.
มันเริ่มต้นจากผู้ชายคุยโม้เกี่ยวกับสุนัขของพวกเขาขณะดื่มเครื่องดื่ม
Bucks Ruhm machte ihn zur Zielscheibe von
Herausforderungen und Zweifeln.
ชื่อเสียงของบัคทำให้เขาตกเป็นเป้าหมายของการท้าทายและความสง
สัย
Thornton blieb stolz und ruhig und verteidigte Bucks
Namen standhaft.
ธอร์นตันมีความภาคภูมิใจและสงบ
ยืนหยัดอย่างมั่นคงในการปกป้องชื่อของบัค

Ein Mann sagte, sein Hund könne problemlos zweihundertsechsunddreißig kg ziehen.

ชายคนหนึ่งกล่าวว่าสุนัขของเขาสามารถลากน้ำหนักห้าร้อยปอนด์ได้อย่างง่ายดาย

Ein anderer sagte sechshundert und ein dritter prahlte mit siebenhundert.

อีกคนบอกว่าหกร้อย และคนที่สามอวดว่าเจ็ดร้อย

„Pfft!", sagte John Thornton, „Buck kann einen fünfhundert kg schweren Schlitten ziehen."

"ฮี่ย!" จอห์น ธอร์นตันพูด

"บัคสามารถลากเลื่อนน้ำหนักพันปอนด์ได้นะ"

Matthewson, ein Bonanza-König, beugte sich vor und forderte ihn heraus.

แมทธิวสัน ราชาโบนันซา โน้มตัวไปข้างหน้าและท้าทายเขา

„Glauben Sie, er kann so viel Gewicht in Bewegung setzen?"

"คุณคิดว่าเขาจะสามารถเคลื่อนไหวได้มากขนาดนั้นเหรอ?"

„Und Sie glauben, er kann das Gewicht volle hundert Meter weit ziehen?"

"แล้วคุณคิดว่าเขาสามารถดึงน้ำหนักได้เต็มร้อยหลาหรือเปล่า?"

Thornton antwortete kühl: „Ja. Buck ist Hund genug, um das zu tun."

ธอร์นตันตอบอย่างเย็นชา "ใช่ บัคเป็นหมาที่ทำได้"

„Er wird tausend Pfund in Bewegung setzen und es hundert Meter weit ziehen."

"เขาจะเคลื่อนย้ายน้ำหนักหนึ่งพันปอนด์ และดึงมันออกมาได้ร้อยหลา"

Matthewson lächelte langsam und stellte sicher, dass alle Männer seine Worte hörten.

แมทธิวสันยิ้มช้าๆ และให้แน่ใจว่าทุกคนได้ยินคำพูดของเขา

„Ich habe tausend Dollar, die sagen, dass er es nicht kann. Da ist es."

"ฉันมีเงินหนึ่งพันเหรียญที่บอกว่าเขาทำไม่ได้ นั่นไง"

Er knallte einen Sack Goldstaub von der Größe einer Wurst auf die Theke.

เขาตบกระสอบผงทองคำขนาดเท่าไส้กรอกลงบนเคาน์เตอร์บาร์

Niemand sagte ein Wort. Die Stille um sie herum wurde drückend und angespannt.

ไม่มีใครพูดอะไรสักคำ

ความเงียบเริ่มหนักหน่วงและตึงเครียดขึ้นรอบตัวพวกเขา

Thorntons Bluff – wenn es denn einer war – war ernst genommen worden.

การหลอกลวงของ Thornton หากเป็นอย่างนั้น

ก็ได้รับการพิจารณาอย่างจริงจัง

Er spürte, wie ihm die Hitze im Gesicht aufstieg und das Blut in seine Wangen schoss.

เขารู้สึกถึงความร้อนขึ้นบนใบหน้าขณะที่เลือดฟุ่งขึ้นแก้ม

In diesem Moment war seine Zunge seiner Vernunft voraus.

ลิ้นของเขาได้พัฒนาไปเร็วกว่าเหตุผลในขณะนั้น

Er wusste wirklich nicht, ob Buck fünfhundert kg bewegen konnte.

เขาไม่รู้จริงๆ ว่าบัคจะสามารถขนเงินหนึ่งพันปอนด์ได้หรือไม่

Eine halbe Tonne! Allein die Größe ließ ihm das Herz schwer werden.

ครึ่งตัน! ขนาดของมันเพียงอย่างเดียวก็ทำเอาใจเขาหนักอึ้งแล้ว

Er hatte Vertrauen in Bucks Stärke und hielt ihn für fähig.

เขาศรัทธาในความแข็งแกร่งของบัคและคิดว่าเขาสามารถทำได้

Doch einer solchen Herausforderung war er noch nie begegnet, nicht auf diese Art und Weise.

แต่เขาไม่เคยเผชิญกับความท้าทายแบบนี้มาก่อน

Ein Dutzend Männer beobachteten ihn still und warteten darauf, was er tun würde.

ชายนับสิบคนเฝ้าดูเขาอย่างเงียบๆ รอดูว่าเขาจะทำอย่างไร

Er hatte das Geld nicht – Hans und Pete auch nicht.

เขาไม่มีเงิน—ทั้งฮันส์และพีทก็ไม่มีเช่นกัน

„Ich habe draußen einen Schlitten", sagte Matthewson kalt und direkt.

"ฉันมีรถเลื่อนอยู่ข้างนอก" แมทธิวสันพูดอย่างเย็นชาและตรงไปตรงมา

„Es ist mit zwanzig Säcken zu je fünfzig Pfund beladen, alles Mehl.

"มันบรรจุด้วยกระสอบยี่สิบใบ ใบละห้าสิบปอนด์ เป็นแป้งทั้งหมด

Lassen Sie sich also jetzt nicht von einem fehlenden Schlitten als Ausrede ausreden", fügte er hinzu.

ดังนั้นอย่าปล่อยให้รถเลื่อนที่หายไปกลายมาเป็นข้ออ้างของคุณอีกต่อไป" เขากล่าวเสริม

Thornton stand still da. Er wusste nicht, was er sagen sollte.

ธอร์นตันยืนเงียบ เขาไม่รู้จะพูดอะไรดี

Er blickte sich die Gesichter an, ohne sie deutlich zu erkennen.

เขาเหลือบมองดูใบหน้าเหล่านั้นแต่ไม่สามารถมองเห็นได้ชัดเจน

Er sah aus wie ein Mann, der in Gedanken erstarrt war und versuchte, neu zu starten.

เขาดูเหมือนคนที่หยุดนิ่งอยู่ในความคิดและพยายามจะเริ่มต้นใหม่อีกครั้ง

Dann sah er Jim O'Brien, einen Freund aus der Mastodon-Zeit.

แล้วเขาก็ได้พบกับจิม โอไบรอัน เพื่อนจากยุคแมสโตดอน

Dieses vertraute Gesicht gab ihm Mut, von dem er nicht wusste, dass er ihn hatte.

ใบหน้าที่คุ้นเคยทำให้เขามีความกล้าหาญที่เขาไม่รู้ว่าตนมี

Er drehte sich um und fragte mit leiser Stimme: „Können Sie mir tausend leihen?"

เขาหันมาถามด้วยเสียงต่ำว่า "คุณให้ฉันยืมเงินหนึ่งพันได้ไหม"

„Sicher", sagte O'Brien und ließ bereits einen schweren Sack neben dem Gold fallen.

"แน่นอน" โอไบรอันกล่าวพร้อมกับทิ้งกระสอบหนักๆ ไว้ข้างๆ ทองคำแล้ว

„Aber ehrlich gesagt, John, ich glaube nicht, dass das Biest das tun kann."

"แต่พูดจริงนะจอห์น ฉันไม่เชื่อว่าสัตว์ร้ายจะสามารถทำเช่นนั้นได้"

Alle im Eldorado Saloon strömten nach draußen, um sich die Veranstaltung anzusehen.

ทุกคนในโรงเตี๊ยมเอลโดราโดรีบวิ่งออกไปเพื่อชมงาน

Sie ließen Tische und Getränke zurück und sogar die Spiele wurden unterbrochen.

พวกเขาวางโต๊ะและวางเครื่องดื่ม และแม้แต่เกมก็ยังหยุดด้วย

Dealer und Spieler kamen, um das Ende der kühnen Wette mitzuerleben.

เหล่าเจ้ามือและนักพนันต่างมาเป็นพยานในจุดสิ้นสุดของการเดิมพันอันกล้าหาญ

Hunderte versammelten sich auf der vereisten Straße um den Schlitten.

ผู้คนนับร้อยรวมตัวกันรอบรถเลื่อนบนถนนที่เปิดโล่งและมีน้ำแข็งปกคลุม

Matthewsons Schlitten stand mit einer vollen Ladung Mehlsäcke da.

รถเลื่อนของแมทธิวสันยืนอยู่พร้อมกระสอบแป้งเต็มบรรทุก

Der Schlitten stand stundenlang bei Minustemperaturen.

รถเลื่อนคันดังกล่าวจอดอยู่เป็นเวลานานหลายชั่วโมงภายใต้อุณหภูมิติดลบ

Die Kufen des Schlittens waren fest am festgetretenen Schnee festgefroren.

นักวิ่งเลื่อนถูกแช่แข็งจนแน่นเนื่องจากหิมะที่อัดแน่น

Die Männer wetteten zwei zu eins, dass Buck den Schlitten nicht bewegen könne.

ผู้ชายเสนออัตราต่อรองสองต่อหนึ่งว่าบัคจะไม่สามารถเคลื่อนย้ายเลื่อนได้

Es kam zu einem Streit darüber, was „ausbrechen" eigentlich bedeutet.

เกิดข้อโต้แย้งขึ้นว่าคำว่า "break out" หมายความว่าอะไรกันแน่

O'Brien sagte, Thornton solle die festgefrorene Basis des Schlittens lösen.

โอไบรอันกล่าวว่าธอร์นตันควรคลายฐานที่เป็นน้ำแข็งของรถเลื่อน

Buck könnte dann aus einem soliden, bewegungslosen Start „ausbrechen".

จากนั้นบัคก็สามารถ "หลุดออกมา"
ได้จากการเริ่มต้นที่มั่นคงและไม่เคลื่อนไหว

Matthewson argumentierte, dass der Hund auch die Läufer befreien müsse.

แมทธิวสันโต้แย้งว่าสุนัขจะต้องปล่อยนักวิ่งให้เป็นอิสระด้วยเช่นกัน

Die Männer, die von der Wette gehört hatten, stimmten Matthewsons Ansicht zu.

คนที่ได้ยินการพนันก็เห็นด้วยกับทัศนะของแมทธิวสัน

Mit dieser Entscheidung stiegen die Chancen auf drei zu eins gegen Buck.

จากคำตัดสินดังกล่าว

ทำให้โอกาสที่บัคจะได้เปรียบเพิ่มขึ้นเป็นสามต่อหนึ่ง

Niemand trat vor, um die wachsende Drei-zu-eins-Chance auf sich zu nehmen.

ไม่มีใครก้าวออกมาเพื่อรับโอกาสที่เพิ่มขึ้นสามต่อหนึ่ง

Kein einziger Mann glaubte, dass Buck diese große Leistung vollbringen könnte.

ไม่มีผู้ชายคนเดียวที่เชื่อว่าบัคจะสามารถทำสิ่งยิ่งใหญ่เช่นนั้นได้

Thornton war zu der Wette gedrängt worden, obwohl er voller Zweifel war.

ธอร์นตันถูกเร่งให้เข้าร่วมเดิมพันพร้อมกับความสงสัยมากมาย

Nun blickte er auf den Schlitten und das zehnköpfige Hundegespann daneben.

ตอนนี้เขาหันไปมองรถลากเลื่อนและสุนัข 10 ตัวที่อยู่ข้างๆ

Als ich die Realität der Aufgabe sah, erschien sie noch unmöglicher.

เมื่อเห็นความเป็นจริงของงานก็ดูเป็นไปไม่ได้มากขึ้น

Matthewson war in diesem Moment voller Stolz und Selbstvertrauen.

แมทธิวสันเต็มไปด้วยความภาคภูมิใจและมั่นใจในช่วงเวลานั้น

„Drei zu eins!", rief er. „Ich wette noch tausend, Thornton!"

"สามต่อหนึ่ง!" เขาร้องตะโกน "ฉันจะเดิมพันอีกพันหนึ่ง ธอร์นตัน!"

Was sagst du dazu?", fügte er laut genug hinzu, dass es alle hören konnten.

"คุณพูดอะไร" เขาพูดเสริมเสียงดังพอให้ทุกคนได้ยิน

Thorntons Gesicht zeigte seine Zweifel, aber sein Geist war aufgeblüht.

ใบหน้าของธอร์นตันแสดงถึงความสงสัย

แต่จิตวิญญาณของเขากลับฟื้นคืนมา

Dieser Kampfgeist ignorierte alle Widrigkeiten und fürchtete sich überhaupt nicht.

จิตวิญญาณนักสู้ไม่สนอุปสรรคและไม่เกรงกลัวสิ่งใดเลย

Er forderte Hans und Pete auf, ihr gesamtes Bargeld auf den Tisch zu bringen.

เขาเรียกฮันส์กับพีทให้เอาเงินสดทั้งหมดมาที่โต๊ะ

Ihnen blieb nicht mehr viel übrig – insgesamt nur zweihundert Dollar.

พวกเขามีเงินเหลือไม่มากนัก

รวมกันแล้วมีเพียงสองร้อยดอลลาร์เท่านั้น

Diese kleine Summe war ihr gesamtes Vermögen in schweren Zeiten.

เงินจำนวนเล็กน้อยนี้คือทรัพย์สมบัติทั้งหมดของพวกเขาในช่วงเวลาที่ยากลำบาก

Dennoch setzten sie ihr gesamtes Vermögen auf Matthewsons Wette.

อย่างไรก็ตาม พวกเขากลับยอมวางเดิมพันทั้งหมดลงกับแมททิวสัน

Das zehnköpfige Hundegespann wurde abgekoppelt und vom Schlitten wegbewegt.

ทีมสุนัข 10 ตัวถูกปลดเชือกและเคลื่อนตัวออกไปจากรถลากเลื่อน

Buck wurde in die Zügel genommen und trug sein vertrautes Geschirr.

บัคถูกจับใส่สายบังเหียนโดยสวมสายรัดที่คุ้นเคย

Er hatte die Energie der Menge aufgefangen und die Spannung gespürt.

เขาได้สัมผัสพลังของฝูงชนและรู้สึกถึงความตึงเครียด

Irgendwie wusste er, dass er etwas für John Thornton tun musste.

เขาตระหนักดีว่าเขาต้องทำอะไรบางอย่างเพื่อจอห์น ธอร์นตัน

Die Leute murmelten voller Bewunderung über die stolze Gestalt des Hundes.

ผู้คนต่างพากันพึมพำด้วยความชื่นชมต่อรูปร่างอันภาคภูมิใจของสุนัข

Er war schlank und stark und hatte kein einziges Gramm Fleisch zu viel.

เขามีรูปร่างผอมบางและแข็งแรงโดยไม่มีเนื้อหนังส่วนเกินแม้แต่น้อย

Sein Gesamtgewicht von hundertfünfzig Pfund bestand nur aus Kraft und Ausdauer.

น้ำหนักรวมของเขาหนึ่งร้อยห้าสิบปอนด์นั้นล้วนเป็นกำลังและความอดทนทั้งสิ้น

Bucks Fell glänzte wie Seide und strotzte vor Gesundheit und Kraft.

ขนของบัคเป็นมันเงาเหมือนผ้าไหม
หนาไปด้วยสุขภาพและความแข็งแรง

Das Fell an seinem Hals und seinen Schultern schien sich aufzurichten und zu sträuben.

ขนตามคอและไหล่ของเขาดูเหมือนจะยกขึ้นและแข็งขึ้น

Seine Mähne bewegte sich leicht, jedes Haar war voller Energie.

แผงคอของเขามีการเคลื่อนไหวเล็กน้อย
โดยเส้นผมแต่ละเส้นมีชีวิตชีวาด้วยพลังงานอันยิ่งใหญ่ของเขา

Seine breite Brust und seine starken Beine passten zu seinem schweren, robusten Körperbau.

หน้าอกกว้างและขาที่แข็งแรงเข้ากับรูปร่างที่หนักและแข็งแกร่งของเขา

Unter seinem Mantel spannten sich Muskeln, straff und fest wie geschmiedetes Eisen.

กล้ามเนื้อเป็นริ้วๆ ใต้เสื้อคลุมของเขา
แน่นหนาและมั่นคงราวกับเหล็กที่ถูกมัดไว้

Männer berührten ihn und schworen, er sei gebaut wie eine Stahlmaschine.

ผู้คนต่างจับต้องเขาและสาบานว่าเขามีรูปร่างสูงใหญ่เหมือนเครื่องจักรเหล็กกล้า

Die Quoten sanken leicht auf zwei zu eins gegen den großen Hund.

อัตราต่อรองลดลงเล็กน้อยเหลือสองต่อหนึ่งต่อสุนัขตัวใหญ่

Ein Mann von den Skookum Benches drängte sich stotternd nach vorne.

ชายคนหนึ่งจาก Skookum Benches ผลักไปข้างหน้าอย่างติดขัด

„Gut, Sir! Ich biete achthundert für ihn – vor der Prüfung, Sir!"

"ดีท่าน! ผมเสนอเงินแปดร้อยให้เขาก่อนการทดสอบครับท่าน!"

„Achthundert, so wie er jetzt dasteht!", beharrte der Mann.
"แปดร้อยเท่าที่เขายืนอยู่ตอนนี้!" ชายผู้นั้นยืนกราน

Thornton trat vor, lächelte und schüttelte ruhig den Kopf.
ธอร์นตันก้าวไปข้างหน้า ยิ้มและส่ายหัวอย่างสงบ

Matthewson schritt schnell mit warnender Stimme und einem Stirnrunzeln ein.
แมทธิวสันก้าวเข้าอย่างรวดเร็วด้วยน้ำเสียงเตือนและขมวดคิ้ว

„Sie müssen Abstand von ihm halten", sagte er. „Geben Sie ihm Raum."
"คุณต้องถอยห่างจากเขา" เขากล่าว "ให้พื้นที่เขาบ้าง"

Die Menge verstummte; nur die Spieler boten noch zwei zu eins.
ฝูงชนต่างเงียบลง มีเพียงนักพนันเท่านั้นที่เสนอเดิมพันสองต่อหนึ่ง

Alle bewunderten Bucks Körperbau, aber die Last schien zu groß.
ทุกคนต่างชื่นชมรูปร่างของบัค แต่น้ำหนักที่บรรทุกดูมากเกินไป

Zwanzig Säcke Mehl – jeder fünfzig Pfund schwer – schienen viel zu viel.
แป้งยี่สิบกระสอบ—กระสอบละห้าสิบปอนด์—ดูจะมากเกินไป

Niemand war bereit, seinen Geldbeutel zu öffnen und sein Geld zu riskieren.
ไม่มีใครเต็มใจที่จะเปิดกระเป๋าและเสี่ยงเงินของตน

Thornton kniete neben Buck und nahm seinen Kopf in beide Hände.
ธอร์นตันคุกเข่าลงข้างๆ บัคและเอามือทั้งสองข้างจับศีรษะของเขา

Er drückte seine Wange an Bucks und sprach in sein Ohr.
เขาเอาแก้มแนบกับแก้มของบัคแล้วพูดที่หูของเขา

Es gab jetzt kein spielerisches Schütteln oder geflüsterte liebevolle Beleidigungen.
ตอนนี้ไม่มีการสั่นกระดิ่งเล่นๆ หรือกระซิบด่าทอด้วยความรักอีกต่อไป

Er murmelte nur leise: „So sehr du mich liebst, Buck."
เขาเพียงพึมพำเบาๆ "คุณรักฉันมากเท่าที่คุณรัก บัค"

Buck stieß ein leises Winseln aus, seine Begierde konnte er kaum zurückhalten.
บั๊กครางออกมาเบาๆ ความกระตือรือร้นของเขาแทบจะห้ามไม่อยู่

Die Zuschauer beobachteten neugierig, wie Spannung in der Luft lag.

ผู้ชมมองดูด้วยความอยากรู้ในขณะที่บรรยากาศเต็มไปด้วยความตึงเครียด

Der Moment fühlte sich fast unwirklich an, wie etwas jenseits der Vernunft.

ช่วงเวลานั้นรู้สึกแทบจะไม่จริง เหมือนมีอะไรบางอย่างอยู่เหนือเหตุผล

Als Thornton aufstand, nahm Buck sanft seine Hand zwischen die Kiefer.

เมื่อธอร์นตันยืนขึ้น บัคก็จับมือเขาอย่างอ่อนโยน

Er drückte mit den Zähnen nach unten und ließ dann langsam und sanft los.

เขาใช้ฟันกดลงไปแล้วค่อย ๆ ปล่อยออกอย่างช้า ๆ และเบามือ

Es war eine stille Antwort der Liebe, nicht ausgesprochen, aber verstanden.

มันเป็นคำตอบแห่งความรักที่เงียบงัน ไม่ใช่คำพูด แต่เข้าใจได้

Thornton trat weit von dem Hund zurück und gab das Signal.

ธอร์นตันก้าวถอยห่างจากสุนัขและส่งสัญญาณ

„Jetzt, Buck", sagte er und Buck antwortete mit konzentrierter Ruhe.

"ตอนนี้ บัค" เขากล่าว และบัคก็ตอบสนองด้วยความสงบและมุ่งมั่น

Buck spannte die Leinen und lockerte sie dann um einige Zentimeter.

บัครัดรอย ให้แน่น แล้วคลายออกประมาณสองสามนิ้ว

Dies war die Methode, die er gelernt hatte; seine Art, den Schlitten zu zerbrechen.

นี่เป็นวิธีที่เขาเรียนรู้มาเพื่อเป็นทางทำลายเลื่อน

„Mensch!", rief Thornton mit scharfer Stimme in der schweren Stille.

"โห!"

ธอร์นตันตะโกนด้วยน้ำเสียงที่แหลมสูงท่ามกลางความเงียบอันหนักหน่วง

Buck drehte sich nach rechts und stürzte sich mit seinem gesamten Gewicht nach vorn.

บั๊กหันไปทางขวาและพุ่งเข้าใส่ด้วยน้ำหนักทั้งหมดของเขา

Das Spiel verschwand und Bucks gesamte Masse traf die straffen Leinen.

ความหย่อนยานหายไป

และมวลทั้งหมดของบัคก็ตกลงบนรอยที่แน่นหนา

Der Schlitten zitterte und die Kufen machten ein knackendes, knisterndes Geräusch.

รถเลื่อนสั่นไหว และผู้วิ่งก็ส่งเสียงกรอบแกรบดัง

„Haw!", befahl Thornton und änderte erneut Bucks Richtung.

"ฮอว์!" ธอร์นตันสั่งพร้อมเปลี่ยนทิศทางของบัคอีกครั้ง

Buck wiederholte die Bewegung und zog diesmal scharf nach links.

บั๊กทำการเคลื่อนไหวซ้ำอีกครั้ง คราวนี้ดึงไปทางซ้ายอย่างกะทันหัน

Das Knacken des Schlittens wurde lauter, die Kufen knackten und verschoben sich.

รถเลื่อนเริ่มดังกรอบแกรบ ขณะที่ผู้วิ่งก็ยับและขยับตัว

Die schwere Last rutschte leicht seitwärts über den gefrorenen Schnee.

น้ำหนักบรรทุกอันหนักหน่วงเลื่อนไปทางด้านข้างเล็กน้อยบนหิมะที่แข็งตัว

Der Schlitten hatte sich aus der Umklammerung des eisigen Pfades gelöst!

รถเลื่อนหลุดจากการเกาะยึดของเส้นทางน้ำแข็งแล้ว!

Die Männer hielten den Atem an, ohne zu merken, dass sie nicht einmal atmeten.

ผู้ชายกลั้นหายใจโดยไม่รู้ว่าตัวเองไม่ได้หายใจด้วยซ้ำ

„Jetzt ZIEHEN!", rief Thornton durch die eisige Stille.

"ตอนนี้ ดึง!" ธอร์นตันร้องออกมาท่ามกลางความเงียบอันหนาวเหน็บ

Thorntons Befehl klang scharf wie ein Peitschenknall.

คำสั่งของธอร์นตันดังขึ้นอย่างแหลมคม เหมือนกับเสียงแส้

Buck stürzte sich mit einem heftigen und heftigen Ausfallschritt nach vorne.

บัคพุ่งตัวไปข้างหน้าด้วยการพุ่งเข้าอย่างรุนแรงและกระแทกอย่างแรง

Sein ganzer Körper war aufgrund der enormen Belastung
angespannt und verkrampft.

โครงร่างของเขาตึงและรวมกันเป็นก้อนจากแรงกดดันอันมหาศาล

Unter seinem Fell spannten sich Muskeln wie lebendig
werdende Schlangen.

กล้ามเนื้อเป็นริ้วๆ ใต้ขนของเขาเหมือนกับงูที่กำลังมีชีวิตขึ้นมา

Seine breite Brust war tief, der Kopf nach vorne zum
Schlitten gestreckt.

อกใหญ่ของเขาต่ำและศีรษะยื่นไปข้างหน้าหารถเลื่อน

Seine Pfoten bewegten sich blitzschnell und seine Krallen
zerschnitten den gefrorenen Boden.

อุ้งเท้าของเขาเคลื่อนไหวเหมือนสายฟ้า กรงเล็บเฉือนพื้นดินที่แข็งตัว

Er kämpfte um jeden Zentimeter Bodenhaftung und
hinterließ tiefe Rillen.

ร่องถูกตัดลึกในขณะที่เขาต่อสู้เพื่อแรงยึดเกาะทุกตารางนิ้ว

Der Schlitten schaukelte, zitterte und begann eine langsame,
unruhige Bewegung.

รถเลื่อนโยกเยก สั่นไหว และเริ่มเคลื่อนที่ช้าๆ อย่างไม่มั่นคง

Ein Fuß rutschte aus und ein Mann in der Menge stöhnte
laut auf.

เท้าข้างหนึ่งลื่น และชายคนหนึ่งในฝูงชนก็ร้องครวญครางออกมาดังๆ

Dann machte der Schlitten mit einer ruckartigen, heftigen
Bewegung einen Satz nach vorne.

จากนั้นรถเลื่อนก็พุ่งไปข้างหน้าด้วยการเคลื่อนไหวแบบกระตุกและรุน
แรง

Es hörte nicht wieder auf – noch einen halben Zoll … einen
Zoll … zwei Zoll mehr.

มันไม่หยุดอีกเลย—ครึ่งนิ้ว...หนึ่งนิ้ว...อีกสองนิ้ว

Die Stöße wurden kleiner, als der Schlitten an
Geschwindigkeit zunahm.

อาการกระตุกเริ่มน้อยลงเมื่อรถเลื่อนเริ่มเคลื่อนที่ด้วยความเร็วมากขึ้น

Bald zog Buck mit sanfter, gleichmäßiger Rollkraft.

ในไม่ช้า บัคก็เริ่มดึงด้วยพลังที่นุ่มนวลและสม่ำเสมอ

Die Männer schnappten nach Luft und erinnerten sich
schließlich wieder daran zu atmen.

พวกผู้ชายต่างพากันหายใจเฮือกใหญ่

และในที่สุดก็นึกขึ้นได้ว่าพวกเขาต้องหายใจอีกครั้ง

Sie hatten nicht bemerkt, dass ihnen vor Ehrfurcht der Atem stockte.

พวกเขาไม่ทันสังเกตว่าลมหายใจของพวกเขาหยุดลงด้วยความหวาดกลัว

Thornton rannte hinterher und rief kurze, fröhliche Befehle.

ธอร์นตันวิ่งไปด้านหลังพร้อมร้องคำสั่งสั้นๆ อย่างร่าเริง

Vor uns lag ein Stapel Brennholz, der die Entfernung markierte.

ข้างหน้ามีกองฟืนบอกระยะทาง

Als Buck sich dem Haufen näherte, wurde der Jubel immer lauter.

เมื่อบั๊กเข้าใกล้กองเงิน เสียงเชียร์ก็ดังขึ้นเรื่อยๆ

Der Jubel schwoll zu einem Brüllen an, als Buck den Endpunkt passierte.

เสียงโห่ร้องดังขึ้นเป็นคำรามขณะที่บัคผ่านจุดสิ้นสุด

Männer sprangen auf und schrien, sogar Matthewson grinste.

พวกผู้ชายกระโดดและตะโกน แม้แต่แมทธิวสันยังยิ้มออกมา

Hüte flogen durch die Luft, Fäustlinge wurden gedankenlos und ziellos herumgeworfen.

หมวกปลิวขึ้นไปในอากาศ

ถุงมือถูกโยนออกไปโดยไม่ได้คิดหรือมุ่งหมาย

Männer packten einander und schüttelten sich die Hände, ohne zu wissen, wer es war.

ชายทั้งสองคว้ามือและจับมือกันโดยไม่ทราบว่าใคร

Die ganze Menge war in wilder, freudiger Stimmung.

ฝูงชนทั้งหมดส่งเสียงเฉลิมฉลองอย่างรื่นเริงอย่างบ้าคลั่ง

Thornton fiel mit zitternden Händen neben Buck auf die Knie.

ธอร์นตันคุกเข่าลงข้างๆ บัคด้วยมือสั่นเทา

Er drückte seinen Kopf an Bucks und schüttelte ihn sanft hin und her.

เขาเอาหัวแนบไปที่บัคและเขย่าไปมาเบาๆ

Diejenigen, die näher kamen, hörten, wie er den Hund mit stiller Liebe verfluchte.

ผู้ที่เข้ามาใกล้ได้ยินเขาสาปสุนัขด้วยความรักอันเงียบสงบ

Er beschimpfte Buck lange – leise, herzlich und emotional.

เขาด่าบั๊กเป็นเวลานาน—อย่างอ่อนโยน อบอุ่น และด้วยอารมณ์

„Gut, Sir! Gut, Sir!", rief der König der Skookum-Bank hastig.

"ดีแล้วครับท่าน ดีแล้วครับท่าน!"

ราชาม้านั่งสกูคัมร้องออกมาอย่างรีบร้อน

„Ich gebe Ihnen tausend – nein, zwölfhundert – für diesen Hund, Sir!"

"ผมยอมให้คุณพันหนึ่ง—ไม่ใช่หนึ่งพันสองร้อย—

เพื่อแลกกับสุนัขตัวนั้นครับท่าน!"

Thornton stand langsam auf, seine Augen glänzten vor Emotionen.

ธอร์นตันลุกขึ้นยืนอย่างช้าๆ ดวงตาของเขาเปล่งประกายด้วยอารมณ์

Tränen strömten ihm ohne jede Scham über die Wangen.

น้ำตาไหลอาบแก้มอย่างเปิดเผยโดยไม่มีความละอายเลย

„Sir", sagte er zum König der Skookum-Bank, ruhig und bestimmt

"ท่านเจ้าข้า" เขากล่าวกับราชาสกูคัมเบ็งก์อย่างมั่นคงและแน่วแน่

„Nein, Sir. Sie können zur Hölle fahren, Sir. Das ist meine endgültige Antwort."

"ไม่หรอกท่าน ท่านไปลงนรกได้เลย นั่นคือคำตอบสุดท้ายของฉัน"

Buck packte Thorntons Hand sanft mit seinen starken Kiefern.

บัคคว้ามือของธอร์นตันอย่างอ่อนโยนด้วยขากรรไกรที่แข็งแรงของเขา

Thornton schüttelte ihn spielerisch, ihre Bindung war so tief wie eh und je.

ธอร์นตันเขย่าตัวเขาอย่างเล่นๆ

ความสัมพันธ์ของพวกเขายังคงลึกซึ้งเช่นเคย

Die Menge, bewegt von diesem Moment, trat schweigend zurück.

ฝูงชนที่เคลื่อนไหวไปตามสถานการณ์ก็ก้าวถอยกลับไปในความเงียบ

Von da an wagte es niemand mehr, diese heilige Zuneigung zu unterbrechen.
ตั้งแต่นั้นเป็นต้นมาไม่มีใครกล้าขัดขวางความรักอันศักดิ์สิทธิ์เช่นนี้อีก

Der Klang des Rufs
เสียงเรียก

Buck hatte in fünf Minuten Sechzehnhundert Dollar verdient.

บัคได้รับเงินหนึ่งพันหกร้อยดอลลาร์ในเวลาห้านาที

Mit dem Geld konnte John Thornton einen Teil seiner Schulden begleichen.

เงินดังกล่าวช่วยให้จอห์น ธอร์นตันสามารถชำระหนี้บางส่วนได้

Mit dem restlichen Geld machte er sich mit seinen Partnern auf den Weg nach Osten.

เขาพร้อมด้วยเงินที่เหลือ
มุ่งหน้าไปทางตะวันออกพร้อมกับหุ้นส่วนของเขา

Sie suchten nach einer sagenumwobenen verlorenen Mine, die so alt ist wie das Land selbst.

พวกเขาตามหาเหมืองแร่ในตำนานที่สูญหายไป ซึ่งมีอายุเก่าแก่พอๆ
กับประเทศนี้

Viele Männer hatten nach der Mine gesucht, aber nur wenige hatten sie je gefunden.

ผู้คนจำนวนมากได้ค้นหาเหมือง แต่มีเพียงไม่กี่คนเท่านั้นที่เคยพบมัน

Während der gefährlichen Suche waren nicht wenige Männer verschwunden.

ชายหลายคู่หายตัวไประหว่างภารกิจอันตรายครั้งนี้

Diese verlorene Mine war sowohl in Geheimnisse als auch in eine alte Tragödie gehüllt.

เหมืองที่หายไปแห่งนี้เต็มไปด้วยความลึกลับและโศกนาฏกรรมเก่าๆ

Niemand wusste, wer der erste Mann war, der die Mine entdeckt hatte.

ไม่มีใครรู้ว่าใครคือมนุษย์คนแรกที่พบเหมืองนี้

In den ältesten Geschichten wird niemand namentlich erwähnt.

เรื่องราวเก่าแก่ที่สุดไม่มีการกล่าวถึงชื่อใครเลย

Dort hatte immer eine alte, baufällige Hütte gestanden.

เคยมีกระท่อมเก่าๆ ทรุดโทรมอยู่ที่นั่นเสมอมา

Sterbende Männer hatten geschworen, dass sich neben dieser alten Hütte eine Mine befand.

ชายที่กำลังจะตายสาบานว่ามีเหมืองอยู่ข้างๆ กระท่อมเก่าหลังนั้น

Sie bewiesen ihre Geschichten mit Gold, wie es nirgendwo sonst zu finden ist.

พวกเขาพิสูจน์เรื่องราวของพวกเขาด้วยทองคำในแบบที่ไม่มีใครพบเห็นที่อื่น

Keine lebende Seele hatte den Schatz von diesem Ort jemals geplündert.

ไม่เคยมีใครมีชีวิตไปขโมยสมบัติจากสถานที่นั้นเลย

Die Toten waren tot, und Tote erzählen keine Geschichten.

คนตายก็ตายไปแล้ว และคนตายก็ไม่สามารถเล่าเรื่องใดๆ ได้อีก

Also machten sich Thornton und seine Freunde auf den Weg in den Osten.

ธอร์นตันและเพื่อนๆ ของเขาจึงมุ่งหน้าไปทางทิศตะวันออก

Pete und Hans kamen mit Buck und sechs starken Hunden.

พีทและฮันส์เข้าร่วมโดยพาบัคและสุนัขตัวเก่งอีกหกตัวมาด้วย

Sie begaben sich auf einen unbekannten Weg, an dem andere gescheitert waren.

พวกเขาออกเดินทางลงไปตามเส้นทางที่ไม่รู้จักซึ่งคนอื่นๆ ล้มเหลวมาก่อน

Sie rodelten siebzig Meilen den zugefrorenen Yukon River hinauf.

พวกเขาลากเลื่อนขึ้นไปตามแม่น้ำยูคอนที่เป็นน้ำแข็งเป็นระยะทางเจ็ดสิบไมล์

Sie bogen links ab und folgten dem Pfad bis zum Stewart.

พวกเขาเลี้ยวซ้ายแล้วเดินตามเส้นทางเข้าไปในสจ๊วร์ต

Sie passierten Mayo und McQuestion und drängten weiter.

พวกเขาเดินผ่าน Mayo และ McQuestion แล้วก้าวต่อไป

Der Stewart schrumpfte zu einem Strom, der sich durch zerklüftete Gipfel schlängelte.

สจ๊วร์ตหดตัวกลายเป็นลำธารที่ไหลผ่านยอดเขาสูงชัน

Diese scharfen Gipfel markierten das Rückgrat des Kontinents.

ยอดเขาที่แหลมคมเหล่านี้เป็นสัญลักษณ์ของกระดูกสันหลังของทวีป

John Thornton verlangte wenig von den Menschen oder der Wildnis.

จอห์น ธอร์นตันเรียกร้องเพียงเล็กน้อยจากมนุษย์หรือผืนดินป่า

Er fürchtete nichts in der Natur und begegnete der Wildnis mit Leichtigkeit.

เขาไม่กลัวสิ่งใดในธรรมชาติ
และเผชิญกับความป่าเถื่อนได้อย่างง่ายดาย

Nur mit Salz und einem Gewehr konnte er reisen, wohin er wollte.

ด้วยเพียงเกลือและปืนไรเฟิล
เขาก็สามารถเดินทางไปไหนก็ได้ที่เขาต้องการ

Wie die Eingeborenen jagte er auf seiner Reise nach Nahrung.

เช่นเดียวกับชาวพื้นเมือง เขาออกล่าอาหารระหว่างเดินทาง

Wenn er nichts fing, machte er weiter und vertraute auf sein Glück.

หากไม่ติดอะไรเลย เขาก็จะเดินต่อไป โดยอาศัยโชคช่วยที่อยู่ข้างหน้า

Auf dieser langen Reise war Fleisch die Hauptnahrungsquelle.

ในการเดินทางอันยาวไกลครั้งนี้ พวกเขากินเนื้อสัตว์เป็นหลัก

Der Schlitten enthielt Werkzeuge und Munition, jedoch keinen strengen Zeitplan.

รถเลื่อนบรรทุกเครื่องมือและกระสุน แต่ไม่มีตารางเวลาที่แน่นอน

Buck liebte dieses Herumwandern, die endlose Jagd und das Fischen.

บัคชื่นชอบการท่องเที่ยวแบบนี้
การล่าสัตว์และตกปลาอย่างไม่มีที่สิ้นสุด

Wochenlang waren sie Tag für Tag unterwegs.

พวกเขาเดินทางอย่างต่อเนื่องวันแล้ววันเล่าเป็นเวลาหลายสัปดาห์

Manchmal schlugen sie Lager auf und blieben wochenlang dort.

คราวอื่นพวกเขาตั้งค่ายและอยู่นิ่งเฉยเป็นเวลาหลายสัปดาห์

Die Hunde ruhten sich aus, während die Männer im gefrorenen Dreck gruben.

สุนัขพักผ่อนในขณะที่คนงานขุดดินที่เป็นน้ำแข็ง

Sie erwärmten Pfannen über dem Feuer und suchten nach verborgenem Gold.

พวกเขาเอากระทะมาอุ่นบนไฟแล้วค้นหาทองคำที่ซ่อนอยู่

An manchen Tagen hungerten sie, an anderen feierten sie Feste.

บางวันพวกเขาอดอาหาร บางวันพวกเขาก็มีงานเลี้ยงฉลอง

Ihre Mahlzeiten hingen vom Wild und vom Jagdglück ab.

มื้ออาหารของพวกเขาขึ้นอยู่กับเกมและโชคของการล่าสัตว์

Als der Sommer kam, trugen Männer und Hunde schwere Lasten auf ihren Rücken.

เมื่อฤดูร้อนมาถึง ผู้ชายและสุนัขจะบรรทุกของมากมายไว้บนหลัง

Sie fuhren mit dem Floß über blaue Seen, die in Bergwäldern versteckt waren.

พวกเขาล่องแพข้ามทะเลสาบสีฟ้าที่ซ่อนตัวอยู่ในป่าภูเขา

Sie segelten in schmalen Booten auf Flüssen, die noch nie von Menschen kartiert worden waren.

พวกเขาล่องเรือลำเล็กไปตามแม่น้ำที่ยังไม่มีมนุษย์คนใดเคยสำรวจมาก่อน

Diese Boote wurden aus Bäumen gebaut, die sie in der Wildnis gesägt haben.

เรือเหล่านั้นสร้างขึ้นจากต้นไม้ที่พวกเขาเลื่อยในป่า

Die Monate vergingen und sie schlängelten sich durch die wilden, unbekannten Länder.

เดือนหลายเดือนผ่านไป และพวกเขาเดินทางผ่านดินแดนอันไม่รู้จัก

Es waren keine Männer dort, doch alte Spuren deuteten darauf hin, dass Männer dort gewesen waren.

ที่นั่นไม่มีผู้ชาย แต่ร่องรอยเก่าแก่บ่งชี้ว่าเคยมีผู้ชายอยู่

Wenn die verlorene Hütte echt war, dann waren einst andere hier entlang gekommen.

หากกระท่อมที่สาบสูญนั้นมีจริง คนอื่นก็เคยมาทางนี้แล้ว

Sie überquerten hohe Pässe bei Schneestürmen, sogar im Sommer.

พวกเขาเดินผ่านช่องเขาสูงในช่วงพายุหิมะ แม้กระทั่งในช่วงฤดูร้อน

Sie zitterten unter der Mitternachtssonne auf kahlen Berghängen.

พวกเขาสั่นเทิ้มภายใต้ดวงอาทิตย์เที่ยงคืนบนเนินเขาที่โล่งเปล่า

Zwischen der Baumgrenze und den Schneefeldern stiegen sie langsam auf.

ระหว่างแนวต้นไม้และทุ่งหิมะ พวกเขาค่อยๆ ปีนขึ้นไปอย่างช้าๆ

In warmen Tälern schlugen sie nach Schwärmen aus Mücken und Fliegen.

ในหุบเขาที่อบอุ่น พวกเขาตบฝูงแมลงวันและแมลงวัน

Sie pflückten süße Beeren in der Nähe von Gletschern in voller Sommerblüte.

พวกเขาเก็บผลเบอร์รี่หวานๆ
ใกล้ธารน้ำแข็งในช่วงที่ดอกบานเต็มที่ในฤดูร้อน

Die Blumen, die sie fanden, waren genauso schön wie die im Süden.

ดอกไม้ที่พวกเขาพบนั้นงดงามไม่แพ้ดอกไม้ที่แดนใต้เลยทีเดียว

Im Herbst erreichten sie eine einsame Region voller stiller Seen.

ในฤดูใบไม้ร่วงนั้นพวกเขามาถึงดินแดนอันเงียบสงัดที่เต็มไปด้วยทะเลสาบอันเงียบสงบ

Das Land war traurig und leer, einst voller Vögel und Tiere.

ดินแดนแห่งนี้เศร้าโศกและว่างเปล่า
ครั้งหนึ่งเคยอุดมไปด้วยนกและสัตว์ต่างๆ

Jetzt gab es kein Leben mehr, nur noch den Wind und das Eis, das sich in Pfützen bildete.

ตอนนี้ไม่มีชีวิตอีกแล้ว มีเพียงลมและน้ำแข็งที่ก่อตัวในสระน้ำ

Mit einem sanften, traurigen Geräusch schlugen die Wellen gegen die leeren Ufer.

คลื่นซัดเข้าสู่ชายฝั่งที่ว่างเปล่าด้วยเสียงอันนุ่มนวลและเศร้าโศก

Ein weiterer Winter kam und sie folgten erneut schwachen, alten Spuren.

ฤดูหนาวอีกครั้งมาถึงและพวกเขาก็เดินตามเส้นทางเก่าๆ
ที่ไม่ชัดเจนอีกครั้ง

Dies waren die Spuren von Männern, die schon lange vor ihnen gesucht hatten.

นี่เป็นเส้นทางของผู้คนที่ได้ค้นหามานานก่อนหน้าพวกเขา

Einmal fanden sie einen Pfad, der tief in den dunklen Wald hineinreichte.

เมื่อพวกเขาพบเส้นทางที่ตัดลึกเข้าไปในป่าที่มืดมิด

Es war ein alter Pfad und sie hatten das Gefühl, dass die verlorene Hütte ganz in der Nähe war.

มันเป็นเส้นทางเก่าและพวกเขารู้สึกว่ากระท่อมที่หายไปอยู่ใกล้ๆ

Doch die Spur führte nirgendwo hin und verlor sich im dichten Wald.

แต่เส้นทางไม่ได้นำไปสู่ที่ไหนและค่อยๆ หายไปในป่าทึบ

Wer auch immer die Spur angelegt hat und warum, das wusste niemand.

ใครก็ตามที่สร้างเส้นทางนี้ และทำไมพวกเขาถึงทำมัน ไม่มีใครทราบ

Später fanden sie das Wrack einer Hütte, versteckt zwischen den Bäumen.

ต่อมาได้พบซากกระท่อมซ่อนอยู่ท่ามกลางต้นไม้

Verrottende Decken lagen verstreut dort, wo einst jemand geschlafen hatte.

ผ้าห่มที่เน่าเปื่อยวางกระจัดกระจายอยู่ตรงที่ครั้งหนึ่งเคยมีใครนอนหลับ

John Thornton fand darin ein Steinschlossgewehr mit langem Lauf.

จอห์น ธอร์นตันพบปืนคาบศิลาลำกล้องยาวฝังอยู่ข้างใน

Er wusste, dass es sich um eine Waffe von Hudson Bay aus den frühen Handelstagen handelte.

เขารู้ว่านี่คือปืนฮัดสันเบย์ตั้งแต่สมัยเริ่มซื้อขาย

Damals wurden solche Gewehre gegen Stapel von Biberfellen eingetauscht.

ในสมัยนั้น ปืนดังกล่าวถูกแลกเปลี่ยนกับกองหนังบีเวอร์

Das war alles – von dem Mann, der die Hütte gebaut hatte, gab es keine Spur mehr.

นั่นก็คือทั้งหมด—ไม่มีเบาะแสใดๆ เหลืออยู่ของชายผู้สร้างกระท่อม

Der Frühling kam wieder und sie fanden keine Spur von der verlorenen Hütte.

ฤดูใบไม้ผลิมาถึงอีกครั้งแล้ว

และพวกเขาก็ไม่พบสัญญาณของกระท่อมที่หายไปเลย

Stattdessen fanden sie ein breites Tal mit einem seichten Bach.

กลับพบแต่หุบเขากว้างมีลำธารตื้นๆ

Gold lag wie glatte, gelbe Butter auf dem Pfannenboden.

ทองคำเคลือบอยู่บนก้นกระทะราวกับเนยสีเหลืองเนียน

Sie hielten dort an und suchten nicht weiter nach der Hütte.

พวกเขาหยุดอยู่ตรงนั้นและไม่ค้นหากระท่อมอีก

Jeden Tag arbeiteten sie und fanden Tausende in Goldstaub.

พวกเขาทำงานทุกวันและพบทองคำเป็นจำนวนนับพันอยู่ในผงทองคำ

Sie packten das Gold in Säcke aus Elchhaut, jeder Fünfzig Pfund schwer.

พวกเขาบรรจุทองคำลงในถุงหนังมูส ถุงละ 50 ปอนด์

Die Säcke waren wie Brennholz vor ihrer kleinen Hütte gestapelt.

กระเป๋าเหล่านั้นถูกวางซ้อนกันเหมือนฟืนอยู่ข้างนอกที่พักเล็กๆ ของพวกเขา

Sie arbeiteten wie Giganten und die Tage vergingen wie im Flug.

พวกเขาทำงานราวกับยักษ์ใหญ่

และวันเวลาผ่านไปราวกับความฝันอันรวดเร็ว

Sie häuften Schätze an, während die endlosen Tage schnell vorbeizogen.

พวกเขาสะสมสมบัติไว้มากมายในขณะที่วันเวลาอันยาวนานผ่านไปอย่างรวดเร็ว

Außer ab und zu Fleisch zu schleppen, gab es für die Hunde nicht viel zu tun.

สุนัขแทบไม่ได้ทำอะไรเลยนอกจากลากเนื้อเป็นครั้งคราว

Thornton jagte und tötete das Wild, und Buck lag am Feuer.

ธอร์นตันออกล่าและฆ่าสัตว์ และบัคก็นอนอยู่ข้างกองไฟ

Er verbrachte viele Stunden schweigend, versunken in Gedanken und Erinnerungen.

เขาใช้เวลาหลายชั่วโมงในความเงียบ

จมอยู่กับความคิดและความทรงจำ

Das Bild des haarigen Mannes kam Buck immer häufiger in den Sinn.

ภาพของชายมีขนดกปรากฏขึ้นในใจของบัคบ่อยขึ้น

Jetzt, wo es kaum noch Arbeit gab, träumte Buck, während er ins Feuer blinzelte.

ตอนนี้งานหายากแล้ว บัคก็ฝันในขณะที่กระพริบตาไปที่ไฟ

In diesen Träumen wanderte Buck mit dem Mann in eine andere Welt.

ในความฝันนั้น บัคได้ร่วมเดินทางกับชายคนนั้นในอีกโลกหนึ่ง

Angst schien das stärkste Gefühl in dieser fernen Welt zu sein.

ความกลัวดูเหมือนเป็นความรู้สึกที่รุนแรงที่สุดในโลกที่ห่างไกลนั้น

Buck sah, wie der haarige Mann mit gesenktem Kopf schlief.

บั๊กเห็นชายมีขนนอนหลับโดยก้มหัวลงต่ำ

Seine Hände waren gefaltet und sein Schlaf war unruhig und unterbrochen.

มือของเขาถูกประกบไว้ และเขานอนไม่หลับอย่างกระสับกระส่าย

Er wachte immer ruckartig auf und starrte ängstlich in die Dunkelheit.

เขามักจะตื่นขึ้นด้วยความตกใจและจ้องมองไปในความมืดด้วยความหวาดกลัว

Dann warf er mehr Holz ins Feuer, um die Flamme hell zu halten.

จากนั้นเขาจะโยนไม้เข้าไปในกองไฟอีกครั้งเพื่อให้เปลวไฟยังคงสว่างอยู่

Manchmal spazierten sie an einem Strand entlang, der an einem grauen, endlosen Meer entlangführte.

บางทีพวกเขาเดินไปตามชายหาดริมทะเลสีเทาอันกว้างใหญ่สุดลูกหูลูกตา

Der haarige Mann sammelte Schalentiere und aß sie im Gehen.

ชายมีขนดกเดินไปเก็บหอยมากิน

Seine Augen suchten immer nach verborgenen Gefahren in den Schatten.

ดวงตาของเขาค้นหาอันตรายที่ซ่อนเร้นอยู่ในเงามืดอยู่เสมอ

Seine Beine waren immer bereit, beim ersten Anzeichen einer Bedrohung loszusprinten.

ขาของเขาพร้อมเสมอที่จะวิ่งทันทีเมื่อพบสัญญาณคุกคาม

Sie schlichen still und vorsichtig Seite an Seite durch den Wald.

พวกเขาค่อยๆ เดินลัดเลาะผ่านป่าไปอย่างเงียบๆ และระมัดระวัง
เคียงข้างกัน

Buck folgte ihm auf den Fersen und beide blieben wachsam.

บั๊กเดินตามเขาไป และทั้งสองก็ยังคงระวังตัว

Ihre Ohren zuckten und bewegten sich, ihre Nasen
schnüffelten in der Luft.

หูของพวกเขาขยับและขยับ จมูกของพวกเขาดมกลิ่นอากาศ

Der Mann konnte den Wald genauso gut hören und riechen
wie Buck.

ชายคนนี้ได้ยินและได้กลิ่นป่าได้ชัดเจนเท่ากับบัค

Der haarige Mann schwang sich mit plötzlicher
Geschwindigkeit durch die Bäume.

ชายมีขนดกแกว่งผ่านต้นไม้ด้วยความเร็วฉับพลัน

Er sprang von Ast zu Ast, ohne jemals den Halt zu verlieren.

เขาโดดจากกิ่งหนึ่งไปยังอีกกิ่งหนึ่งโดยไม่พลาดการยึดเกาะของเขาเล
ย

Er bewegte sich über dem Boden genauso schnell wie auf
ihm.

เขาเคลื่อนไหวเร็วทั้งเหนือพื้นดินและบนพื้นดิน

Buck erinnerte sich an lange Nächte, in denen er unter den
Bäumen Wache hielt.

บัคจำได้ว่าต้องเฝ้าสังเกตใต้ต้นไม้จนดึกดื่น

Der Mann schlief auf seiner Stange in den Zweigen und
klammerte sich fest.

ชายคนนั้นนอนหลับเกาะอยู่บนกิ่งไม้โดยเกาะแน่น

Diese Vision des haarigen Mannes war eng mit dem tiefen
Ruf verbunden.

วิสัยทัศน์ของชายมีขนนี้เชื่อมโยงอย่างใกล้ชิดกับเสียงเรียกที่ลึก

Der Ruf klang noch immer mit eindringlicher Kraft durch
den Wald.

เสียงเรียกยังคงดังไปทั่วป่าด้วยพลังที่น่าสะเทือนใจ

Der Anruf erfüllte Buck mit Sehnsucht und einem rastlosen
Gefühl der Freude.

เสียงโทรดังกล่าวทำให้บัครู้สึกโหยหาและมีความสุขอย่างไม่สงบ

Er spürte seltsame Triebe und Regungen, die er nicht
benennen konnte.

เขาสัมผัสได้ถึงความรู้สึกกระตุ้นและการเคลื่อนไหวแปลกๆ
ที่เขาไม่สามารถระบุชื่อได้

Manchmal folgte er dem Ruf tief in die Stille des Waldes.

บางทีเขาตามเสียงเรียกเข้าไปในป่าอันเงียบสงบลึกเข้าไป

Er suchte nach dem Ruf und bellte dabei leise oder scharf.

เขาค้นหาเสียงร้อง โดยเห่าอย่างเบาหรือแหลมขณะเดิน

Er roch am Moos und der schwarzen Erde, wo die Gräser
wuchsen.

เขาดมกลิ่นมอสและดินสีดำที่หญ้าขึ้นอยู่

Er schnaubte entzückt über den reichen Geruch der tiefen
Erde.

เขาผงะถอยด้วยความพอใจเมื่อได้กลิ่นอันหอมฟุ้งจากพื้นดินลึก

Er hockte stundenlang hinter pilzbefallenen Baumstämmen.

เขาหมอบอยู่หลังลำต้นที่เต็มไปด้วยเชื้อราเป็นเวลาหลายชั่วโมง

Er blieb still und lauschte mit großen Augen jedem noch so
kleinen Geräusch.

เขายังคงนิ่งอยู่ ตั้งใจฟังเสียงเล็กๆ น้อยๆ ทุกเสียง

Vielleicht hoffte er, das Wesen, das den Ruf auslöste, zu
überraschen.

เขาอาจหวังที่จะสร้างความประหลาดใจให้กับสิ่งที่โทรมา

Er wusste nicht, warum er so handelte – er tat es einfach.

เขาไม่รู้ว่าทำไมเขาจึงทำเช่นนี้—เขาเพียงแค่ทำไปอย่างนั้นเอง

Die Triebe kamen aus der Tiefe, jenseits von Denken und
Vernunft.

แรงกระตุ้นนั้นมาจากส่วนลึกภายใน เหนือความคิดหรือเหตุผล

Unwiderstehliche Triebe überkamen Buck ohne
Vorwarnung oder Grund.

แรงกระตุ้นที่ไม่อาจต้านทานได้เข้าครอบงำบั๊กโดยไม่มีการเตือนล่วงห
น้าหรือเหตุผล

Manchmal döste er träge im Lager in der Mittagshitze.

บางครั้งเขาจะงีบหลับอย่างขี้เกียจอยู่ในค่ายภายใต้ความร้อนในช่วงเที่
ยงวัน

Plötzlich hob er den Kopf und stellte aufmerksam die Ohren
auf.

ทันใดนั้น ศีรษะของเขาก็เงยขึ้น และหูของเขาก็ตั้งขึ้นอย่างตื่นตัว

Dann sprang er auf und stürmte ohne Pause in die Wildnis.

จากนั้นเขาก็กระโดดขึ้นและวิ่งเข้าไปในป่าโดยไม่หยุดพัก

Er rannte stundenlang durch Waldwege und offene Flächen.

เขาวิ่งเป็นเวลาหลายชั่วโมงผ่านเส้นทางป่าและพื้นที่โล่ง

Er liebte es, trockenen Bachläufen zu folgen und Vögel in den Bäumen zu beobachten.

เขาชอบเดินตามลำธารแห้งแล้งและมองดูนกบนต้นไม้

Er könnte den ganzen Tag versteckt liegen und den Rebhühnern beim Herumstolzieren zusehen.

เขาสามารถซ่อนตัวอยู่ได้ตลอดทั้งวัน

เพื่อดูนกกระทาเดินอวดโฉมไปมา

Sie trommelten und marschierten, ohne Bucks Anwesenheit zu bemerken.

พวกเขาตีกลองและเดินขบวนโดยไม่รู้ว่าบัคยังคงอยู่ที่นั่น

Doch am meisten liebte er das Laufen in der Sommerdämmerung.

แต่สิ่งที่เขาชอบมากที่สุดคือการวิ่งในช่วงพลบค่ำของฤดูร้อน

Das schwache Licht und die schläfrigen Waldgeräusche erfüllten ihn mit Freude.

แสงสลัวและเสียงป่าอันง่วงนอนทำให้เขาเต็มไปด้วยความสุข

Er las die Zeichen des Waldes so deutlich, wie ein Mann ein Buch liest.

เขาอ่านป้ายในป่าได้ชัดเจนเท่ากับคนอ่านหนังสือ

Und er suchte immer nach dem seltsamen Ding, das ihn rief.

และเขาค้นหาสิ่งแปลกประหลาดที่เรียกเขาอยู่เสมอ

Dieser Ruf hörte nie auf – er erreichte ihn im Wachzustand und im Schlaf.

เสียงเรียกนั้นไม่เคยหยุดเลย

ไม่ว่าจะดังไปถึงเขาตอนตื่นหรือตอนหลับก็ตาม

Eines Nachts erwachte er mit einem Ruck, die Augen waren scharf und die Ohren gespitzt.

คืนหนึ่ง เขาตื่นขึ้นด้วยความตกใจ ตาจ้องเขม็งและหูตั้งสูง

Seine Nasenlöcher zuckten, während seine Mähne in Wellen sträubte.

รูจมูกของเขายับขณะที่แผงคอของเขาตั้งชันเป็นคลื่น

Aus der Tiefe des Waldes ertönte erneut der alte Ruf.

จากลึกเข้าไปในป่า ก็ได้ยินเสียงร้องอีกครั้ง เป็นเสียงเรียกเดิมๆ

Diesmal war der Ton klar und deutlich zu hören, ein langes, eindringliches, vertrautes Heulen.

คราวนี้เสียงดังขึ้นชัดเจน เป็นเสียงหอนอันยาวนาน คุ้นเคย และหลอนหลอก

Es klang wie der Schrei eines Huskys, aber mit einem seltsamen und wilden Ton.

มันเหมือนเสียงร้องของสุนัขไซบีเรียนฮัสกี้ แต่มีน้ำเสียงแปลกและดุร้าย

Buck erkannte das Geräusch sofort – er hatte das genaue Geräusch vor langer Zeit gehört.

บัคจำเสียงนั้นได้ทันที เขาได้ยินเสียงนี้มานานแล้ว

Er sprang durch das Lager und verschwand schnell im Wald.

เขาพุ่งทะลุค่ายไปแล้วหายลับเข้าไปในป่าอย่างรวดเร็ว

Als er sich dem Geräusch näherte, wurde er langsamer und bewegte sich vorsichtig.

เมื่อเขาเข้าใกล้บริเวณเสียง เขาก็ชะลอความเร็วและเคลื่อนไหวด้วยความระมัดระวัง

Bald erreichte er eine Lichtung zwischen dichten Kiefern.

ในไม่ช้าเขาก็มาถึงบริเวณที่โล่งระหว่างต้นสนหนาทึบ

Dort saß aufrecht auf seinen Hinterbeinen ein großer, schlanker Timberwolf.

มีสุนัขป่าตัวสูงผอมนั่งอยู่ตรงนั้น

Die Nase des Wolfes zeigte zum Himmel und hallte noch immer den Ruf wider.

จมูกของหมาป่าชี้ขึ้นฟ้า ยังคงส่งเสียงร้องสะท้อน

Buck hatte keinen Laut von sich gegeben, doch der Wolf blieb stehen und lauschte.

แม้ว่าบั๊กจะไม่ส่งเสียงใดๆ ออกมา แต่หมาป่าก็หยุดและฟัง

Der Wolf spürte etwas, spannte sich an und suchte die Dunkelheit ab.

เมื่อสัมผัสได้ถึงสิ่งบางอย่าง หมาป่าก็ตึงเครียดและค้นหาในความมืด

Buck schlich ins Blickfeld, mit gebeugtem Körper und ruhigen Füßen auf dem Boden.

บัคคลานเข้ามาในสายตา ร่างของเขาต่ำลง เท้าของเขานิ่งอยู่บนพื้น

Sein Schwanz war gerade, sein Körper vor Anspannung zusammengerollt.

หางของมันตรงและลำตัวขดตัวแน่นด้วยความตึงเครียด

Er zeigte sowohl eine bedrohliche als auch eine Art raue Freundschaft.

เขาแสดงให้เห็นทั้งความคุกคามและมิตรภาพที่หยาบคาย

Es war die vorsichtige Begrüßung, die wilde Tiere einander entgegenbrachten.

เป็นคำทักทายอันระมัดระวังที่สัตว์ป่าต่างแบ่งปันกัน

Aber der Wolf drehte sich um und floh, sobald er Buck sah.

แต่หมาป่ากลับหันหลังและวิ่งหนีไปทันทีเมื่อเห็นบั้ก

Buck nahm die Verfolgung auf und sprang wild um sich, begierig darauf, es einzuholen.

บั้กวิ่งไล่ตามพร้อมกระโดดอย่างบ้าคลั่งเพราะอยากจะแซงมันไป

Er folgte dem Wolf in einen trockenen Bach, der durch einen Holzstau blockiert war.

เขาเดินตามหมาป่าเข้าไปในลำธารแห้งที่ถูกขวางกั้นด้วยไม้

In die Enge getrieben, wirbelte der Wolf herum und blieb stehen.

เมื่อถูกต้อนจนมุม หมาป่าก็หมุนตัวกลับและยืนหยัดอยู่

Der Wolf knurrte und schnappte wie ein gefangener Husky im Kampf.

หมาป่าคำรามและขย้ำอย่างสุนัขฮัสกี้ที่ถูกขังไว้ในการต่อสู้

Die Zähne des Wolfes klickten schnell, sein Körper strotzte vor wilder Wut.

ฟันของหมาป่ากระทบกันอย่างรวดเร็ว
ร่างกายของมันเต็มไปด้วยความโกรธเกรี้ยว

Buck griff nicht an, sondern umkreiste den Wolf mit vorsichtiger Freundlichkeit.

บั้กไม่ได้โจมตีแต่เดินวนรอบหมาป่าด้วยความเป็นมิตรอย่างระมัดระวัง

Durch langsame, harmlose Bewegungen versuchte er, seine Flucht zu verhindern.

เขาพยายามขัดขวางการหลบหนีของเขาโดยการเคลื่อนไหวที่ช้าและไม่เป็นอันตราย

Der Wolf war vorsichtig und verängstigt – Buck war dreimal so schwer wie er.

หมาป่าระมัดระวังและหวาดกลัว บั๊กมีน้ำหนักมากกว่าเขาสามเท่า
Der Kopf des Wolfes reichte kaum bis zu Bucks massiver Schulter.
ศีรษะของหมาป่าแทบจะถึงไหล่ขนาดใหญ่ของบัคด้วยซ้ำ
Der Wolf hielt Ausschau nach einer Lücke, rannte los und die Jagd begann von neuem.
หมาป่ามองหาช่องว่างแล้วจึงวิ่งหนีและการไล่ตามก็เริ่มต้นอีกครั้ง
Buck drängte ihn mehrere Male in die Enge und der Tanz wiederholte sich.
บัคไล่ต้อนเขาจนมุมหลายครั้ง และการเต้นรำก็เกิดขึ้นซ้ำอีก
Der Wolf war dünn und schwach, sonst hätte Buck ihn nicht fangen können.
หมาป่าผอมและอ่อนแอ ไม่เช่นนั้นบัคก็คงจับมันไม่ได้
Jedes Mal, wenn Buck näher kam, wirbelte der Wolf herum und sah ihn voller Angst an.
ทุกครั้งที่บั๊กเข้ามาใกล้
หมาป่าก็จะหมุนตัวและเผชิญหน้ากับเขาด้วยความกลัว
Dann rannte er bei der ersten Gelegenheit erneut in den Wald.
จากนั้นเมื่อมีโอกาส เขาก็รีบวิ่งกลับเข้าไปในป่าอีกครั้ง
Aber Buck gab nicht auf und schließlich fasste der Wolf Vertrauen zu ihm.
แต่บัคไม่ยอมแพ้ และในที่สุดหมาป่าก็ไว้วางใจเขา
Er schnüffelte an Bucks Nase und die beiden wurden verspielt und aufmerksam.
เขาดมจมูกของบัค และทั้งสองก็เล่นกันอย่างสนุกสนานและตื่นตัว
Sie spielten wie wilde Tiere, wild und doch schüchtern in ihrer Freude.
พวกเขาเล่นกันเหมือนสัตว์ป่า ดุร้ายแต่ก็ขี้อายในความสุข
Nach einer Weile trabte der Wolf zielstrebig und ruhig davon.
หลังจากนั้นไม่นาน หมาป่าก็เดินออกไปด้วยความตั้งใจที่สงบ
Er machte Buck deutlich, dass er beabsichtigte, verfolgt zu werden.
เขาแสดงให้บัคเห็นอย่างชัดเจนว่าเขาตั้งใจให้ติดตาม
Sie rannten Seite an Seite durch die Dämmerung.

พวกเขาวิ่งเคียงข้างกันในความมืดสลัวยามพลบค่ำ
Sie folgten dem Bachbett hinauf in die felsige Schlucht.
พวกเขาเดินตามลำธารขึ้นไปสู่หุบเขาหิน
Sie überquerten eine kalte Wasserscheide, wo der Bach
entsprungen war.
พวกเขาก้าวข้ามช่องเขาอันหนาวเย็นซึ่งเป็นจุดเริ่มต้นของลำธาร
Am gegenüberliegenden Hang fanden sie ausgedehnte
Wälder und viele Bäche.
บริเวณเนินเขาที่อยู่ไกลออกไปพบป่าปากว้างและลำธารหลายแห่ง
Durch dieses weite Land rannten sie stundenlang ohne
Pause.
ตลอดดินแดนอันกว้างใหญ่นี้พวกเขาได้วิ่งเป็นเวลาหลายชั่วโมงโดยไ
ม่หยุดเลย
Die Sonne stieg höher, die Luft wurde wärmer, aber sie
rannten weiter.
ดวงอาทิตย์ขึ้นสูงขึ้น อากาศอบอุ่น แต่พวกเขาก็ยังคงวิ่งต่อไป
Buck war voller Freude – er wusste, dass er seiner Berufung
folgte.
บัคเต็มไปด้วยความสุข เขารู้ว่าเขากำลังตอบรับการเรียกของเขา
Er rannte neben seinem Waldbruder her, näher an die
Quelle des Rufs.
เขาวิ่งไปข้างๆ พี่ชายของเขาที่อยู่ในป่า ใกล้กับที่มาของเสียงเรียก
Alte Gefühle kehrten zurück, stark und schwer zu
ignorieren.
ความรู้สึกเก่าๆ กลับคืนมา รุนแรงและยากที่จะเพิกเฉย
Dies waren die Wahrheiten hinter den Erinnerungen aus
seinen Träumen.
นี่คือความจริงเบื้องหลังความทรงจำจากความฝันของเขา
All dies hatte er schon einmal in einer fernen,
schattenhaften Welt getan.
เขาเคยทำสิ่งเหล่านี้มาก่อนในโลกที่ห่างไกลและลึกลับ
Jetzt tat er es wieder und rannte wild herum, während der
Himmel über ihm frei war.
ตอนนี้เขาทำสิ่งนี้อีกครั้ง
โดยวิ่งอย่างบ้าคลั่งท่ามกลางท้องฟ้าเปิดด้านบน

Sie hielten an einem Bach an, um aus dem kalten, fließenden Wasser zu trinken.

พวกเขาหยุดพักที่ลำธารเพื่อดื่มน้ำเย็นที่ไหลมา

Während er trank, erinnerte sich Buck plötzlich an John Thornton.

ในขณะที่เขาดื่ม บัคก็นึกถึงจอห์น ธอร์นตันขึ้นมาทันที

Er saß schweigend da, hin- und hergerissen zwischen der Anziehungskraft der Loyalität und der Berufung.

เขานั่งลงอย่างเงียบงัน

รู้สึกขัดแย้งกับแรงดึงดูดของความภักดีและการเรียกร้อง

Der Wolf trabte weiter, kam aber zurück, um Buck anzutreiben.

หมาป่าวิ่งต่อไปแต่ก็กลับมาเร่งบั๊กให้เดินไปข้างหน้า

Er rümpfte die Nase und versuchte, ihn mit sanften Gesten zu beruhigen.

เขาดมจมูกของเขาและพยายามล่อลวงเขาด้วยท่าทางที่อ่อนโยน

Aber Buck drehte sich um und machte sich auf den Rückweg.

แต่บัคหันหลังกลับและเริ่มเดินกลับทางเดิม

Der Wolf lief lange Zeit neben ihm her und winselte leise.

หมาป่าวิ่งไปข้างๆ เขาเป็นเวลานานพร้อมส่งเสียงร้องเบาๆ

Dann setzte er sich hin, hob die Nase und stieß ein langes Heulen aus.

แล้วเขาก็ลงนั่ง ยกจมูกขึ้น และร้องหอนยาวๆ

Es war ein trauriger Schrei, der leiser wurde, als Buck wegging.

มันเป็นเสียงร้องไห้โศกเศร้า ก่อนจะเบาลงเมื่อบัคเดินจากไป

Buck lauschte, als der Schrei langsam in der Stille des Waldes verklang.

บั๊กฟังขณะที่เสียงร้องค่อยๆ จางหายไปในความเงียบของป่า

John Thornton aß gerade zu Abend, als Buck ins Lager stürmte.

จอห์น ธอร์นตันกำลังกินอาหารเย็น ในขณะที่บัคบุกเข้ามาในค่าย

Buck sprang wild auf ihn zu, leckte, biss und warf ihn um.

บั๊กกระโจนใส่เขาอย่างดุร้าย เลีย กัด และกลิ้งเขาลงไป

Er warf ihn um, kletterte darauf und küsste sein Gesicht.

เขาก็ล้มเขาลงแล้วปีนขึ้นไปจูบใบหน้าของเขา

Thornton nannte dies liebevoll „den allgemeinen Narren spielen".

ธอร์นตันเรียกการกระทำนี้ว่า "การเล่นตลกแบบทอมทั่วไป" ด้วยความรัก

Die ganze Zeit verfluchte er Buck sanft und schüttelte ihn hin und her.

ขณะนั้น เขาก็สาปแช่งบัคอย่างอ่อนโยนและเขย่าเขาไปมา

Zwei ganze Tage und Nächte lang verließ Buck das Lager kein einziges Mal.

ตลอดเวลาสองวันสองคืนที่บัคไม่เคยออกจากค่ายเลยแม้แต่ครั้งเดียว

Er blieb in Thorntons Nähe und ließ ihn nie aus den Augen.

เขาใกล้ชิดกับธอร์นตันและไม่เคยปล่อยให้เขาคลาดสายตา

Er folgte ihm bei der Arbeit und beobachtete ihn beim Essen.

เขาเดินตามเขาไปขณะทำงานและเฝ้าดูเขาขณะที่เขารับประทานอาหาร

Er begleitete Thornton abends in seine Decken und jeden Morgen wieder heraus.

เขาเห็นธอร์นตันอยู่ในผ้าห่มของเขาตอนกลางคืนและออกไปข้างนอกทุกเช้า

Doch bald kehrte der Ruf des Waldes zurück, lauter als je zuvor.

แต่ไม่นาน เสียงร้องของป่าก็กลับมาอีกครั้ง ดังยิ่งกว่าเดิม

Buck wurde wieder unruhig, aufgewühlt von Gedanken an den wilden Wolf.

บั๊กเริ่มกระสับกระส่ายอีกครั้ง เพราะนึกถึงหมาป่าป่า

Er erinnerte sich an das offene Land und daran, wie sie Seite an Seite gelaufen waren.

เขาจดจำพื้นที่โล่งกว้างและวิ่งเคียงข้างกัน

Er begann erneut, allein und wachsam in den Wald zu wandern.

เขาเริ่มเดินเข้าไปในป่าอีกครั้งเพียงลำพังและระมัดระวัง

Aber der wilde Bruder kam nicht zurück und das Heulen war nicht zu hören.

แต่เจ้าป่านั้นไม่กลับมา และไม่ได้ยินเสียงหอนนั้นด้วย

Buck begann, draußen zu schlafen und blieb tagelang weg.

บัคเริ่มนอนข้างนอก โดยอยู่ห่างไปหลายวัน

Einmal überquerte er die hohe Wasserscheide, wo der Bach entsprungen war.

ครั้งหนึ่งเขาข้ามช่องเขาสูงที่ลำธารเริ่มต้น

Er betrat das Land des dunklen Waldes und der breiten, fließenden Ströme.

พระองค์เสด็จเข้าสู่ดินแดนแห่งไม้ดำและลำธารที่กว้างใหญ่

Eine Woche lang streifte er umher und suchte nach Spuren seines wilden Bruders.

เขาออกเดินเตร่ไปหนึ่งสัปดาห์เพื่อตามหาสัญญาณของพี่ชายคนป่า

Er tötete sein eigenes Fleisch und reiste mit langen, unermüdlichen Schritten.

เขาฆ่าเนื้อของตัวเองและเดินทางด้วยก้าวที่ยาวนานและไม่รู้จักเหน็ดเหนื่อย

Er fischte in einem breiten Fluss, der bis ins Meer reichte, nach Lachs.

เขาตกปลาแซลมอนในแม่น้ำกว้างที่ไหลลงสู่ทะเล

Dort kämpfte er gegen einen von Insekten verrückt gewordenen Schwarzbären und tötete ihn.

ที่นั่น เขาต่อสู้และฆ่าหมีดำที่คลั่งไคล้แมลง

Der Bär war beim Angeln und rannte blind durch die Bäume.

หมีได้ตกปลาและวิ่งไปอย่างไร้จุดหมายผ่านต้นไม้

Der Kampf war erbittert und weckte Bucks tiefen Kampfgeist.

การต่อสู้เป็นไปอย่างดุเดือด
ช่วยปลุกจิตวิญญาณนักสู้ในตัวบัคให้ตื่นขึ้น

Als Buck zwei Tage später zurückkam, fand er Vielfraße an seiner Beute vor.

สองวันต่อมา บั๊กกลับมาพบวูล์ฟเวอรีนอยู่ที่จุดที่เขาฆ่า

Ein Dutzend von ihnen stritten sich lautstark und wütend um das Fleisch.

พวกมันนับสิบตัวทะเลาะกันเรื่องเนื้ออย่างโกรธจัด

Buck griff an und zerstreute sie wie Blätter im Wind.

บัคชาร์จและกระจายพวกมันออกไปเหมือนใบไม้ในสายลม

Zwei Wölfe blieben zurück – still, leblos und für immer regungslos.

หมาป่าสองตัวยังคงอยู่เบื้องหลัง นิ่งเงียบ ไร้ชีวิต และไม่เคลื่อนไหวตลอดไป

Der Blutdurst wurde stärker denn je.

ความกระหายเลือดเพิ่มมากขึ้นกว่าเดิม

Buck war ein Jäger, ein Killer, der sich von Lebewesen ernährte.

บัคเป็นนักล่าและนักฆ่าที่กินสิ่งมีชีวิตเป็นอาหาร

Er überlebte allein und verließ sich auf seine Kraft und seine scharfen Sinne.

เขาเอาชีวิตรอดเพียงลำพังโดยอาศัยความแข็งแกร่งและประสาทสัมผัสที่เฉียบแหลมของตน

Er gedieh in der Wildnis, wo nur die Zähesten überleben konnten.

เขาเติบโตได้ดีในป่าซึ่งมีแต่ผู้แข็งแกร่งที่สุดเท่านั้นที่จะดำรงอยู่ได้

Daraus erwuchs ein großer Stolz, der Bucks ganzes Wesen erfüllte.

จากนี้ ความภาคภูมิใจที่ยิ่งใหญ่ก็เกิดขึ้นและเต็มไปทั่วร่างของบัค

Sein Stolz war in jedem seiner Schritte und in der Anspannung jedes einzelnen Muskels zu erkennen.

ความภาคภูมิใจของเขาปรากฏอยู่ในทุกย่างก้าวของเขา ในการเคลื่อนไหวของกล้ามเนื้อทุกมัด

Sein Stolz war so deutlich wie seine Sprache und spiegelte sich in seiner Haltung wider.

ความเย่อหยิ่งของเขานั้นชัดเจนเหมือนคำพูด เห็นได้จากวิธีที่เขาประพฤติตน

Sogar sein dickes Fell sah majestätischer aus und glänzte heller.

แม้แต่ขนที่หนาของเขาก็ยังดูสง่างามและเปล่งประกายสดใสมากขึ้น

Man hätte Buck mit einem riesigen Timberwolf verwechseln können.

บัคอาจถูกเข้าใจผิดว่าเป็นหมาป่าไม้ขนาดยักษ์

Außer dem Braun an seiner Schnauze und den Flecken über seinen Augen.

ยกเว้นสีน้ำตาลบนปากกระบอกปืนและจุดเหนือดวงตา

Und der weiße Fellstreifen, der mitten auf seiner Brust verlief.

และเส้นขนสีขาวที่วิ่งลงกลางหน้าอกของเขา

Er war sogar größer als der größte Wolf dieser wilden Rasse.

เขายังตัวใหญ่กว่าหมาป่าตัวใหญ่ที่สุดในสายพันธุ์ดุร้ายนั้นด้วยซ้ำ

Sein Vater, ein Bernhardiner, verlieh ihm Größe und einen schweren Körperbau.

พ่อของเขาซึ่งเป็นสุนัขพันธุ์เซนต์เบอร์นาร์ดทำให้เขาตัวใหญ่และมีโครงร่างใหญ่

Seine Mutter, eine Schäferin, formte diesen Körper zu einer wolfsähnlichen Gestalt.

แม่ของเขาซึ่งเป็นคนเลี้ยงแกะ ได้ปั้นร่างใหญ่ๆ
นั้นให้มีลักษณะคล้ายหมาป่า

Er hatte die lange Schnauze eines Wolfes, war allerdings schwerer und breiter.

เขามีปากกระบอกปืนยาวเหมือนหมาป่า
แม้ว่าจะหนักและกว้างกว่าก็ตาม

Sein Kopf war der eines Wolfes, aber von massiver, majestätischer Gestalt.

หัวของเขาเป็นหัวหมาป่า แต่มีขนาดใหญ่โตมโหฬารและสง่างาม

Bucks List war die List des Wolfes und der Wildnis.

ความฉลาดของบัคเป็นความฉลาดของหมาป่าและของป่า

Seine Intelligenz hat er sowohl vom Deutschen Schäferhund als auch vom Bernhardiner.

ความฉลาดของเขาได้มาจากทั้งสุนัขพันธุ์เยอรมันเชพเพิร์ดและเซนต์เบอร์นาร์ด

All dies und harte Erfahrungen machten ihn zu einer furchterregenden Kreatur.

ทั้งหมดนี้บวกกับประสบการณ์อันเลวร้ายทำให้เขากลายเป็นสิ่งมีชีวิตที่น่ากลัว

Er war so furchterregend wie jedes andere Tier, das in der Wildnis des Nordens umherstreifte.

เขาเป็นสัตว์ที่น่าเกรงขาม ไม่แพ้สัตว์ป่าชนิดใดๆ
ที่เคยอาศัยอยู่ในป่าทางตอนเหนือ

Buck ernährte sich ausschließlich von Fleisch und erreichte den Höhepunkt seiner Kraft.

บัคใช้ชีวิตด้วยเพียงเนื้อสัตว์เท่านั้น

จนเขาถึงจุดสูงสุดของพละกำลังของเขา

Jede Faser seines Körpers strotzte vor Kraft und männlicher Stärke.

เขาเปี่ยมล้นด้วยพลังและความเป็นชายอยู่ในทุกอณูของร่างกาย

Als Thornton seinen Rücken streichelte, funkelten seine Haare vor Energie.

เมื่อธอร์นตันลูบหลังเขา ขนของเขาก็เริ่มเปล่งประกายด้วยพลังงาน

Jedes Haar knisterte, aufgeladen durch die Berührung lebendigen Magnetismus.

เส้นผมแต่ละเส้นแตกกรอบราวกับถูกพลังแม่เหล็กดึงดูด

Sein Körper und sein Gehirn waren auf die höchstmögliche Tonhöhe eingestellt.

ร่างกายและสมองของเขาได้รับการปรับให้เหมาะสมที่สุดเท่าที่จะเป็นไปได้

Jeder Nerv, jede Faser und jeder Muskel arbeitete in perfekter Harmonie.

เส้นประสาท เส้นใย

และกล้ามเนื้อทุกเส้นทำงานสอดประสานกันอย่างสมบูรณ์แบบ

Auf jedes Geräusch oder jeden Anblick, der eine Aktion erforderte, reagierte er sofort.

ต่อเสียงหรือภาพใดๆ ที่ต้องการการกระทำ เขาก็ตอบสนองทันที

Wenn ein Husky zum Angriff ansetzte, konnte Buck doppelt so schnell springen.

หากสุนัขฮัสกี้กระโจนเข้าโจมตี บัคสามารถกระโจนได้เร็วขึ้นสองเท่า

Er reagierte schneller, als andere es sehen oder hören konnten.

เขาตอบสนองเร็วกว่าที่คนอื่นๆ เห็นหรือได้ยินด้วยซ้ำ

Wahrnehmung, Entscheidung und Handlung erfolgten alle in einem fließenden Moment.

การรับรู้ การตัดสินใจ

และการกระทำทั้งหมดเกิดขึ้นในช่วงเวลาอันราบรื่น

Tatsächlich geschahen diese Handlungen getrennt voneinander, aber zu schnell, um es zu bemerken.

แท้จริงแล้ว การกระทำเหล่านี้แยกจากกัน

แต่เกิดขึ้นอย่างรวดเร็วเกินกว่าจะสังเกตเห็นได้

Die Abstände zwischen diesen Akten waren so kurz, dass sie wie ein einziger Akt wirkten.

ช่องว่างระหว่างการกระทำเหล่านี้สั้นมาก
จนดูเหมือนเป็นอันหนึ่งอันเดียวกัน

Seine Muskeln und sein Körper waren wie straff gespannte Federn.

กล้ามเนื้อและตัวตนของเขาเปรียบเสมือนสปริงที่ขดแน่น

Sein Körper strotzte vor Leben, wild und freudig in seiner Kraft.

ร่างกายของเขาเต็มไปด้วยชีวิตชีวา ดุจดังและเปี่ยมไปด้วยพลัง

Manchmal hatte er das Gefühl, als würde die Kraft völlig aus ihm herausbrechen.

บางครั้งเขารู้สึกเหมือนว่าพลังจะระเบิดออกมาจากตัวเขาทั้งหมด

„So einen Hund hat es noch nie gegeben", sagte Thornton eines ruhigen Tages.

"ไม่เคยมีสุนัขแบบนี้มาก่อน" ธอร์นตันกล่าวในวันอันเงียบสงบวันหนึ่ง

Die Partner sahen zu, wie Buck stolz aus dem Lager schritt.

หุ้นส่วนทั้งสองเฝ้าดูบั๊กก้าวเดินอย่างภาคภูมิใจออกจากค่าย

„Als er erschaffen wurde, veränderte er, was ein Hund sein kann", sagte Pete.

"เมื่อเขาถูกสร้างขึ้น เขาได้เปลี่ยนแปลงสิ่งที่สุนัขสามารถเป็นได้"
พีทกล่าว

„Bei Gott! Das glaube ich auch", stimmte Hans schnell zu.

"โดยพระเยซู! ฉันก็คิดอย่างนั้นเหมือนกัน" ฮันส์รีบตกลงทันที

Sie sahen ihn abmarschieren, aber nicht die Veränderung, die danach kam.

พวกเขาเห็นเขาเดินออกไป
แต่ไม่ได้เห็นการเปลี่ยนแปลงที่เกิดขึ้นหลังจากนั้น

Sobald er den Wald betrat, verwandelte sich Buck völlig.

ทันทีที่เขาเข้าไปในป่า บัคก็เปลี่ยนแปลงไปอย่างสิ้นเชิง

Er marschierte nicht mehr, sondern bewegte sich wie ein wilder Geist zwischen den Bäumen.

เขาไม่เดินอีกต่อไป แต่เคลื่อนไหวเหมือนผีป่าท่ามกลางต้นไม้

Er wurde still, katzenpfotenartig, ein Flackern, das durch die Schatten huschte.

เขาเงียบลง เท้าเหมือนแมว มีแสงแวบผ่านเงา
Er nutzte die Deckung geschickt und kroch wie eine
Schlange auf dem Bauch.
เขาใช้ที่กำบังอย่างชำนาญโดยคลานไปบนท้องเหมือนงู
Und wie eine Schlange konnte er lautlos nach vorne
springen und zuschlagen.
และเหมือนกับงู เขาสามารถกระโจนไปข้างหน้าและโจมตีอย่างเงียบๆ
Er könnte ein Schneehuhn direkt aus seinem versteckten
Nest stehlen.
เขาสามารถขโมยนกกระทาป่าโดยตรงจากรังที่ซ่อนอยู่ได้
Er tötete schlafende Kaninchen, ohne ein einziges Geräusch
zu machen.
เขาฆ่ากระต่ายที่กำลังนอนหลับโดยไม่ส่งเสียงแม้แต่เสียงเดียว
Er konnte Streifenhörnchen mitten in der Luft fangen, wenn
sie zu langsam flohen.
เขาสามารถจับชิปมังก์ในอากาศได้ เนื่องจากมันวิ่งหนีช้าเกินไป
Selbst Fische in Teichen konnten seinen plötzlichen
Angriffen nicht entkommen.
แม้แต่ปลาที่อยู่ในสระก็ไม่อาจหนีรอดจากการโจมตีอย่างกะทันหันของ
เขาได้
Nicht einmal schlaue Biber, die Dämme reparierten, waren
vor ihm sicher.
แม้แต่บีเวอร์ที่ฉลาดในการซ่อมเขื่อนก็ไม่ปลอดภัยจากเขา
Er tötete, um Nahrung zu bekommen, nicht zum Spaß – aber
seine eigene Beute gefiel ihm am besten.
เขาฆ่าเพื่อเป็นอาหาร ไม่ใช่เพื่อความสนุกสนาน
แต่เขาก็ชอบการฆ่าของตัวเองที่สุด
Dennoch war bei manchen seiner stillen Jagden ein
hintergründiger Humor spürbar.
อย่างไรก็ตาม อารมณ์ขันอันเจ้าเล่ห์ยังคงปรากฏอยู่ในการล่าเงียบๆ
ของเขาบางครั้ง
Er schlich sich dicht an Eichhörnchen heran, ließ sie aber
dann entkommen.
เขาค่อยๆ คืบคลานเข้าไปใกล้กระรอก เพียงเพื่อปล่อยให้มันหนีออกไป
Sie wollten in die Bäume fliehen und schnatterten voller
Angst und Empörung.

พวกมันจะวิ่งหนีเข้าไปในป่าและร้องจ้อด้วยความหวาดกลัว

Mit dem Herbst kamen immer mehr Elche.

เมื่อฤดูใบไม้ร่วงมาถึง มูสก็เริ่มปรากฏตัวมากขึ้น

Sie zogen langsam in die tiefer gelegenen Täler, um dem Winter entgegenzukommen.

พวกเขาเคลื่อนตัวช้าๆ เข้าไปในหุบเขาลึกเพื่อรับมือกับฤดูหนาว

Buck hatte bereits ein junges, streunendes Kalb erlegt.

บัคได้จับลูกวัวหลงตัวหนึ่งลงมาแล้ว

Doch er sehnte sich danach, einer größeren, gefährlicheren Beute gegenüberzutreten.

แต่เขาปรารถนาที่จะเผชิญหน้ากับเหยื่อที่ใหญ่กว่าและอันตรายยิ่งขึ้น

Eines Tages fand er an der Wasserscheide, an der Quelle des Baches, seine Chance.

วันหนึ่งบนทางแยกที่ต้นลำธาร เขาพบโอกาสของตน

Eine Herde von zwanzig Elchen war aus bewaldeten Gebieten herübergekommen.

ฝูงมูสจำนวน 20 ตัวได้เดินข้ามมาจากดินแดนป่า

Unter ihnen war ein mächtiger Stier, der Anführer der Gruppe.

ท่ามกลางพวกมันมีกระทิงตัวใหญ่ตัวหนึ่งซึ่งเป็นจ่าฝูง

Der Bulle war über ein Meter achtzig Meter groß und sah grimmig und wild aus.

กระทิงตัวนั้นสูงกว่าหกฟุตและดูดุร้ายและดุร้าย

Er warf sein breites Geweih hin und her, dessen vierzehn Enden sich nach außen verzweigten.

เขาโยนเขาอันกว้างใหญ่ของเขาออกไป ซึ่งมีกิ่งก้าน 14 แฉกแผ่ออกไป

Die Spitzen dieser Geweihe hatten einen Durchmesser von sieben Fuß.

ปลายเขาเหล่านั้นทอดยาวออกไปประมาณเจ็ดฟุต

Seine kleinen Augen brannten vor Wut, als er Buck in der Nähe entdeckte.

ดวงตาเล็กๆ ของเขาร้อนรุ่มไปด้วยความโกรธเมื่อเขาเห็นบั๊กอยู่ใกล้ๆ

Er stieß ein wütendes Brüllen aus und zitterte vor Wut und Schmerz.

เขาปล่อยเสียงคำรามอันโกรธจัด

ตัวสั่นด้วยความโกรธและความเจ็บปวด

Nahe seiner Flanke ragte eine gefiederte und scharfe Pfeilspitze hervor.

ปลายลูกศรยื่นออกมาใกล้สีข้างลำตัวของเขา มีขนนและแหลมคม

Diese Wunde trug dazu bei, seine wilde, verbitterte Stimmung zu erklären.

บาดแผลนี้ช่วยอธิบายอารมณ์ป่าเถื่อนขมขื่นของเขาได้

Buck, geleitet von seinem uralten Jagdinstinkt, machte seinen Zug.

บัคซึ่งได้รับแรงบันดาลใจจากสัญชาตญาณการล่าที่เก่าแก่ ได้เริ่มเคลื่อนไหว

Sein Ziel war es, den Bullen vom Rest der Herde zu trennen.

เขามุ่งหมายที่จะแยกวัวออกจากฝูงที่เหลือ

Dies war keine leichte Aufgabe – es erforderte Schnelligkeit und messerscharfe List.

นี่ไม่ใช่เรื่องง่ายเลย ต้องใช้ความเร็วและไหวพริบอันเฉียบแหลม

Er bellte und tanzte in der Nähe des Stiers, gerade außerhalb seiner Reichweite.

เขาเห่าและเต้นรำไปใกล้ๆ กระทิง แต่อยู่นอกระยะโจมตี

Der Elch stürzte sich mit riesigen Hufen und tödlichem Geweih auf ihn.

มูสพุ่งออกมาด้วยกีบขนาดใหญ่และเขาอันอันตราย

Ein Schlag hätte Bucks Leben im Handumdrehen beenden können.

การโจมตีเพียงครั้งเดียวก็สามารถยุติชีวิตของบัคได้ในพริบตา

Der Stier konnte die Bedrohung nicht hinter sich lassen und wurde wütend.

กระทิงไม่อาจละทิ้งภัยคุกคามไว้เบื้องหลังได้ จึงเกิดอาการคลั่ง

Er stürmte wütend auf ihn zu, doch Buck entkam ihm jedes Mal.

เขาพุ่งเข้ามาด้วยความโกรธ แต่บัคก็หลบหนีไปได้เสมอ

Buck täuschte Schwäche vor und lockte ihn weiter von der Herde weg.

บัคแสร้งทำเป็นอ่อนแอเพื่อล่อให้ห่างจากฝูงมากขึ้น

Doch die jungen Bullen wollten zurückstürmen, um den Anführer zu beschützen.

แต่ลูกวัวหนุ่มก็กำลังวิ่งกลับมาเพื่อปกป้องจ่าฝูง

Sie zwangen Buck zum Rückzug und den Bullen, sich wieder der Gruppe anzuschließen.

พวกเขาบังคับให้บัคล่าถอยและบังคับให้กระทิงกลับเข้าร่วมกลุ่ม

In der Wildnis herrscht eine tiefe und unaufhaltsame Geduld.

ในป่าลึกมีความอดทนอย่างไม่หยุดยั้ง

Eine Spinne wartet unzählige Stunden bewegungslos in ihrem Netz.

แมงมุมคอยอยู่นิ่งๆ ในใยเป็นเวลานานนับไม่ถ้วน

Eine Schlange rollt sich ohne zu zucken zusammen und wartet, bis es Zeit ist.

งูจะขดตัวโดยไม่กระตุก และรอจนกว่าจะถึงเวลา

Ein Panther liegt auf der Lauer, bis der Moment gekommen ist.

เสือดำซุ่มโจมตีอยู่จนกระทั่งถึงเวลา

Dies ist die Geduld von Raubtieren, die jagen, um zu überleben.

นี่คือความอดทนของผู้ล่าที่ล่าเพื่อเอาชีวิตรอด

Dieselbe Geduld brannte in Buck, als er in seiner Nähe blieb.

ความอดทนแบบเดียวกันนี้ยังคงลุกโชนอยู่ภายในตัวบัคขณะที่เขาอยู่ใกล้ๆ

Er blieb in der Nähe der Herde, verlangsamte ihren Marsch und schürte Angst.

เขาอยู่ใกล้ฝูงสัตว์โดยชะลอการเคลื่อนที่ของมันและก่อให้เกิดความกลัว

Er ärgerte die jungen Bullen und schikanierte die Mutterkühe.

เขาแกล้งลูกวัวและรังควานแม่วัว

Er trieb den verwundeten Stier in eine noch tiefere, hilflose Wut.

เขาทำให้กระทิงที่บาดเจ็บโกรธจนช่วยตัวเองไม่ได้มากขึ้น

Einen halben Tag lang zog sich der Kampf ohne Pause hin.

การต่อสู้ดำเนินไปนานครึ่งวันโดยไม่ได้พักผ่อนเลย

Buck griff aus jedem Winkel an, schnell und wild wie der Wind.

บัคโจมตีจากทุกทิศทุกทางอย่างรวดเร็วและรุนแรงราวกับสายลม

Er hinderte den Stier daran, sich auszuruhen oder sich bei seiner Herde zu verstecken.

เขาควบคุมไม่ให้กระทิงได้พักผ่อนหรือซ่อนตัวอยู่กับฝูง

Buck zermürbte den Willen des Elchs schneller als seinen Körper.

บั๊กทำให้ความตั้งใจของมูสหมดไปเร็วกว่าร่างกายของมัน

Der Tag verging und die Sonne sank tief am nordwestlichen Himmel.

เมื่อวันผ่านไป พระอาทิตย์ก็ลับขอบฟ้าทางทิศตะวันตกเฉียงเหนือ

Die jungen Bullen kehrten langsamer zurück, um ihrem Anführer zu helfen.

เหล่ากระทิงหนุ่มหันกลับมาอย่างช้าๆ เพื่อช่วยจ่าฝูงของมัน

Die Herbstnächte waren zurückgekehrt und die Dunkelheit dauerte nun sechs Stunden.

คืนฤดูใบไม้ร่วงกลับมาอีกครั้ง
และความมืดมิดกินเวลานานถึงหกชั่วโมง

Der Winter drängte sie bergab in sicherere, wärmere Täler.

ฤดูหนาวกำลังผลักดันพวกเขาลงสู่หุบเขาที่ปลอดภัยและอบอุ่นกว่า

Aber sie konnten dem Jäger, der sie zurückhielt, immer noch nicht entkommen.

แต่พวกเขาก็ยังไม่สามารถหลบหนีจากนายพรานที่คอยจับพวกเขาเอาไว้ได้

Es stand nur ein Leben auf dem Spiel – nicht das der Herde, sondern nur das ihres Anführers.

มีเพียงชีวิตเดียวเท่านั้นที่ตกอยู่ในอันตราย ไม่ใช่ของฝูง
แต่เป็นเพียงชีวิตผู้นำของพวกมันเท่านั้น

Dadurch wurde die Bedrohung in weite Ferne gerückt und ihre dringende Sorge wurde aufgehoben.

นั่นทำให้ภัยคุกคามนั้นอยู่ห่างไกลและไม่ใช่เรื่องที่พวกเขาต้องกังวลอย่างเร่งด่วน

Mit der Zeit akzeptierten sie diesen Preis und überließen Buck die Übernahme des alten Bullen.

เมื่อถึงเวลาพวกเขาก็ยอมรับต้นทุนนี้และปล่อยให้บัคเอากระทิงแก่ตัวนั้นไป

Als die Dämmerung hereinbrach, stand der alte Bulle mit gesenktem Kopf da.

เมื่อพลบค่ำลง กระทิงแก่ก็ยืนก้มหัวลง

Er sah zu, wie die Herde, die er geführt hatte, im schwindenden Licht verschwand.

เขาเฝ้าดูฝูงสัตว์ที่เขาจูงหายไปในแสงที่กำลังจะดับลง

Es gab Kühe, die er gekannt hatte, Kälber, deren Vater er einst gewesen war.

มีวัวหลายตัวที่เขาเคยรู้จัก และลูกวัวที่เขาเคยเป็นพ่อ

Es gab jüngere Bullen, gegen die er in vergangenen Saisons gekämpft und die er beherrscht hatte.

มีกระทิงหนุ่มอีกหลายตัวที่เขาเคยต่อสู้และปกครองในฤดูกาลที่ผ่านมา

Er konnte ihnen nicht folgen, denn vor ihm kauerte Buck wieder.

เขาไม่สามารถติดตามพวกเขาไปได้

เพราะก่อนหน้านั้นบัคก็หมอบลงอีกแล้ว

Der gnadenlose Schrecken mit den Reißzähnen versperrte ihm jeden Weg.

ความหวาดกลัวเขี้ยวที่ไร้ความปราณีปิดกั้นทุกเส้นทางที่เขาอาจเลือกเดิน

Der Bulle brachte mehr als drei Zentner geballte Kraft auf die Waage.

กระทิงตัวนี้มีน้ำหนักมากกว่าสามร้อยปอนด์ซึ่งถือเป็นพลังอันหนาแน่น

Er hatte ein langes Leben geführt und in einer Welt voller Kämpfe hart gekämpft.

เขาได้มีชีวิตอยู่มายาวนานและต่อสู้ดิ้นรนอย่างหนักในโลกแห่งการดิ้นรน

Doch nun, am Ende, kam der Tod von einem Tier, das weit unter ihm stand.

บัดนี้ เมื่อถึงที่สุด ความตายก็มาเยือนจากสัตว์ร้ายที่อยู่ต่ำกว่าเขา

Bucks Kopf erreichte nicht einmal die riesigen, mit Knöcheln besetzten Knie des Bullen.

แม้แต่หัวของบั๊กก็ยังไม่ถึงเข่าข้อใหญ่ๆ ของกระทิงด้วยซ้ำ

Von diesem Moment an blieb Buck Tag und Nacht bei dem
Bullen.

ตั้งแต่นั้นเป็นต้นมา บัคก็อยู่กับกระทิงตัวนี้ทั้งกลางวันและกลางคืน

Er gönnte ihm keine Ruhe, erlaubte ihm nie zu grasen oder
zu trinken.

เขาไม่เคยให้เขาได้พักผ่อน ไม่เคยอนุญาตให้เขากินหญ้าหรือดื่มน้ำ

Der Stier versuchte, junge Birkentriebe und Weidenblätter
zu fressen.

กระทิงพยายามกินต้นเบิร์ชและใบหลิวที่ยังอ่อนอยู่

Aber Buck verjagte ihn, immer wachsam und immer
angreifend.

แต่บัคก็ไล่เขาออกไปโดยคอยระวังตัวและโจมตีตลอดเวลา

Sogar an plätschernden Bächen blockte Buck jeden
durstigen Versuch ab.

แม้แต่ในลำธารที่ไหลหยด

บัคก็ขัดขวางความพยายามที่กระหายน้ำทุกครั้ง

Manchmal floh der Stier aus Verzweiflung mit voller
Geschwindigkeit.

บางครั้งเมื่อหมดหวัง วัวก็วิ่งหนีด้วยความเร็วสูงสุด

Buck ließ ihn laufen und lief ruhig direkt hinter ihm her,
nie weit entfernt.

บั๊กปล่อยให้เขาวิ่งไป โดยวิ่งตามหลังอย่างสงบไม่ห่างออกไป

Als der Elch innehielt, legte sich Buck hin, blieb aber bereit.

เมื่อมูสหยุดพัก บัคก็นอนลง แต่ยังเตรียมพร้อมอยู่

Wenn der Bulle versuchte zu fressen oder zu trinken, schlug
Buck mit voller Wut zu.

ถ้าหากว่ากระทิงพยายามจะกินหรือดื่ม

บัคก็จะโจมตีด้วยความโกรธเต็มที่

Der große Kopf des Stiers sank tiefer unter sein gewaltiges
Geweih.

หัวอันใหญ่ของกระทิงห้อยต่ำลง ใต้เขาอันใหญ่โตของมัน

Sein Tempo verlangsamte sich, der Trab wurde schwerfällig,
ein stolpernder Schritt.

เขาเริ่มเดินช้าลง และวิ่งเหยาะๆ เหมือนเดินสะดุด

Er stand oft still mit hängenden Ohren und der Nase am
Boden.

เขามักยืนนิ่งโดยมีหูตกและจมูกแนบพื้น

In diesen Momenten nahm sich Buck Zeit zum Trinken und Ausruhen.

ในช่วงเวลานั้นบัคก็หาเวลาดื่มและพักผ่อน

Mit heraushängender Zunge und starrem Blick spürte Buck, wie sich das Land veränderte.

บั๊กแลบลิ้นและจ้องตาอย่างจ้องจับใจ

รับรู้ได้ว่าแผ่นดินกำลังเปลี่ยนแปลงไป

Er spürte, wie sich etwas Neues durch den Wald und den Himmel bewegte.

เขาสัมผัสได้ถึงสิ่งใหม่ที่กำลังเคลื่อนที่ผ่านป่าและท้องฟ้า

Mit der Rückkehr der Elche kehrten auch andere Wildtiere zurück.

เมื่อมูสกลับมา สิ่งมีชีวิตอื่น ๆ ในป่าก็กลับมาด้วย

Das Land fühlte sich lebendig an, mit einer Präsenz, die man nicht sieht, aber deutlich wahrnimmt.

แผ่นดินนี้รู้สึกมีชีวิตชีวาด้วยสิ่งที่มองไม่เห็นแต่เป็นสิ่งที่รู้จักอย่างชัดเจน

Buck wusste dies weder am Geräusch, noch am Anblick oder am Geruch.

บัคไม่รู้เรื่องนี้ไม่ใช่ด้วยเสียง เห็นหรือได้กลิ่น

Ein tieferes Gefühl sagte ihm, dass neue Kräfte im Gange waren.

ความรู้สึกที่ลึกซึ้งยิ่งขึ้นบอกเขาว่ามีพลังใหม่กำลังเคลื่อนตัว

In den Wäldern und entlang der Bäche herrschte seltsames Leben.

ชีวิตแปลกประหลาดเคลื่อนไหวไปทั่วป่าและตามลำธาร

Er beschloss, diesen Geist zu erforschen, nachdem die Jagd beendet war.

เขาตัดสินใจที่จะสำรวจจิตวิญญาณนี้หลังจากการล่าเสร็จสิ้น

Am vierten Tag erlegte Buck endlich den Elch.

ในวันที่สี่ บัคก็สามารถนำมูสลงมาได้ในที่สุด

Er blieb einen ganzen Tag und eine ganze Nacht bei der Beute, fraß und ruhte sich aus.

เขาอยู่กับสัตว์นั้นตลอดทั้งวันทั้งคืนเพื่อกินอาหารและพักผ่อน

Er aß, schlief dann und aß dann wieder, bis er stark und satt war.

เขากินแล้วก็นอน แล้วก็กินอีก จนกระทั่งเขาแข็งแรงและอิ่ม

Als er fertig war, kehrte er zum Lager und nach Thornton zurück.

เมื่อเขาพร้อมแล้ว เขาก็หันกลับไปยังค่ายและธอร์นตัน

Mit gleichmäßigem Tempo begann er die lange Heimreise.

เขาเริ่มออกเดินทางกลับบ้านอันยาวไกลด้วยจังหวะที่มั่นคง

Er rannte in seinem unermüdlichen Galopp Stunde um Stunde, ohne auch nur ein einziges Mal vom Weg abzukommen.

เขาวิ่งอย่างไม่รู้จักเหนื่อย ชั่วโมงแล้วชั่วโมงเล่า
ไม่เคยออกนอกเส้นทางแม้แต่น้อย

Durch unbekannte Länder bewegte er sich schnurgerade wie eine Kompassnadel.

ผ่านดินแดนที่ไม่รู้จัก เขาได้เดินทางตรงไปเหมือนเข็มทิศ

Sein Orientierungssinn ließ Mensch und Karte im Vergleich schwach erscheinen.

ความรู้สึกของเขาต่อทิศทางทำให้มนุษย์กับแผนที่ดูอ่อนแอเมื่อเปรียบเทียบกัน

Während Buck rannte, spürte er die Bewegung in der Wildnis stärker.

ขณะที่บั๊กวิ่งไป
เขาสัมผัสได้ถึงความปั่นป่วนในดินแดนป่าเถื่อนมากขึ้น

Es war eine neue Art zu leben, anders als in den ruhigen Sommermonaten.

มันเป็นชีวิตแบบใหม่ ไม่เหมือนกับช่วงฤดูร้อนที่แสนสงบ

Dieses Gefühl kam nicht länger als subtile oder entfernte Botschaft.

ความรู้สึกนี้ไม่ได้มาจากการส่งข้อความที่ละเอียดอ่อนหรือห่างไกลอีกต่อไป

Nun sprachen die Vögel von diesem Leben und Eichhörnchen plapperten darüber.

ขณะนี้ นกพูดคุยเกี่ยวกับชีวิตนี้ และกระรอกก็พูดคุยเรื่องนี้ด้วย

Sogar die Brise flüsterte Warnungen durch die stillen Bäume.

แม้แต่สายลมยังกระซิบเตือนฝ่านต้นไม้อันเงียบงัน

Mehrmals blieb er stehen und schnupperte die frische Morgenluft.

เขาหยุดเพื่อดมกลิ่นอากาศยามเช้าอันสดชื่นหลายครั้ง

Dort las er eine Nachricht, die ihn schneller nach vorne springen ließ.

เขาอ่านข้อความในนั้นซึ่งทำให้เขากระโดดไปข้างหน้าเร็วขึ้น

Ein starkes Gefühl der Gefahr erfüllte ihn, als wäre etwas schiefgelaufen.

ความรู้สึกอันตรายอันหนักหน่วงแผ่ซ่านไปทั่วร่างของเขา ราวกับว่ามีบางอย่างผิดปกติเกิดขึ้น

Er befürchtete, dass ein Unglück bevorstünde – oder bereits eingetreten war.

เขาเกรงว่าภัยพิบัติจะมาถึงหรือได้เกิดขึ้นแล้ว

Er überquerte den letzten Bergrücken und betrat das darunterliegende Tal.

เขาข้ามสันเขาสุดท้ายและเข้าสู่หุบเขาเบื้องล่าง

Er bewegte sich langsamer und war bei jedem Schritt aufmerksamer und vorsichtiger.

เขาเคลื่อนไหวช้าลงมากขึ้น ระมัดระวังและตื่นตัวทุกก้าว

Drei Meilen weiter fand er eine frische Spur, die ihn erstarren ließ.

เมื่อออกไปได้สามไมล์ เขาพบเส้นทางใหม่ที่ทำให้เขาเกร็งขึ้น

Die Haare in seinem Nacken stellten sich auf und sträubten sich vor Schreck.

เส้นผมที่คอของเขาขยับและหยิกด้วยความตื่นตระหนก

Die Spur führte direkt zum Lager, wo Thornton wartete.

เส้นทางนำตรงไปยังค่ายที่ธอร์นตันรออยู่

Buck bewegte sich jetzt schneller, seine Schritte waren lautlos und schnell zugleich.

ตอนนี้บั๊กเคลื่อนไหวเร็วขึ้น ทั้งก้าวเดินที่เงียบและรวดเร็ว

Seine Nerven lagen blank, als er Zeichen las, die andere übersehen würden.

ความกังวลของเขาตึงเครียดขึ้นเมื่อเขาอ่านสัญญาณที่คนอื่นจะมองข้าม

Jedes Detail der Spur erzählte eine Geschichte – außer dem letzten Stück.

รายละเอียดแต่ละอย่างในเส้นทางจะบอกเล่าเรื่องราว ยกเว้นส่วนสุดท้าย

Seine Nase erzählte ihm von dem Leben, das hier vorbeigezogen war.

จมูกของเขาบอกเล่าถึงชีวิตที่ผ่านมาทางนี้

Der Duft vermittelte ihm ein wechselndes Bild, als er dicht hinter ihm folgte.

กลิ่นดังกล่าวทำให้เขาเปลี่ยนภาพไปเมื่อเขาเดินตามหลังมาอย่างใกล้ ชิด

Doch im Wald selbst war es still geworden, unnatürlich still.

แต่ป่าเองก็เงียบสงบลงอย่างผิดปกติ

Die Vögel waren verschwunden, die Eichhörnchen hatten sich versteckt, waren still und ruhig.

นกหายไปแล้ว กระรอกก็ซ่อนตัวอยู่ เงียบและนิ่ง

Er sah nur ein einziges Grauhörnchen, das flach auf einem toten Baum lag.

เขาเห็นกระรอกสีเทาเพียงตัวเดียวนอนราบอยู่บนต้นไม้ที่ตายแล้ว

Das Eichhörnchen fügte sich steif und reglos in den Wald ein.

กระรอกกลมกลืนไปกับสภาพแวดล้อมอย่างแข็งทื่อและนิ่งเฉยเหมือนกั บเป็นส่วนหนึ่งของป่า

Buck bewegte sich wie ein Schatten, lautlos und sicher durch die Bäume.

บัคเคลื่อนไหวเหมือนเงา เงียบและมั่นใจท่ามกลางต้นไม้

Seine Nase zuckte zur Seite, als würde sie von einer unsichtbaren Hand gezogen.

จมูกของเขากระตุกไปทางด้านข้างราวกับว่ามีมือที่มองไม่เห็นดึง

Er drehte sich um und folgte der neuen Spur tief in ein Dickicht hinein.

เขาหันกลับและตามกลิ่นใหม่เข้าไปในพุ่มไม้ลึก

Dort fand er Nig tot daliegend, von einem Pfeil durchbohrt.

ที่นั่นเขาพบนิกนอนตายอยู่โดยถูกลูกศรแทง

Der Schaft durchdrang seinen Körper, die Federn waren noch zu sehen.

ด้ามดาบทะลุผ่านร่างกายของเขาไปอย่างชัดเจน
โดยที่ขนยังคงปรากฏให้เห็น

Nig hatte sich dorthin geschleppt, war jedoch gestorben,
bevor er Hilfe erreichen konnte.

นิคลากตัวเองไปที่นั่น แต่เสียชีวิตก่อนที่จะไปถึงความช่วยเหลือ

Hundert Meter weiter fand Buck einen weiteren
Schlittenhund.

อีกร้อยหลาถัดมา บัคพบสุนัขลากเลื่อนอีกตัว

Es war ein Hund, den Thornton in Dawson City gekauft
hatte.

มันเป็นสุนัขที่ Thornton ซื้อกลับมาที่ Dawson City

Der Hund befand sich in einem tödlichen Kampf und
schlug heftig auf dem Weg um sich.

สุนัขตัวดังกล่าวกำลังดิ้นรนอย่างเอาเป็นเอาตายและวิ่งหนีอย่างสุดชีวิ
ตไปตามเส้นทาง

Buck ging um ihn herum, blieb nicht stehen und richtete
den Blick nach vorne.

บัคเดินผ่านเขาไปโดยไม่หยุด และจ้องมองไปข้างหน้า

Aus Richtung des Lagers ertönte in der Ferne ein
rhythmischer Gesang.

จากทิศทางของค่าย มีเสียงสวดมนต์จังหวะอันไพเราะดังขึ้นในระยะไกล

Die Stimmen schwoll in einem seltsamen, unheimlichen
Singsangton an und ab.

เสียงต่างๆ ขึ้นๆ ลงๆ ในน้ำเสียงที่แปลก น่ากลัว และเป็นเพลง

Buck kroch schweigend zum Rand der Lichtung.

บัคคลานไปข้างหน้าจนถึงขอบของบริเวณโล่งในความเงียบ

Dort sah er Hans mit dem Gesicht nach unten liegen, von
vielen Pfeilen durchbohrt.

ที่นั่นเขาเห็นฮันส์นอนคว่ำหน้าและถูกยิงธนูจำนวนมาก

Sein Körper sah aus wie der eines Stachelschweins und war
mit gefiederten Schäften bestückt.

ร่างกายของเขาดูเหมือนเม่นซึ่งมีขนเป็นพวงเต็มไปหมด

Im selben Moment blickte Buck in Richtung der zerstörten
Hütte.

ขณะเดียวกัน บัคก็มองไปยังกระท่อมที่พังทลาย

Bei diesem Anblick stellten sich ihm die Nacken- und Schulterhaare auf.

ภาพที่เห็นนั้นทำให้ขนบนคอและไหล่ของเขาลุกขึ้นแข็ง

Ein Sturm wilder Wut durchfuhr Bucks ganzen Körper.

พายุแห่งความโกรธเกรี้ยวรุนแรงพัดผ่านร่างของบัคไปทั้งหมด

Er knurrte laut, obwohl er nicht wusste, dass er es getan hatte.

เขาขู่เสียงดังแม้ว่าเขาจะไม่รู้ว่าเขาทำไปแล้วก็ตาม

Der Klang war rau, erfüllt von furchterregender, wilder Wut.

เสียงนั้นดิบและเต็มไปด้วยความโกรธเกรี้ยวที่น่ากลัวและป่าเถื่อน

Zum letzten Mal in seinem Leben verlor Buck den Verstand und die Gefühle.

เป็นครั้งสุดท้ายในชีวิตของเขาที่บัคสูญเสียเหตุผลของอารมณ์

Es war die Liebe zu John Thornton, die seine sorgfältige Kontrolle brach.

ความรักที่มีต่อจอห์น ธอร์นตัน ทำให้เขาควบคุมตัวเองได้ไม่เต็มที่

Die Yeehats tanzten um die zerstörte Fichtenhütte.

กลุ่ม Yeehats กำลังเต้นรำรอบๆ ต้นสนที่พังยับเยิน

Dann ertönte ein Brüllen – und ein unbekanntes Tier stürmte auf sie zu.

จากนั้นก็มีเสียงคำรามดังขึ้น

และสัตว์ร้ายที่ไม่รู้จักก็พุ่งเข้ามาหาพวกเขา

Es war Buck, eine aufbrausende Furie, ein lebendiger Sturm der Rache.

มันคือบัค ความโกรธที่พุ่งพล่าน

เป็นพายุแห่งความแก้แค้นที่ยังคงดำรงอยู่

Wahnsinnig vor Tötungsdrang stürzte er sich mitten unter sie.

เขาพุ่งตัวเข้าไปอยู่ท่ามกลางพวกเขา

รู้สึกบ้าคลั่งเพราะความต้องการที่จะฆ่า

Er sprang auf den ersten Mann, den Yeehat-Häuptling, und traf zielsicher.

เขาพุ่งเข้าหาชายคนแรก หัวหน้า Yeehat และทำการโจมตีอย่างถูกต้อง

Seine Kehle war aufgerissen und Blut spritzte in einem Strom.

ลำคอของเขาถูกฉีกออก และมีเลือดพุ่งออกมาเป็นสาย

Buck blieb nicht stehen, sondern riss dem nächsten Mann mit einem Sprung die Kehle durch.

บั๊กไม่หยุด แต่กลับฉีกคอชายคนถัดไปด้วยการกระโดดเพียงครั้งเดียว

Er war nicht aufzuhalten – er riss, schlug und machte nie eine Pause, um sich auszuruhen.

เขาไม่หยุดยั้ง—ฉีก เฉือน และไม่เคยหยุดพักเลย

Er schoss und sprang so schnell, dass ihre Pfeile ihn nicht treffen konnten.

เขาได้พุ่งและกระโจนเร็วมากจนลูกศรของพวกเขาไม่สามารถแตะต้องเขาได้

Die Yeehats waren in ihrer eigenen Panik und Verwirrung gefangen.

พวก Yeehats ตกอยู่ในความตื่นตระหนกและสับสนของตนเอง

Ihre Pfeile verfehlten Buck und trafen stattdessen einander.

ลูกศรของพวกเขาพลาดเป้าไปที่บั๊ก แต่กลับถูกกันเองแทน

Ein Jugendlicher warf einen Speer nach Buck und traf einen anderen Mann.

เยาวชนคนหนึ่งขว้างหอกไปที่บั๊กและถูกชายอีกคน

Der Speer durchbohrte seine Brust und die Spitze durchbohrte seinen Rücken.

หอกแทงทะลุหน้าอกของเขา ปลายหอกแทงทะลุหลังของเขา

Die Yeehats wurden von Panik erfasst und zogen sich umgehend zurück.

ความหวาดกลัวเข้าครอบงำกลุ่ม Yeehats และพวกเขาก็ล่าถอยไปหมด

Sie schrien vor dem bösen Geist und flohen in die Schatten des Waldes.

พวกเขาตะโกนเรียกวิญญาณชั่วร้ายแล้ววิ่งหนีเข้าไปในเงาของป่า

Buck war wirklich wie ein Dämon, als er die Yeehats jagte.

จริงอยู่ บัคเป็นเหมือนปีศาจในขณะที่เขาไล่ตามพวก Yeehats

Er raste hinter ihnen durch den Wald her und erlegte sie wie Rehe.

พระองศ์ทรงไล่ตามพวกเขาไปในป่า จนล้มลงเหมือนกวาง

Für die verängstigten Yeehats wurde es ein Tag des Schicksals und des Terrors.

มันกลายเป็นวันที่เต็มไปด้วยโชคชะตาและความหวาดกลัวสำหรับเหล่
า Yeehats ที่หวาดกลัว

Sie zerstreuten sich über das Land und flohen in alle
Richtungen.
พวกเขากระจายกันไปทั่วแผ่นดิน หนีไปไกลในทุกทิศทุกทาง

Eine ganze Woche verging, bevor sich die letzten
Überlebenden in einem Tal trafen.
ผ่านไปหนึ่งสัปดาห์เต็มก่อนที่ผู้รอดชีวิตกลุ่มสุดท้ายจะพบกันในหุบเข
า

Erst dann zählten sie ihre Verluste und sprachen über das
Geschehene.
จากนั้นพวกเขาจึงนับความสูญเสียและเล่าถึงสิ่งที่เกิดขึ้น

Nachdem Buck die Jagd satt hatte, kehrte er zum zerstörten
Lager zurück.
บัคกลับมายังค่ายที่พังทลายหลังจากเหนื่อยจากการไล่ตาม

Er fand Pete, noch in seine Decken gehüllt, getötet beim
ersten Angriff.
เขาพบพีทยังอยู่ในผ้าห่มเสียชีวิตในการโจมตีครั้งแรก

Spuren von Thorntons letztem Kampf waren im Dreck in
der Nähe zu sehen.
ร่องรอยการต่อสู้ครั้งสุดท้ายของธอร์นตันปรากฏอยู่บนพื้นดินบริเวณใ
กล้เคียง

Buck folgte jeder Spur und erschnüffelte jede Markierung
bis zum letzten Punkt.
บั๊กเดินตามร่องรอยทุกประการ
ดมกลิ่นแต่ละรอยจนกระทั่งถึงจุดสุดท้าย

Am Rand eines tiefen Teichs fand er den treuen Skeet, der
still dalag.
ที่ขอบสระน้ำลึก เขาพบสกีตผู้ซื่อสัตย์นอนนิ่งอยู่

Skeets Kopf und Vorderpfoten lagen regungslos im Wasser,
er lag tot da.
ศีรษะและอุ้งเท้าหน้าของสกีตจมอยู่ในน้ำ
ไม่ขยับเขยื้อนเพราะความตาย

Der Teich war schlammig und durch das Abwasser aus den
Schleusenkästen verunreinigt.

สระว่ายน้ำเป็นโคลนและมีน้ำเสียจากกล่องระบายน้ำ

Seine trübe Oberfläche verbarg, was darunter lag, aber Buck kannte die Wahrheit.

พื้นผิวที่มีเมฆมากซ่อนสิ่งที่อยู่ข้างใต้ไว้ แต่บั๊กรู้ความจริง

Er folgte Thorntons Spur bis in den Pool – doch die Spur führte nirgendwo anders hin.

เขาตามกลิ่นของธอร์นตันไปจนถึงสระน้ำ—
แต่กลิ่นนั้นไม่ได้พาไปที่อื่นเลย

Es gab keinen Geruch, der hinausführte – nur die Stille des tiefen Wassers.

ไม่มีกลิ่นใด ๆ ลอยออกมา มีเพียงความเงียบของน้ำลึกเท่านั้น

Den ganzen Tag blieb Buck in der Nähe des Teichs und ging voller Trauer im Lager auf und ab.

ตลอดทั้งวัน บั๊กอยู่ใกล้สระน้ำ เดินไปมาในค่ายด้วยความโศกเศร้า

Er wanderte ruhelos umher oder saß regungslos da, in tiefe Gedanken versunken.

เขาเดินเตร็ดไปมาอย่างกระสับกระส่าย หรือไม่ก็นั่งนิ่งๆ
จมอยู่กับความคิดหนักๆ

Er kannte den Tod, das Ende des Lebens, das Verschwinden aller Bewegung.

พระองค์ทรงรู้จักความตาย ความสิ้นสุดของชีวิต
และความดับไปของการเคลื่อนไหวทั้งปวง

Er verstand, dass John Thornton weg war und nie wieder zurückkehren würde.

เขาเข้าใจว่าจอห์น ธอร์นตันจากไปแล้ว และไม่มีวันกลับมาอีก

Der Verlust hinterließ eine Leere in ihm, die wie Hunger pochte.

ความสูญเสียทิ้งช่องว่างว่างเปล่าไว้ในตัวเขาซึ่งเต้นระรัวเหมือนความหิวโหย

Doch dieser Hunger konnte durch Essen nicht gestillt werden, egal, wie viel er aß.

แต่ความหิวนี้ไม่อาจบรรเทาลงได้ ไม่ว่าเขาจะกินมากแค่ไหนก็ตาม

Manchmal, wenn er die toten Yeehats ansah, ließ der Schmerz nach.

บางครั้งเมื่อเขาได้มองดู Yeehats ที่ตายแล้ว ความเจ็บปวดก็จางหายไป

Und dann stieg ein seltsamer Stolz in ihm auf, wild und vollkommen.

และจากนั้นความภาคภูมิใจประหลาดก็เกิดขึ้นในตัวเขา ดุร้ายและสมบูรณ์แบบ

Er hatte den Menschen getötet, das höchste und gefährlichste Wild von allen.

เขาได้ฆ่ามนุษย์ซึ่งเป็นเกมที่สูงส่งและอันตรายที่สุด

Er hatte unter Missachtung des alten Gesetzes von Keule und Reißzahn getötet.

เขาได้ฆ่าคนโดยฝ่าฝืนกฎโบราณว่าด้วยกระบองและเขี้ยว

Buck schnüffelte neugierig und nachdenklich an ihren leblosen Körpern.

บั๊กดมร่างไร้วิญญาณของพวกเขาด้วยความอยากรู้และครุ่นคิด

Sie waren so leicht gestorben – viel leichter als ein Husky in einem Kampf.

พวกมันตายได้ง่ายมาก—ง่ายกว่าสุนัขไซบีเรียนฮัสกี้ในการต่อสู้มาก

Ohne ihre Waffen waren sie weder wirklich stark noch stellten sie eine Bedrohung dar.

หากปราศจากอาวุธ

พวกเขาก็ไม่มีความแข็งแกร่งหรือภัยคุกคามที่แท้จริง

Buck würde sie nie wieder fürchten, es sei denn, sie wären bewaffnet.

บัคจะไม่มีวันกลัวพวกเขาอีกต่อไป เว้นแต่ว่าพวกเขาจะมีอาวุธ

Nur wenn sie Keulen, Speere oder Pfeile trugen, war er vorsichtig.

เฉพาะเมื่อพวกเขาพกกระบอง หอก หรือลูกศรเท่านั้นที่เขาจะระวัง

Die Nacht brach herein und ein Vollmond stieg hoch über die Baumwipfel.

เมื่อตกกลางคืน พระจันทร์เต็มดวงก็ขึ้นสูงเหนือยอดไม้

Das blasse Licht des Mondes tauchte das Land in einen sanften, geisterhaften Schein wie am Tag.

แสงจันทร์สลัวสาดส่องไปทั่วแผ่นดินด้วยแสงนวลอ่อนๆ เหมือนกลางวัน

Als die Nacht hereinbrach, trauerte Buck noch immer am stillen Teich.

เมื่อคืนล่วงเลยไป บัคยังคงโศกเศร้าอยู่ข้างสระน้ำอันเงียบสงัด

Dann bemerkte er eine andere Regung im Wald.

จากนั้นเขาเริ่มรู้สึกถึงความเคลื่อนไหวที่แตกต่างไปในป่า

Die Aufregung kam nicht von den Yeehats, sondern von etwas Älterem und Tieferem.

การปลุกเร้านี้ไม่ได้มาจาก Yeehats

แต่มาจากบางสิ่งที่เก่ากว่าและลึกซึ้งกว่า

Er stand auf, spitzte die Ohren und prüfte vorsichtig mit der Nase die Brise.

เขาจึงยืนขึ้นโดยยกหูขึ้นและจมูกคอยทดสอบลมด้วยความระมัดระวัง

Aus der Ferne ertönte ein schwacher, scharfer Aufschrei, der die Stille durchbrach.

จากระยะไกล มีเสียงร้องแหลมๆ ดังขึ้นท่ามกลางความเงียบ

Dann folgte dicht auf den ersten ein Chor ähnlicher Schreie.

จากนั้นก็มีเสียงร้องทำนองเดียวกันตามมาติดๆ จากกลุ่มแรก

Das Geräusch kam näher und wurde mit jedem Augenblick lauter.

เสียงนั้นดังใกล้เข้ามาเรื่อยๆ และดังขึ้นเรื่อยๆ ในแต่ละช่วงเวลาที่ผ่านไป

Buck kannte diesen Schrei – er kam aus dieser anderen Welt in seiner Erinnerung.

บัครู้จักเสียงร้องนี้ดี—มันมาจากอีกโลกหนึ่งในความทรงจำของเขา

Er ging in die Mitte des offenen Platzes und lauschte aufmerksam.

เขาเดินไปที่ใจกลางของพื้นที่โล่งและฟังอย่างตั้งใจ

Der Ruf ertönte vielstimmig und kraftvoller denn je.

เสียงเรียกดังขึ้นหลายครั้งและทรงพลังยิ่งกว่าเดิม

Und jetzt war Buck mehr denn je bereit, seiner Berufung zu folgen.

และตอนนี้ บัคพร้อมที่จะตอบรับการเรียกของเขามากกว่าที่เคย

John Thornton war tot und hatte keine Bindung mehr an die Menschheit.

จอห์น ธอร์นตันเสียชีวิตแล้ว และไม่มีความผูกพันใดๆ
ต่อมนุษย์เหลืออยู่ในตัวเขาอีกต่อไป

Der Mensch und alle menschlichen Ansprüche waren verschwunden – er war endlich frei.

มนุษย์และคำอ้างสิทธิของมนุษย์ทั้งหมดสูญสิ้น—ในที่สุดเขาก็เป็นอิสระ

Das Wolfsrudel jagte Fleisch, wie es einst die Yeehats getan hatten.

ฝูงหมาป่ากำลังไล่ล่าเนื้อเช่นเดียวกับที่พวก Yeehats เคยทำ

Sie waren Elchen aus den Waldgebieten gefolgt.

พวกเขาติดตามมูสลองมาจากดินแดนที่มีต้นไม้

Nun überquerten sie, wild und hungrig nach Beute, sein Tal.

ตอนนี้ พวกมันดุร้ายและหิวโหยเหยื่อ จึงข้ามเข้าไปในหุบเขาของเขา

Sie kamen auf die mondbeschienene Lichtung und flossen wie silbernes Wasser.

พวกเขาไหลเข้ามาในทุ่งโล่งที่มีแสงจันทร์เหมือนน้ำสีเงิน

Buck stand regungslos in der Mitte und wartete auf sie.

บัคยืนนิ่งอยู่ตรงกลาง ยืนรอพวกเขา

Seine ruhige, große Präsenz versetzte das Rudel in Erstaunen und ließ es kurz verstummen.

การปรากฏตัวอันสงบนิ่งและยิ่งใหญ่ของเขาทำให้ฝูงสัตว์ตะลึงจนเงียบไปชั่วขณะ

Dann sprang der kühnste Wolf ohne zu zögern direkt auf ihn zu.

จากนั้นหมาป่าที่กล้าหาญที่สุดก็กระโจนเข้าหาเขาโดยไม่ลังเล

Buck schlug schnell zu und brach dem Wolf mit einem einzigen Schlag das Genick.

บั๊กโจมตีอย่างรวดเร็วและหักคอหมาป่าได้ในครั้งเดียว

Er stand wieder regungslos da, während der sterbende Wolf sich hinter ihm wand.

เขาหยุดนิ่งอีกครั้งขณะที่หมาป่าที่กำลังจะตายบิดตัวอยู่ข้างหลังเขา

Drei weitere Wölfe griffen schnell nacheinander an.

หมาป่าอีกสามตัวโจมตีอย่างรวดเร็วตัวต่อตัว

Jeder von ihnen zog sich blutend zurück, die Kehle oder die Schultern waren aufgeschlitzt.

แต่ละคนถอยหนีไปโดยมีเลือดไหล และคอและไหล่ถูกเฉือน

Das reichte aus, um das ganze Rudel zu einem wilden Angriff zu provozieren.

นั่นเพียงพอที่จะกระตุ้นให้กลุ่มทั้งหมดเข้าสู่การโจมตีแบบดุเดือด

Sie stürmten gemeinsam hinein, waren zu eifrig und zu dicht gedrängt, um einen guten Schlag zu erzielen.

พวกเขารีบวิ่งเข้ามาด้วยกันด้วยความกระหายและแออัดจนไม่สามารถโจมตีได้ดี

Dank seiner Schnelligkeit und Geschicklichkeit war Buck in der Lage, dem Angriff immer einen Schritt voraus zu sein.

ความเร็วและทักษะของบัคทำให้เขาอยู่เหนือการโจมตีได้

Er drehte sich auf seinen Hinterbeinen und schnappte und schlug in alle Richtungen.

เขาหมุนตัวด้วยขาหลัง เหวี่ยงออกไปและโจมตีไปในทุกทิศทาง

Für die Wölfe schien es, als ob seine Verteidigung nie geöffnet oder ins Wanken geraten wäre.

สำหรับหมาป่า

ดูเหมือนการป้องกันของเขาจะไม่เคยเปิดหรือล้มเหลวเลย

Er drehte sich um und schlug so schnell zu, dass sie nicht hinter ihn gelangen konnten.

เขาหันตัวและฟันอย่างรวดเร็วมากจนพวกเขาไม่สามารถตามหลังเขาไปได้

Dennoch zwang ihn ihre Übermacht zum Nachgeben und Zurückweichen.

อย่างไรก็ตาม จำนวนของพวกเขาทำให้เขาต้องยอมแพ้และถอยกลับ

Er ging am Teich vorbei und hinunter in das steinige Bachbett.

เขาเดินผ่านสระน้ำและลงไปในลำธารที่มีหิน

Dort stieß er auf eine steile Böschung aus Kies und Erde.

ที่นั่นเขามาถึงเนินดินและกรวดชัน

Er ist bei den alten Grabungen der Bergleute in einen Eckeinschnitt geraten.

เขาก้าวเข้าไปในทางตัดมุมระหว่างการขุดของคนงานเหมือง

Jetzt war Buck von drei Seiten geschützt und stand nur noch dem vorderen Wolf gegenüber.

ตอนนี้ได้รับการปกป้องจากสามด้าน

บัคเผชิญหน้ากับหมาป่าด้านหน้าเท่านั้น

Dort stand er in der Enge, bereit für die nächste Angriffswelle.

เขายืนอยู่ตรงนั้น เตรียมพร้อมสำหรับการโจมตีระลอกต่อไป

Buck blieb so hartnäckig standhaft, dass die Wölfe zurückwichen.

บั๊กยืนหยัดอย่างแข็งแกร่งจนทำให้หมาป่าถอยหนี

Nach einer halben Stunde waren sie erschöpft und sichtlich besiegt.

หลังจากผ่านไปครึ่งชั่วโมง

พวกเขาก็หมดแรงและพ่ายแพ้อย่างเห็นได้ชัด

Ihre Zungen hingen heraus, ihre weißen Reißzähne glänzten im Mondlicht.

ลิ้นของพวกเขาห้อยออกมา

เขี้ยวสีขาวของพวกเขาเป็นประกายในแสงจันทร์

Einige Wölfe legten sich mit erhobenem Kopf hin und spitzten die Ohren in Richtung Buck.

หมาป่าบางตัวนอนลง โดยยกหัวขึ้นและหูชี้ไปทางบัค

Andere standen still, waren wachsam und beobachteten jede seiner Bewegungen.

คนอื่นๆ ยืนนิ่งเฉย คอยระวังและเฝ้าดูทุกการเคลื่อนไหวของเขา

Einige gingen zum Pool und schlürften kaltes Wasser.

ไม่กี่คนเดินไปที่สระว่ายน้ำและดื่มน้ำเย็นๆ

Dann schlich ein großer, schlanker grauer Wolf sanft heran.

จากนั้น

หมาป่าสีเทาตัวยาวผอมตัวหนึ่งก็คืบคลานไปข้างหน้าอย่างอ่อนโยน

Buck erkannte ihn – es war der wilde Bruder von vorhin.

บัคจำเขาได้—เป็นพี่ชายป่าเถื่อนคนเดิม

Der graue Wolf winselte leise und Buck antwortete mit einem Winseln.

หมาป่าสีเทาส่งเสียงครางเบาๆ และบัคก็ตอบกลับด้วยเสียงคราง

Sie berührten ihre Nasen, leise und ohne Drohung oder Angst.

พวกเขาสัมผัสจมูกกันอย่างเงียบ ๆ

โดยไม่มีภัยคุกคามหรือความกลัวใด ๆ

Als nächstes kam ein älterer Wolf, hager und von vielen Kämpfen gezeichnet.

ถัดมาคือหมาป่าแก่ตัวหนึ่ง

มันผอมโซและมีรอยแผลเป็นจากการสู้รบหลายครั้ง

Buck wollte knurren, hielt aber inne und schnüffelte an der Nase des alten Wolfes.

บั๊กเริ่มขู่คำราม แต่หยุดลงแล้วดมจมูกของหมาป่าแก่ตัวนั้น

Der Alte setzte sich, hob die Nase und heulte den Mond an.

เจ้าคนแก่ก็นั่งลง ยกจมูกขึ้น และหอนไปทางดวงจันทร์

Der Rest des Rudels setzte sich und stimmte in das langgezogene Heulen ein.

ส่วนที่เหลือของฝูงนั่งลงและร่วมส่งเสียงหอนยาวๆ

Und nun ertönte der Ruf an Buck, unmissverständlich und stark.

และตอนนี้เสียงเรียกก็มาถึงบัค ซึ่งชัดเจนและหนักแน่น

Er setzte sich, hob den Kopf und heulte mit den anderen.

เขาลงนั่งยกหัวขึ้นและโวยวายพร้อมกับคนอื่นๆ

Als das Heulen aufhörte, trat Buck aus seinem felsigen Unterschlupf.

เมื่อเสียงหอนจบลง

บัคก็ก้าวออกมาจากที่กำบังที่เต็มไปด้วยหินของเขา

Das Rudel umringte ihn und beschnüffelte ihn zugleich freundlich und vorsichtig.

ฝูงสัตว์เดินเข้ามาหาเขาโดยดมกลิ่นอย่างใจดีและระมัดระวัง

Dann stießen die Anführer einen lauten Schrei aus und rannten in den Wald.

จากนั้นหัวหน้าก็ส่งเสียงร้องและวิ่งหนีเข้าไปในป่า

Die anderen Wölfe folgten und jaulten im Chor, wild und schnell in der Nacht.

หมาป่าตัวอื่นๆ

ร้องตามและร้องเป็นเสียงเดียวกันอย่างดุร้ายและรวดเร็วในยามค่ำคืน

Buck rannte mit ihnen, neben seinem wilden Bruder her, und heulte dabei.

บั๊กวิ่งไปกับพวกเขา ข้างๆ น้องชายป่าของเขา

พร้อมกับส่งเสียงหอนไปด้วย

Hier geht die Geschichte von Buck gut zu Ende.

คราวนี้เรื่องราวของบัคคงใกล้จะจบลงแล้ว

In den folgenden Jahren bemerkten die Yeehats seltsame Wölfe.

ในปีต่อๆ มา Yeehats ได้สังเกตเห็นหมาป่าประหลาดๆ

Einige hatten braune Flecken auf Kopf und Schnauze und weiße Flecken auf der Brust.

บางตัวมีสีน้ำตาลบนหัวและปาก และมีสีขาวบนหน้าอก

Doch noch mehr fürchteten sie sich vor einer geisterhaften Gestalt unter den Wölfen.

แต่สิ่งที่เลวร้ายกว่านั้น พวกเขายังกลัวร่างผีๆ ในหมู่หมาป่าอีกด้วย

Sie sprachen flüsternd vom Geisterhund, dem Anführer des Rudels.

พวกมันพูดคุยกันด้วยเสียงกระซิบถึงสุนัขผี ผู้เป็นจ่าฝูง

Dieser Geisterhund war schlauer als der kühnste Yeehat-Jäger.

สุนัขผีตัวนี้มีความฉลาดแกมโกงมากกว่านักล่า Yeehat ที่กล้าหาญที่สุด

Der Geisterhund stahl im tiefsten Winter aus Lagern und riss ihre Fallen auseinander.

สุนัขผีขโมยของจากค่ายในช่วงฤดูหนาวที่หนาวจัด
และฉีกกับดักของพวกมันออกเป็นชิ้นๆ

Der Geisterhund tötete ihre Hunde und entkam ihren Pfeilen spurlos.

สุนัขผีฆ่าสุนัขของพวกเขาและหนีจากลูกศรของพวกเขาได้อย่างไร้ร่องรอย

Sogar ihre tapfersten Krieger hatten Angst, diesem wilden Geist gegenüberzutreten.

แม้กระทั่งนักรบที่กล้าหาญที่สุดของพวกเขาก็ยังกลัวที่จะเผชิญหน้ากับวิญญาณป่าเถื่อนนี้

Nein, die Geschichte wird im Laufe der Jahre in der Wildnis immer düsterer.

ไม่ เรื่องราวยิ่งมืดมนมากขึ้นเมื่อกาลเวลาผ่านไปในป่า

Manche Jäger verschwinden und kehren nie in ihre entfernten Lager zurück.

นักล่าบางคนหายตัวไปและไม่เคยกลับไปยังค่ายที่อยู่ห่างไกลอีกเลย

Andere werden mit aufgerissener Kehle erschlagen im Schnee gefunden.

ส่วนคนอื่นๆ ถูกพบมีคอฉีกขาด ถูกฆ่าในหิมะ

Um ihren Körper herum sind Spuren – größer als sie ein Wolf hinterlassen könnte.

รอบตัวพวกมันมีรอยเท้าซึ่งใหญ่เกินกว่าหมาป่าตัวไหนจะขีดได้

Jeden Herbst folgen die Yeehats der Spur des Elchs.

ในฤดูใบไม้ร่วงทุกๆ ปี นก Yeehats จะเดินตามรอยของกวางมูส

Aber ein Tal meiden sie, weil ihnen die Angst tief im Herzen eingegraben ist.

แต่พวกเขาหลีกเลี่ยงหุบเขาแห่งหนึ่งเพราะความกลัวฝังลึกอยู่ในใจพวกเขา

Man sagt, dass der böse Geist dieses Tal als seine Heimat ausgewählt hat.

พวกเขาบอกว่าหุบเขานี้ถูกวิญญาณชั่วร้ายเลือกให้เป็นบ้านของเขา

Und wenn die Geschichte erzählt wird, weinen einige Frauen am Feuer.

และเมื่อนิทานเรื่องนี้ถูกเล่าขึ้นก็มีผู้หญิงบางคนร้องไห้อยู่ข้างกองไฟ

Aber im Sommer kommt ein Besucher in dieses ruhige, heilige Tal.

แต่ในฤดูร้อนจะมีผู้มาเยือนหนึ่งคนมาเยือนหุบเขาอันเงียบสงบและศักดิ์สิทธิ์แห่งนี้

Die Yeehats wissen nichts von ihm und können es auch nicht verstehen.

ชาวเยฮัตไม่รู้จักเขา และพวกเขาก็ไม่เข้าใจเช่นกัน

Der Wolf ist großartig und mit einer Pracht überzogen wie kein anderer seiner Art.

หมาป่าเป็นสัตว์ที่ยิ่งใหญ่ มีขนอันสง่างาม ไม่เหมือนกับหมาป่าตัวอื่น

Er allein überquert den grünen Wald und betritt die Waldlichtung.

เขาเพียงคนเดียวที่ข้ามจากป่าเขียวขจีและเข้าสู่ป่าโปร่ง

Dort sickert goldener Staub aus Elchhautsäcken in den Boden.

มีฝุ่นสีทองจากกระสอบหนังมูสซึมซาบลงไปในดิน

Gras und alte Blätter haben das Gelb vor der Sonne verborgen.

หญ้าและใบไม้เก่าซ่อนความเหลืองจากแสงแดด

Hier steht der Wolf still, denkt nach und erinnert sich.

ที่นี่หมาป่ายืนนิ่งคิดและจดจำ

Er heult einmal – lang und traurig – bevor er sich zum Gehen umdreht.

เขาคร่ำครวญครั้งหนึ่งยาวนานและโศกเศร้า ก่อนจะหันหลังไป

Doch er ist nicht immer allein im Land der Kälte und des Schnees.

แต่เขาไม่ได้อยู่คนเดียวในดินแดนแห่งความหนาวเย็นและหิมะเสมอไป

Wenn lange Winternächte über die tiefer gelegenen Täler hereinbrechen.

เมื่อคืนฤดูหนาวอันยาวนานปกคลุมหุบเขาด้านล่าง

Wenn die Wölfe dem Wild durch Mondlicht und Frost folgen.

เมื่อหมาป่าติดตามเกมผ่านแสงจันทร์และน้ำค้างแข็ง

Dann rennt er mit großen, wilden Sprüngen an der Spitze des Rudels entlang.

จากนั้นเขาก็วิ่งไปอยู่หัวฝูงพร้อมกระโดดสูงและดุร้าย

Seine Gestalt überragt die anderen, aus seiner Kehle erklingt Gesang.

รูปร่างของเขาดูสูงกว่าคนอื่นๆ ลำคอของเขาเต็มไปด้วยเสียงเพลง

Es ist das Lied der jüngeren Welt, die Stimme des Rudels.

เป็นเพลงของโลกเยาวชน เป็นเสียงของฝูง

Er singt, während er rennt – stark, frei und für immer wild.

เขาร้องเพลงขณะวิ่ง – แข็งแกร่ง อิสระ และดุร้ายตลอดไป

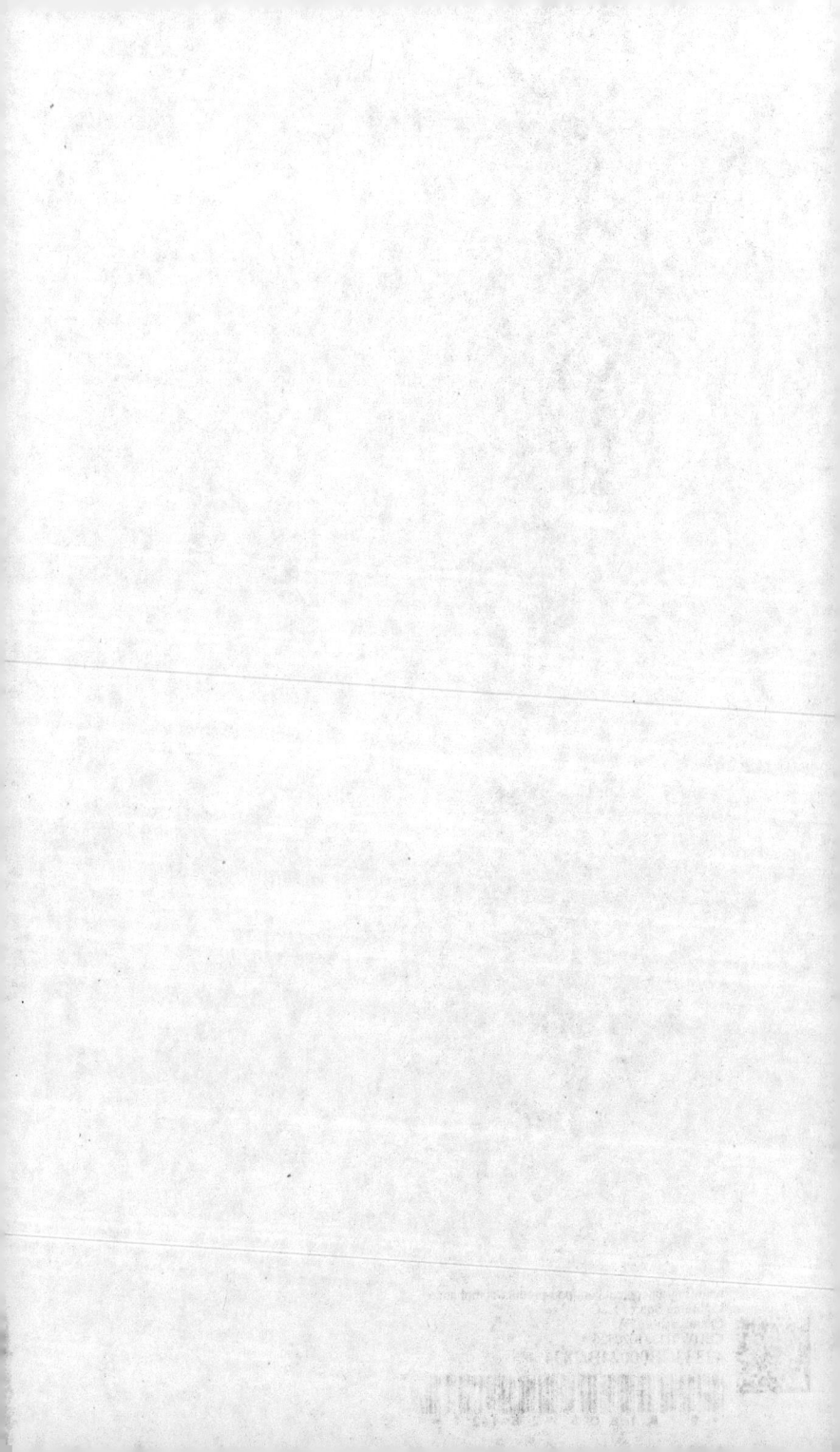

www.ingramcontent.com/pod-product-compliance
Lightning Source LLC
Chambersburg PA
CBHW011731020426
42333CB00024B/2834